女性发展与社会治理

——浙江妇女研究(第三辑)

陈步云　徐士青　主编

浙江工商大学出版社
ZHEJIANG GONGSHANG UNIVERSITY PRESS
·杭州·

图书在版编目(CIP)数据

女性发展与社会治理:浙江妇女研究. 第三辑 / 陈
步云,徐士青主编. —杭州:浙江工商大学出版社,
2020.11

ISBN 978-7-5178-4061-9

Ⅰ. ①女… Ⅱ. ①陈… ②徐… Ⅲ. ①妇女工作—研
究—浙江 Ⅳ. ①D442.855

中国版本图书馆 CIP 数据核字(2020)第161559号

女性发展与社会治理——浙江妇女研究(第三辑)
NVXING FAZHAN YU SHEHUI ZHILI——ZHEJIANG FUNV YANJIU (DI SAN JI)
陈步云　徐士青　主编

责任编辑	张莉娅	
封面设计	雅絷斋文化	
责任印制	包建辉	
出版发行	浙江工商大学出版社	
	(杭州市教工路198号　邮政编码310012)	
	(E-mail: zjgsupress@163.com)	
	(网址:http.//www.zjgsupress.com)	
	电话:0571-88904980,88831806(传真)	
排　　版	杭州朝曦图文设计有限公司	
印　　刷	杭州高腾印务有限公司	
开　　本	710mm×1000mm　1/16	
印　　张	21.5	
字　　数	320千	
版 印 次	2020年11月第1版　2020年11月第1次印刷	
书　　号	ISBN 978-7-5178-4061-9	
定　　价	58.00元	

序　言

　　2020年是特殊的一年,是难忘的一年,是全面建成小康社会的决胜之年,也是第四次世界妇女大会召开25周年。2020年10月1日,习近平主席在联合国大会纪念北京世界妇女大会25周年高级别会议上指出:"妇女是人类文明的开创者、社会进步的推动者,在各行各业书写着不平凡的成就。"衡量社会治理水平的一个重要标准就是女性及女性社会组织在社会治理中的参与程度。近几年,女性作为社会治理的重要主体,在参与社会治理方面取得了长足进步,参与领域不断拓展,参与方式日趋多元,参与机制不断健全,参与水平不断提高,在丰富社会治理内涵、改进社会治理方式等方面奋发有为。浙江省女性社会组织蓬勃发展,形成了诸多具有品牌辨识度的巾帼志愿者品牌,成为服务妇女、儿童、家庭的重要力量,在推动社会治理方面发挥着日益重要的作用。

　　《浙江妇女研究》以加强理论研究、深化实践探索、助推妇女工作为使命,在过去的一年里,刊发了许多具有思想深度、富有学术价值和政策参考价值的研究成果。《女性发展与社会治理——浙江妇女研究(第三辑)》,聚焦妇女解放与男女平等、平安家庭与法治建设、女性发展与社会支持、女性文学与婚俗文化、妇女工作改革与创新主题,选取《浙江妇女研究》2019年的优秀成果集刊而成。这些文章从男女平等、平安家庭、妇女工作等方面,针对女性发展和基层社会治理的现状,深刻剖析了基层社会治理面对的困境,就女性如何参与社会治理等问题,提出了有针对性的对策建议,为推动女性参与和发展提供了丰富的实践经验和深厚的理论思考。这些优秀成果公开出版,既为积极构建有中国特色的妇女发展理论体系做出了努力,又让妇女/性别/家庭研究为实现人民对美好生活的向往做出了更多的贡献;既是对妇女/性别/家庭研究成果的一次转化和推广,也是深入学习贯彻落实十九大精神、十九届四中全会、十九届五中全会的实际举措。

2021年,《浙江妇女研究》将着力做好三篇文章。首先,做好理论研究和调查研究的文章。理论联系实际是马克思主义最基本的原则。做妇女研究必须坚持实践第一的观点,努力深入实际、深入基层、深入群众,从妇女发展的鲜活实践中挖掘新鲜素材,从社会变化的现实中发现"真问题",使理论研究牢牢扎根于实际,服务于现实。其次,做好服务作者和读者的文章。我们的作者遍布全国各地,有一批具有马克思主义理论、社会学、经济学、政治学、文学、法学、历史学等学科背景的研究人员,从各自研究和关注的领域出发,对妇女研究基础理论和现实问题开展了大量卓有成效的研究工作。《浙江妇女研究》将通过向全国范围内的专家学者组稿,继续推动妇女/性别/家庭研究,将其纳入社会科学研究主流。通过向妇联和法律实务工作者组稿,我们将党和政府的方针政策、全国妇联和省妇联的指示要求传达给作者,从而促进实务工作者思考工作中存在的问题或者深化工作的思路举措,推动妇女工作。最后,做好理论研究向实践转化的文章。加大成果转化力度,努力将研究成果转化为促进妇女发展的有效举措,使《浙江妇女研究》成为对接妇女群众需求,服务妇女群众美好生活的有效载体。

目　录

妇女解放与男女平等

平安家庭与法治建设

妇女解放与男女平等

民主革命时期毛泽东妇女解放思想的历史演进

陈正辉*

摘 要:民主革命时期,毛泽东妇女解放思想在五四运动到中国共产党的创建和国民革命运动时期萌芽,在国共十年对峙时期初步形成,在全面抗日战争时期走向成熟,并于解放战争时期继续发展。出现这一过程的原因是中国革命形势与中国共产党领导下的妇女运动的变化发展,以及以毛泽东为代表的中国共产党人的马克思主义理论素养不断提高。这一时期毛泽东妇女解放思想历史演进的特点是呈现交叉性和发展性,强调妇女个性与阶级共性,兼具理论与实践意义。

关键词:民主革命时期;毛泽东妇女解放思想;历史演进;妇女运动

毛泽东妇女解放思想在民主革命时期渐成体系,它是马克思主义妇女解放理论同中国妇女发展的实际相结合的产物,对于中国妇女运动的蓬勃发展具有重要的理论指导意义。学界对毛泽东妇女解放思想的研究主要集中于这一科学思想的形成背景、具体内涵和实践意义上,将毛泽东妇女解放思想做了整体上和静态上的概括和把握,但鲜有对其历史演进历程的纵向动态研究。该文对毛泽东妇女解放思想的历史演进进行分阶段分析,并试图探讨这一演进过程的原因和特点。

---

* 陈正辉,安徽师范大学马克思主义学院2018级中共党史专业研究生,研究方向为中共党史。

一、民主革命时期毛泽东妇女解放思想的历史演进

民主革命时期,毛泽东妇女解放思想的关注点逐渐从妇女不幸遭遇的成因分析和妇女权益的个体关注转移到妇女对于无产阶级革命发展的历史使命和重要作用。这一时期,毛泽东妇女解放思想经历了萌芽、初步形成、走向成熟、继续发展四个阶段。

(一)从五四运动到中国共产党的创建和国民革命运动时期:毛泽东妇女解放思想的萌芽阶段

总体上看,这一时期毛泽东妇女解放思想的主要内容在于对妇女受压迫现象及其原因的社会思考与阶级分析。五四运动时期,马克思主义在中国的传播趋于广泛化和深入化,初步具有共产主义思想的知识分子及其他进步知识分子对封建礼教的落后文化的抨击之风盛行,对于妇女问题的讨论也较之前增多。这一时期,进步的知识分子已经开始从社会层面去分析妇女问题,并呼吁妇女的人权须得到保障。毛泽东是其中的代表人物之一。1919年10月,毛泽东在《祭母文》中赞美自己的母亲人格之伟大的同时,也感叹说"恨偏所在,三纲之末"。[1]410同年11月14日,湖南长沙一个名叫赵五贞的女子因无法忍受被父母包办婚姻在出嫁的花轿里自杀,这一事件引发了大量的关注,当地刊物《大公报》在不到一个月的时间里刊载了38篇相关报道或评论,其中包括毛泽东的评论文章9篇。毛泽东评价赵五贞事件时谈到,"一个人的死,完全是由环境决定的"[1]413,"我说逼赵女士致死的有三方面:一是母家,一是夫家,一是社会。究竟母家、夫家都含在社会里面"[1]425。他指出,赵五贞自杀事件实质上是社会问题,赵五贞的死是妇女在婚姻上的不自由、在社会地位上的受压迫所导致的无奈之举。毛泽东对"婚姻命定说"进行了批判,提出婚姻恋爱自由的主张,认为妇女要想摆脱这种社会困境,就必须改革婚制、普及教育。

中国共产党创立之后,毛泽东已经由民主主义者转变为马克思主义者,对妇女解放问题的认识进一步深入,开始以阶级分析法分析妇女被压迫的

实质。1925年,毛泽东在自己的家乡发起成立了女子联合会,毛泽东的弟媳王淑兰是韶山女界联合会执行委员。1926年秋季,为反对女性不准进宗族祠堂的劣习,王淑兰带领30余名毛姓女子冲入祠堂吃酒,表现了妇女对自身解放的渴望与行动力。在《湖南农民运动考察报告》里,毛泽东高度赞扬妇女群体的反抗精神,系统地分析了妇女所受四种权力的压迫,"这四种权力——政权、族权、神权、夫权,代表了全部封建宗法的思想和制度,是束缚中国人民特别是农民的四条极大的绳索"[2]31。毛泽东以阶级分析的方法认识到了妇女受到"四条极大绳索"的压迫,并认为这些问题的解决"乃是政治斗争和经济斗争胜利以后自然而然的结果"。与此同时,毛泽东还从文化视角对当时湖南地区的所谓新式学校进行了抨击,认为形式上的新式学堂并不能改变其试图奴化妇女的教育主题,并就封建文化对女子由表到里的各种道德要求进行了严正谴责。这一时期,毛泽东"已经敏锐地认识到'男女之别'背后隐藏的是非生理的、男性话语的文化霸权,这意味着从文化上对'女人'的发现"。[3]毛泽东妇女解放思想在这一时期萌芽。

(二)国共十年对峙时期:毛泽东妇女解放思想的初步形成阶段

国共十年对峙时期,毛泽东在领导土地革命的实践过程中,对包括政治权利、婚姻自由权利和劳动权利在内的妇女权利认知趋于全面化,并提出了妇女在阶级革命中的重要作用以及妇女解放必须依靠无产阶级革命的观点。

首先,毛泽东对于妇女权利进行了全方位的概括。在政治权利方面,毛泽东指出,苏区的"女工农妇代表会,应该首先抓紧妇女群众的切身利益问题",并认为"每个乡苏维埃,都应该把领导女工农妇代表会的工作,放在自己的日程上"。[4]在婚姻自由权利方面,毛泽东高度赞扬中央执行委员会于1931年在苏区颁布的苏维埃的婚姻条例中关于女子只要年满18岁、与男方之间相互同意即可登记结婚的规定,认为这是一种民主主义婚姻制度,"打破了数千年束缚人类尤其是束缚女子的封建锁链"[5],理应得到人民群众的拥护,是历史进步的表现。在劳动权利方面,毛泽东认为妇女参加劳动是推动革命发展的重要前提之一,"有组织地调剂劳动力和推动妇女参加生产,是我们农业生产方面的最基本的任务"[2]132。

其次,毛泽东指出妇女解放只能依靠无产阶级革命的胜利才能实现。1932年,人民委员会第6号训令中明确指出,"劳动妇女的解放与整个阶级胜利是分不开的,只有阶级的胜利,妇女才能得到真正的解放"。[6]235将妇女解放和阶级解放联系起来,既是马克思主义妇女解放理论的重要内容,也成了毛泽东妇女解放思想的重要内容。与毛泽东在五四时期和国民革命时期的妇女解放思想相比,这一阶段,毛泽东不仅认识到了妇女要组织起来争取解放,而且对解放的具体路径的认识进一步深入。

最后,毛泽东认为妇女是阶级革命必不可少的力量。1929年12月,毛泽东在为红军第四军第九次党的代表大会写的决议中提到,"妇女占人口的半数,劳动妇女在经济上的地位和她们特别受压迫的状况,不但证明妇女对革命迫切的需要,而且是决定革命胜败的一个力量"。[7]820前文已提到,毛泽东认为妇女解放只能随着无产阶级革命的胜利而实现,但这并不意味着毛泽东认为妇女只需静等无产阶级革命的胜利而消极应对自己的境况。毛泽东从革命的形势出发,在调查了解农村环境的特殊性之后,认识到妇女在拥军、后勤和生产方面的巨大作用,认为无产阶级革命少不了妇女的参加。

(三)全面抗日战争时期:毛泽东妇女解放思想走向成熟的阶段

全面抗日战争时期,毛泽东着重强调妇女在民族革命和劳动生产中的重要作用,并认为妇女要在党的领导下自觉组织起来参加到抗日民族统一战线中去。

首先,毛泽东指出妇女是民族革命胜利的重要支撑力量。抗日战争离不开妇女。1939年7月,毛泽东在延安的中国女子大学开学典礼上指出:"假如中国没有占半数的妇女的觉醒,中国抗战是不会胜利的。妇女在抗战中有非常重大的作用:教育子女,鼓励丈夫,教育群众,均需要通过妇女;只有妇女都动员起来,全中国人民也必然会动员起来了,这是没有问题的。"并且他极有信心地断言:"全国妇女起来之日,就是中国革命胜利之时。"[8]149-150毛泽东对妇女参与到抗日战争中的重要意义有过多次强调,丰富了妇女在中国革命中具有重要作用的理论。

其次,毛泽东指出妇女在战后的生产建设中具有重要作用。1943年2月,中共中央在关于妇女工作的决定中强调,"广大的农村妇女能够和应该特别努力参加的就是生产,广大妇女的努力生产,与壮丁上前线同样是战斗的光荣任务"[8]648,并指出了妇女参加生产的重要性。因此,毛泽东要求边区将动员和保障妇女参加生产作为自己的重要任务,并要求用"宣传和强制"两种方法彻底解决陕甘宁边区的妇女缠足问题,以解放妇女的劳动能力,推动生产力。

最后,毛泽东强调妇女应当组织起来参加到抗日民族统一战线中去。毛泽东认为,妇女拥有自己的组织对保障妇女政治权益、提高妇女政治自觉具有积极意义,妇女组织起来了,抗日民族统一战线就有了更坚实的群众基础。毛泽东在《〈共产党人〉发刊词》中宣称,"我们党已经能够把武装斗争这个主要斗争形式……同青年的、妇女的、一切人民的斗争,……在全国范围内或者直接或者间接地配合起来"[9]572,将妇女运动视作革命斗争的一个重要组成部分。1940年,毛泽东进一步强调,"抗日统一战线的选举政策,应是凡满十八岁的赞成抗日和民主的中国人,不分阶级、民族、男女、信仰、党派、文化程度,均有选举权和被选举权"[9]701,将妇女参政视为抗日统一战线政治建设的一部分。在抗日战争取得伟大胜利的前夕,毛泽东仍强调"要求保护青年、妇女、儿童的利益,救济失学青年,并使青年、妇女组织起来,以平等地位参加有益于抗日战争和社会进步的各项工作,实现婚姻自由,男女平等"[10]1064,不仅把妇女视为统一战线的重要力量,而且把妇女解放作为统一战线的目标。

(四)解放战争时期:毛泽东妇女解放思想的继续发展阶段

解放战争时期,毛泽东立足国情,要求在土地改革中保障妇女的土地所有权,进一步丰富发展了妇女参加劳动的理论,将妇女参加生产劳动作为妇女解放的重要途径。

第一,毛泽东将土地改革中保障妇女的土地所有权和妇女解放的目标联系起来。土地改革是中国共产党为彻底消灭封建剥削制度而进行的一项伟大的社会革命运动。1946年,《关于土地问题的指示》颁布之后,土地改革运动深入开展,中国共产党又通过了《中国土地法大纲》,规定无论男女都平均分配土地,妇女从而获得了土地权。1947年10月,中共中央批复妇女干部会议时强调,"目前以发动广大妇女参加土地改革为中心,妇女成为土改运动中一个重要力量"。[11]213次年5月，中共中央再次强调"土改、支前和生产"是妇女工作的中心。"土地改革铲除了农村妇女受压迫的经济根源，保障了妇女的土地所有权，提高了妇女的社会地位"[12]，是毛泽东妇女解放思想的有效实践。

第二，毛泽东认为妇女解放需要妇女群体广泛参加到生产劳动中去。在半殖民地半封建的中国，农村劳动妇女参加劳动只是为了夫家的生计，而没有自立的目的。毛泽东继承和发展了马克思关于劳动人民创造历史的观点，将妇女参加生产劳动和妇女各方面的权利保障联系在一起，呼吁妇女"团结起来，参加生产和政治活动，改善妇女的经济地位和政治地位"[13]16。《中国共产党中央委员会关于目前解放区农村妇女工作的决定》中指出："只有妇女积极起来劳动，逐渐做到在经济上能够独立并不依靠别人，才会被公婆丈夫和社会上所敬重，才会更增加家庭的和睦与团结，才会更容易提高和巩固妇女们在社会上和政治上的地位，也才会使男女平等的各项法律有充分实现的强固基础。"[14]15

二、民主革命时期毛泽东妇女解放思想的
历史演进原因

民主革命时期毛泽东妇女解放思想的历史演进，客观原因在于中国革命形势的不断变化发展和中共领导的妇女运动的蓬勃发展，主观原因是以毛泽东为代表的中国共产党人的马克思主义理论素养不断提高。

（一）中国革命形势与中国共产党领导下的妇女运动的变化发展

正如马克思所指出："人们的观念、观点和概念，一句话，人们的意识，随着人们的生活条件、人们的社会关系、人们的社会存在的改变而改变。"[15]50毛泽东对妇女解放问题的认识也是随着中国社会各方面环境的变化而发展的。毛泽东妇女解放思想之所以是科学的，就在于它与时俱进。中国共产党创立之初，毛泽东看到妇女的知识文化水平和翻身做主人的意识有很大欠缺，于是在韶山发起成立了女子联合会，以图将妇女组织起来为争取男女

平等而斗争。井冈山时期,"赣西南的妇女有90%以上是农村中的劳动妇女,她的生活、工作,一切都比男人特别厉害,尤其是青年妇女更受痛苦"[6]81。毛泽东对妇女权利的认识更为全面化,从政治权利、受教育权利、劳动权利等方面概括妇女权利。全面抗日战争和解放战争时期,由于革命斗争的需要,毛泽东审时度势地提出了"全国妇女起来之日,就是中国革命胜利之时"的观点,呼吁和动员妇女群体投入支前和生产当中去,以无产阶级革命的胜利来实现妇女解放的目标。另外,妇女运动的曲折发展也是毛泽东妇女解放思想在民主革命时期不断演进的酵素。中国共产党创立之初,就涌现出向警予、邓颖超等一批优秀的组织领导妇女运动的女性共产党员。在中共的领导下,全国各地办起了女子学校,组织女工罢工活动,进行妇女参政的呼吁活动,为毛泽东妇女解放思想的形成提供了现实基础。南昌起义之后,中国共产党开始了"枪杆子里出政权"的工农武装割据活动,广大劳动妇女纷纷组织起来参加劳动生产,并成立自己的妇女组织,为支援中国共产党的军队建设,为推动抗日战争和解放战争的胜利做出了巨大贡献,这就为毛泽东妇女解放思想的成熟与发展提供了客观条件。

(二)以毛泽东为代表的中国共产党人的马克思主义理论素养不断提高

毛泽东妇女解放思想是以毛泽东为代表的中国共产党人集体智慧的结晶,毛泽东在这一科学思想体系的形成发展过程中做出了至关重要的贡献。随着第一代中国共产党领导集体,尤其是毛泽东本人的马克思主义理论素养不断提高,他们对中国社会性质的认识不断深入,构建毛泽东妇女解放思想的现实基础被理解得越来越明了,因而毛泽东妇女解放思想的科学内涵得以不断科学化。五四运动前后,毛泽东对妇女解放的认识已经突破了封建主义腐朽道德观,并开始从社会视角看待女性的婚姻不自由问题。毛泽东曾回忆说:"记得我在1920年,第一次看考茨基著的《阶级斗争》,陈望道翻译的《共产党宣言》,和一个英国人作的《社会主义史》,我才知道人类自有史以来就有阶级斗争,阶级斗争是社会发展的原动力,初步地得到认识问题的方法论。"[4]21有了阶级分析的方法论,毛泽东在分析妇女解放问题时就自然地将妇女解放和阶级解放联系到了一起。在不断的革命过程中,毛泽东对中国国情的认识愈加深入,对马克思主义与中国国情相结合的经验总结愈加系统,从而对妇女问题的本质是阶级压迫、妇女解放的途径是无产阶级革命、妇女自身是革命的重要支撑力量、妇女的权利应与男性平等等观点的总结逐渐走向成熟。

三、民主革命时期毛泽东妇女解放思想的历史演进特点

民主革命时期毛泽东妇女解放思想历史演进的特点是呈现交叉性和发展性、强调妇女个性与阶级共性、具备理论与实践意义。

(一)既呈现交叉性,也存在发展性

毛泽东妇女解放思想的历史演进并非是简单的、机械的线性过程,这一科学思想体系的某些理论部分在不同的阶段都被提起,具有交叉性的特点。如妇女的婚姻自由权利,在毛泽东构建其妇女解放思想历史演进的各个阶段都被反复强调,从五四时期惋惜被迫出嫁的女子没有人格,到1927年以阶级分析的方法讨论妇女所受的四种权力的压迫,再到井冈山时期和延安时期对劳动妇女结婚、离婚自由的苏区法律的支持,毛泽东始终将保障妇女的婚姻自由权利视作妇女解放的重要内容。另外,从青年毛泽东在韶山发起成立女界联合会,到在长冈乡调查时对女工农妇代表会建设的思考,再到1940年对中央妇委妇女工作的具体指示,最后到解放战争胜利前夕做出召开全国妇女大会并成立中华全国民主妇女联合会的决定,无不体现出妇女组织的建立、妇女干部的培养等内容贯穿毛泽东妇女解放思想发展过程的始终。

毛泽东妇女解放思想的历史演进也有其发展性。毫无疑问,妇女的人口基数与男性几乎相同,妇女被组织起来参加生产和革命的潜力也十分巨大。毛泽东并非从一开始就认识到了妇女具有强有力的革命潜力,他是在革命实践过程中逐渐认识并提出妇女是革命的重要力量这一观点的。中国共产党创立初期,毛泽东深入农村调查了解到妇女所受到的阶级压迫与封

建主义道德观的荼毒,认识到"烈女祠"这种封建道德的产物要农民自己去捣毁,不能由别人越俎代庖。井冈山时期,毛泽东在领导人民军队进行工农武装割据的革命实践过程中,不断强调妇女在生产劳动和鼓励丈夫、教育子女上的巨大作用,并在延安时期土地改革过程中以"土改""支前"和"生产"三个词对妇女工作的中心任务做出了精确的概括。由此可以看出毛泽东妇女解放思想历史演进的发展性。

(二)既强调妇女个性,又重视阶级共性

毛泽东妇女解放思想始终强调要保障妇女的个体权利。从五四时期开始,毛泽东就对妇女的不幸遭遇进行个案评价,到了延安时期,毛泽东多次呼吁婚姻自由、要求保障妇女权利。民主革命时期,毛泽东妇女解放思想的演进历程,总体上是:先从单个女性的遭遇思考社会问题,再从社会实际出发以马克思列宁主义的视角分析妇女整体应然权利,然后从实现抗日战争和解放战争伟大胜利的更高格局出发,探讨妇女在中国革命进程中的作用以及如何在革命中实现自身解放。这个过程,表现了以毛泽东为代表的中国共产党人对妇女解放和无产阶级革命关系的理解越来越深入。他们更加深刻地认识到离开了中国共产党的领导,妇女解放是不可能实现的。这并不意味着毛泽东忽视妇女之"个性",仅重视革命利益。1944年,毛泽东就曾对外界抨击中国共产党人束缚人的个性的说法做出过有力解释:"有人说我们忽视或压制个性,这是不对的。被束缚的个性如不得解放,就没有民主主义,也没有社会主义。"[16]239毛泽东妇女解放思想是马克思主义理论的一大组成部分,"每个人自由而全面发展"同样是毛泽东妇女解放思想的内在目标。

毛泽东妇女解放思想的另一大特点就是把妇女解放放到了阶级解放的框架中,认为妇女解放的过程实际上就蕴含在阶级解放的历史进程中。张文灿认为:"把性别视角引入阶级分析,既承认男性和女性受压迫的共性,又承认妇女受压迫的特殊性,并且将妇女的特殊利益与动员妇女所参加的革命斗争直接联系起来,是新民主主义革命时期发动妇女的有效方法。"[17]将妇女解放纳入阶级解放的范畴,早在中共二大制定的《关于妇女运动的决议》中就已经明确指出过,毛泽东也以马克思主义者的视角,基于无产阶级

革命胜利和共产主义社会建立的目标对妇女解放问题进行了阶级剖析,重视妇女问题的阶级共性成为毛泽东妇女解放思想的一大特点。

(三)既富有理论价值,又具备实践意义

毛泽东妇女解放思想在形成发展的各个阶段都富有高度的理论价值,其历史演进过程实质上就是马克思主义中国化的过程。在妇女被压迫的实质和妇女解放的路径方面,毛泽东丰富并发展了恩格斯在《关于家庭、私有制和国家的起源》中关于生产关系导致妇女受到压迫的观点,并结合中国作为一个农业国且处于半殖民地半封建社会的实际国情,不仅以阶级分析方法论证了妇女解放是一个阶级问题,而且从阶级革命和民族革命的双重斗争中提炼出了妇女作为革命的重要支撑力量应当组织起来投入支前和生产当中去的富有创见的理论观点,将无产阶级革命必将胜利的理论和妇女解放的历史过程联系起来,这是对马克思主义妇女解放理论的继承和发展。

毛泽东妇女解放思想在不同的历史演进阶段都为中国共产党领导的妇女运动的发展起到了卓有成效的指导作用,具备极大的实践意义。中共创立初期,毛泽东已经从为赵五贞自杀事件鸣不平的民主主义者成为一名马克思主义者。1925年,毛泽东在韶山发起成立了女界联合会,争取将妇女组织起来反对压迫的活动就是对其妇女解放思想的一次初步实践。1931年,毛泽东主持《中华苏维埃共和国宪法大纲》的制定,该大纲中体现的男女平等的原则正是毛泽东妇女解放思想的体现。延安时期,中华女子大学建立,毛泽东在开学典礼上做重要讲话,中华女子大学在毛泽东的指示精神下培养了一批具有马克思主义理论素养和具备实际开展妇女工作能力的妇女干部。解放战争开始后,尤其是在《关于土地问题的指示》颁布后,广大妇女在以毛泽东为中心的党中央领导下积极参与土地改革运动,获得了前所未有的土地权,劳动积极性大大提高,从而为解放战争的胜利做出了属于妇女群体的独特贡献。

参考文献

[1]中共中央文献研究室,中共湖南省委《毛泽东早期文稿》编辑组.毛泽东早期文稿(一九一二年六月——一九二〇年十一月)[M].长沙:湖南人民

出版社,2008.

[2]毛泽东.毛泽东选集(第一卷)[M].北京:人民出版社,1991.

[3]赵春.毛泽东妇女解放思想的文化批判视角和女权自由主张[J].天津行政学院学报,2012,14(04).

[4]毛泽东.毛泽东农村调查文集[M].北京:人民出版社,1982.

[5]毛泽东.中华苏维埃共和国中央执行委员会与人民委员会对第二次全国苏维埃代表大会的报告[J].江西社会科学,1981(S1).

[6]中华全国妇女联合会妇女运动历史研究室.中国妇女运动历史资料(1927—1937)[M].北京:中国妇女出版社,1991.

[7]中央档案馆.中共中央文献选集(第五册)[M].北京:中共中央党校出版社,1990.

[8]中华全国妇女联合会妇女运动历史研究室.中国妇女运动历史资料(1937—1945)[M].北京:中国妇女出版社,1991.

[9]毛泽东.毛泽东选集(第二卷)[M].北京:人民出版社,1991.

[10]毛泽东.毛泽东选集(第三卷)[M].北京:人民出版社,1991.

[11]中华全国妇女联合会妇女运动历史研究室.中国妇女运动历史资料(1945—1949)[M].北京:中国妇女出版社,1991.

[12]单炜鸿.解放战争时期东北根据地妇女运动研究[D].长春:东北师范大学,2017.

[13]中华全国妇女联合会.毛泽东主席论妇女[M].北京:人民出版社,1978.

[14]中华全国妇女联合会.中国妇女运动重要文献[M].北京:人民出版社,1979.

[15]中共中央马克思恩格斯列宁斯大林著作编译局.马克思恩格斯文集(第二卷)[M].北京:人民出版社,2009.

[16]毛泽东.毛泽东书信选集[M].北京:人民出版社,1983.

[17]张文灿.妇女性别解放与阶级、社会解放的互动:新民主主义革命时期中国共产党妇女解放运动的政策及效果[J].首都师范大学学报(社会科学版),2010(06).

基于社会建制的女性深度休闲
体育行为研究*

周文婷　邱亚君　卢　芬**

摘　要：随着中国社会的快速发展和女性地位的提高，女性休闲体育参与变得丰富多彩，并逐渐呈现深度休闲的行为特质，这些改变离不开社会各个体系的运作。作为社会建制的休闲，与工作和家庭息息相关。基于社会建制的视角，探讨女性深度休闲体育行为在工作和家庭不同阶段的表现，旨在提高女性的休闲参与意识，促进更多的女性积极参与深度休闲体育活动。

关键词：社会建制；女性；深度休闲体育；工作；家庭

一、引言

随着社会的发展，人们的物质生活得到了改善，同时也越发重视休闲带来的精神享受。国家各项政策的出台和基础设施的完善为休闲的发展提供了条件，休闲越来越成为社会必不可少的一部分。休闲关系着人们生活的方方面面，"任何对休闲的研究都应考虑到社会化、生活变化与生活方式之间的交互影响"[1]23-27。其中工作和家庭作为社会的基本建制，也是休闲的两

---

* 国家社会科学基金资助项目(项目编号：16BTY077)；中央高校基本科研业务费专项资金资助。

** 周文婷，浙江大学教育学院体育系博士生，研究方向为休闲体育。邱亚君，博士，浙江大学教育学院体育系副教授，博士生导师，研究方向为休闲体育。卢芬，浙江大学公共体育与艺术部副教授。

大主要环境,个体的休闲表现会随工作和家庭角色的变化而变化。

在人们传统的认识中,女性多喜欢在一起以聊天、逛街、看电影等轻松简单的方式度过自己的休闲时光。而现在,随着女性社会地位的提高,工作和家庭的责任也发生相应变化,她们参与和选择休闲的方式开始呈现新的态势。她们更多地走出家庭,在余暇时间(除工作与家务劳动之外的时间)长期坚持参与自己选择的体育活动,不断去获取相关的知识,提高自己的技能,为自己所获得的成绩感到高兴,最重要的是身心各方面都有了积极的变化。如女性瑜伽爱好者会持续学习和自我探索[2],在完成各种体式的同时,还追求思想境界的提升;女性马拉松参与者会克服各种困难,在坚持日常规律跑步的同时,也期待能一次次刷新自己的成绩。她们渴望深层次的休闲体验,希望能更多地参与深度休闲。中国女性休闲体育参与的改变,与工作和家庭环境变化密不可分。该文基于社会建制理论和深度休闲理论,将休闲作为社会建制,考虑工作和家庭的不同阶段,对当下中国女性参与深度休闲体育行为进行探讨。

二、理论背景

(一)社会建制理论

"建制"一词最早出现在社会学中,指一种有秩序、有组织、有物质内涵的社会结构[3]。功能主义认为,社会系统由各个组成部分相互关联与协调,以对社会整体发挥一定的作用。当人类的社会分工发展到一定的阶段,各个社会的组成部分会形成一套有自身特点的稳定运作体系,即会出现社会建制。社会建制强调社会的基本组织模块,每个建制都对维持社会体系的发展有自己特定的贡献,能满足社会的相应需求且被社会所承认。如学校对应社会的教育功能,促进个体的发展,并反作用于社会。所以,社会建制是指为了满足某些基本的社会需要而形成的相关社会活动的组织系统,包括价值观念、组织系统、行为规范和物质支撑四大要素[4]191-193。价值观念是阐明建制存在意义的理论体系;行为规范是对建制成员参与相应活动需遵守规则的总称;组织系统是将建制成员集中于有特定目标和职能的团体;物质支撑是社会建制运行的基础保障。

（二）深度休闲理论

Stebbins最早提出深度休闲理论，认为一部分人参与的是随兴休闲，也就是即时的、本质上有益的、相对短暂的享乐活动，很少需要通过特殊的训练就能享受的活动[5]；而有一部分人坚持参与深度休闲，即参与者有系统、有计划且持续较长时期地从事休闲活动，他们投入事业般的专注，并借此参与机会获得专门的技巧、知识以及经验[6]。从项目划分、感知觉等方面看，从随兴休闲到深度休闲的活动涉入过程是一个连续体[7]，深度休闲是人们参与休闲后涉入程度较深的一种休闲形式。

另外，Stebbins提出深度休闲参与者具有六种显著的特质[8]：①坚持不懈。无论在休闲参与过程中遇到多大的困难和挫折，深度休闲者都会去积极地应对和克服并坚持下去。②生涯性。休闲生涯是一个不断发展的连续过程，包括生涯进步和生涯事件，深度休闲者会将深度休闲视为生活中的重要组成部分。③显著的个人努力。深度休闲者在追求休闲的过程会不断付出自己的努力去获取知识、技能等。④持久的利益。深度休闲者在活动过程中会获得生理、心理、社交等方面积极的回报，包括个人利益和团队利益。⑤独特的文化。深度休闲者之间会形成共同的态度、实践、价值、信念、目标等。⑥强烈的认同感。深度休闲者自己和身边的家人朋友会对其所选择的活动逐渐产生一种深深的认同。其中不少的研究发现，体育运动是深度休闲的重要活动方式之一，深度休闲特质在有些休闲体育活动者身上表现明显，如长跑、冲浪等。

Stebbins还认为性别是一个偶然性因素，会影响深度休闲生涯的所有阶段，两性倾向于选择符合自己性别的休闲活动。[8]女性的深度休闲参与需要更广泛的考察，如Dilley和Scraton认为女性深度休闲参与应置于构成经验的社会、文化和政治背景中理解，女性的工作、对生育的态度、性关系、性别认同和母亲身份对攀岩这一休闲体育活动的承诺至关重要[9]。

三、社会建制与女性休闲

（一）作为社会建制的休闲

休闲作为一种社会建制，在社会中有其自身的功能。随着社会的快速发展，人们需要一个空间去释放生活压力、调节心情、增进与周围人的感情等，休闲的建制意义得以体现。在价值观念方面，休闲是满足人们日常生活需求，提高人们生活质量不可缺少的条件[10]；在行为规范方面，休闲为人们提供了发展和表达情感的环境，每个个体以平等理性的行为参与其中，遵守基本规范；在组织系统方面，休闲有其专门的职能，将有共同兴趣爱好的人会聚起来，坚持以人为本的原则，保障休闲活动的有序开展；在物质支撑方面，休闲产业的快速发展推动了休闲大众化，人们参与休闲的机会增加。作为社会建制的休闲是在社会发展到一定程度时，依托不断完善的物质条件，通过价值观念支配，满足人们放松身心、丰富余暇生活需要的社会组织制度。

同时，个体的行为形成于整个的社会环境中，休闲从属于基本的社会建制，并与其他社会建制存在互动关系。首先，自人类社会产生以来，社会结构与社会生活一直是围绕着生产活动——工作来展开的[11]。作为社会建制的工作决定着休闲的形式和意义：①根据休闲的定义，休闲是发生于工作必要时间以外的，个体应该认识到只有在满足自身基本生存条件后，才能够有意识地参与一定的休闲活动。②工作行为规范与休闲行为规范都是社会行为规范的分支，个体遵守的时间、地点、体力、脑力等工作要求会影响休闲参与行为。③工作组织系统有明确的分工合作体系，其正常运作是休闲系统形成的基础。④工作创造生产力价值，具有成套的物质基础，可保障休闲的物质生产。

其次，家庭角色贯穿个体的人生历程，新生命出生既归于一个家庭，也影响一个家庭，每个生命阶段生活时间的安排、经济资源的分配等都要考虑到家庭成员的情况。作为社会建制的家庭是休闲的主要环境和目的：①家庭是长期生活且相对稳定的环境，个体参与休闲时需顾及家庭角色预期，努力和家庭成员及其他人表达和建立亲密关系。②家庭是构成人类社会的最小生活单位,家中良好的行为规范能够指导个体选择积极有益的休闲活动。③家庭系统是在家庭成员不断的互动协调中形成的相对稳定的结构,家庭休闲是休闲组织系统的组成部分。④家庭与休闲所需的物质资源都来源于工作。

最后,作为社会建制的休闲与工作建制、家庭建制三者在社会发展中互相交错而非彼此独立[12],其中任何一个发生变化都会引起整体的变化。一个人工作的不稳定会影响家庭关系以及休闲活动。良好的家庭氛围可增加个体参与生产劳动的动力,也有利于休闲活动的开展。因而在讨论休闲问题时,工作和家庭是两个必不可少的因素。

(二)社会建制与女性休闲的发展

女性休闲的目的是让女性能够从休闲中获得身心释放,体验愉悦自由之感。而在传统社会中,女性长期以来在经济社会中处于弱势地位,加上女性生理的差异一定程度上影响着女性对社会生产的贡献能力,造成了女性在日常生活中缺少自由权利。她们的休闲参与和方式往往会受限于当时的社会环境和个人的经济条件,例如古时女子多是体育运动的旁观者,只有少数贵族女性可以亲身参与其中。随着妇女解放运动的开展以及社会对女性认识的改变,女性开始享有更多的权利,特别是在工作领域获得了与男性平等的权利,认识到要自由地去享有休闲。

在行为规范方面,早期人们认为女性的休闲就是家庭内的休闲,一个家庭主妇在家的时间都是休闲时间,将女性的休闲活动范围主要限定在家中,而当女性意识和权利发生转变,休闲活动范围变大时,她们的休闲也变得复杂,工作和家庭责任都会对女性休闲有所要求,让女性休闲行为面临很多休闲限制。如从休闲时间看,当女性也有了自己的工作,对大多数双职工家庭来说,可能就意味着女性的双重负担。虽然男性与女性的总工作时间的差异极小,但女性在有偿工作时间之外,还承担着相当的无报酬工作(如家务),并且休闲时间的质量比男性低,女性的休闲体验很难从多重和重叠的角度来区分[13]。

此外,意识和行为的转变促使女性积极地构建有女性特点的休闲组织系统。休闲活动将渴望交流情感、排解生活压力、喜欢团体活动的女性聚集在一起。研究发现,中年女性高尔夫参与者坚持休闲运动的原因是与群体成员建立联系和构建团队文化。[14]而在基本的休闲物质保障中,女性还会选择适合自己的活动环境,按自己的喜好选择休闲服饰,将女性特质适当地融入现有的休闲环境之中。

女性深度休闲体育参与是休闲建制发展到一定程度的表现。伴随休闲时间的增加以及生活水平的提高,一部分女性不再满足于随兴休闲带来的短暂的休闲体验。为了深层次的体验,她们开始有意识地增加休闲运动参与,而投入的程度越高,女性收获的利益也越多。如Alexandris等人通过对比三种涉入程度的休闲游泳运动人员发现,高涉入水平组的参与者会有更高层次的参与和忠诚度。[15]通过持续的活动涉入,女性努力克服工作和家庭中的困难,不断习得相关的知识和技能,学会控制运动负荷和运动强度,获得各方面的收益,逐渐形成深度休闲体育行为。另外,女性的深度休闲体育参与更倾向于人际关系的构建。在休闲长跑运动中,有接受过群体训练的参与者能够逐渐确定与社交相关的价值观和行为。[16]所以女性在深度休闲过程中,更愿意加入以女性的利益优先,以自愿为原则,形成一定规章制度的休闲体育社团。[17]同时,休闲体育社团也会努力加强自身建设,以多样的组织形式、特色的团队文化,鼓励团队成员继续坚持体育运动。

四、工作、家庭与女性深度休闲体育行为

(一)工作和家庭的周期划分

工作建制是休闲生活的基本保证,个体在不同的时期,为匹配社会角色,在生活和工作中所花费的时间和精力不同,需要去努力平衡工作与生活。美国职业管理学家Super认为职业是指一个人在一生中所扮演角色的组合和顺序[18],依据前人对生命阶段的划分,他将个体的职业生涯发展划分为探索期、立业期、维持期、衰退期四个不同阶段,每个阶段都对应了一定的生理年龄范围[19]。探索期是个体根据对自己和现实的认识,完成初步工作尝试的时期;立业期是个体在确定的职业中获得发展和进步的时期;维持期是个体不断学习新技能,维持已获得的职业地位的时期;衰退期是个体逐步

退出职业，适应退休生活的时期。

家庭是个体学习、成长的基础环境，也是休闲的主要环境，在这样的环境中，家庭成员互相信任、共享资源，形成紧紧联系的亲密关系。在不考虑意外事件情况下，女性休闲将伴随着家庭亲密关系的变化，经历几次重要的转折点。根据家庭生命周期理论，段城江等人针对中国国情和普适性研究的需要，提出了包括自立期、新婚期、满巢期、离巢期、空巢期五阶段的女性生命周期模型[20]，而该文主要考察家庭成员及关系变化下的影响，因此以新婚期、满巢期、离巢期这三个阶段讨论社会建制中的女性深度休闲体育行为。新婚期是以结婚为起点、子女出生为终点；满巢期是以子女出生为起点、子女独立为终点；离巢期是以子女独立为起点。

（二）工作和家庭中的女性深度休闲体育行为特质

1. 价值观念——心之所向

如今，大多数中国女性已经认识到健康生活的重要性，兼顾工作和家庭的同时，寻求积极向上的生活体验，有强烈的自主选择休闲活动意识。而随着休闲意识的深化，女性发现简单的休闲活动难以维系长久的精神享受，但参与深度休闲体育活动可以带来各种持久的身心获益，逐渐认可深度休闲体育活动对生活的积极意义。正是观念上的转变，让女性在工作和家庭的不同时期，参与深度休闲表现出一定的行为特质。

在工作方面，立业期的女性正处于为自己的工作生涯打下坚实基础的阶段，工作晋升压力比其他时期大[21]，她们会给自己设立一系列的工作目标和追求，工作繁忙、时间不足等限制因素让她们认识到，参与深度休闲体育活动需要去主动克服困难。同时，该时期的女性努力寻求进步，特别想要获得社会的认可，在得不到满足时，她们就会将情感寄托于深度休闲活动，认同自己的坚持行为，并且长期参与体育运动的行为也获得了他人的认同。衰退期的女性面对职业生涯的结束以及更年期的身体反应，倾向于改变原来相较乏味的生活，期望通过运动改善健康状况、改变精神状态，深度休闲体育活动能够让她们生活充实，挖掘未知的潜能。

在家庭方面，新婚期的女性在伴侣的陪伴下，会更乐于参与休闲活动，双方的感情也会在坚持体育参与中不断升温，参与深度休闲体育活动会成为夫妻间的共识,也是生活的重要组成部分;满巢期的女性,包括已有的家务劳动时间,基于性别的家庭时间变通和关于照顾的伦理意识会是决定有年幼子女女性能否积极参与休闲的重要因素[22],女性深度休闲体育参与者在该阶段要付出显著的个人努力去平衡生活各方面要素,合理计划生活时间;离巢期以后的女性开始寻求自身的生活价值,有一定的时间和精力花费在休闲活动上,"活到老学到老"的思想让她们努力获取相关的运动知识,提高自己的运动技能。

2. 行为规范——身之所往

中国提倡男女平等,这使女性参与休闲的行为约束减少,女性的休闲参与空间变大。女性的休闲参与行为也发生了变化,从简单易行的娱乐活动转向需要积极获取相关的知识和技能的深度休闲活动,特别是体育活动,需要不断提高自己对活动的认同感。在投入深度休闲体育的过程中,女性也会结合工作和家庭实际情境,根据自己对深度休闲体育活动的价值观念形成相应的行为规范,包括坚持自己的运动原则、认真对待安全问题、顾及家人的感受等。

在工作方面,探索期的女性职场新人需要积累人脉,她们会在运动过程中有选择地结交好友,根据自己的运动目标进入休闲团体,遵守团体的规范,并追求休闲活动对工作的社交回报。立业期的女性,工作上的压力迫使她们在参与工作外的休闲活动时需要付出更多,要积极学习知识技能保护自己在运动中不受伤,不至于因为受伤而影响工作。

在家庭方面,满巢期的女性会体验到孩子的降临给家庭的休闲带来巨大改变,家庭休闲计划将以孩子为中心展开,家庭角色和责任的期望促使父母要花费时间与孩子在一起[23],所以女性的深度休闲参与行为需兼顾作为妻子和母亲两个角色的要求。而在长期的坚持参与运动中,她们也减少了家庭生活中产生的消极情绪,并得到满足感和成就感,保持良好的生活方式。离巢期以后的女性,随着子女的独立,家庭的重心重新回到了夫妻生活以及老人的赡养上。这个时期女性的休闲时间增多,社会对女性的要求减少,女性此时参与休闲体育活动,不仅有益于健康,而且容易得到家人支持,利于女性长期坚持参与。

3. 组织系统——公诸同好

休闲可以为具有不同特点的人搭建桥梁,连接机构和服务进行帮助[24]。越来越多的女性发现逛街、聊天这样的随兴休闲活动,仅仅能够联系身边的人或工作伙伴,交流比较单一,但长时间投入一项深度休闲活动,可以接触工作和家庭之外的人,形成较为纯粹的人际关系。并且,集中于一个有运动目标和氛围的团队中,能让女性处于释放情感、增进交流、保持健康的状态。

在工作方面,处于工作衰退期的女性即将离开自己的工作伙伴,需要重建自己的社交群体,深度休闲活动为此提供了平台。她们长期以小团体的形式进行活动,有自己的团队规范,团队成员有共同的目标。比如健身排舞参与者,有时为了一次公众表演,会去学习新的舞步,选购漂亮的衣裳,进而获得周围人的赞美。

在家庭方面,新婚期的女性大多数会离开自己的原生家庭,新环境一定程度上会让她们感到焦虑,而休闲体育团体积极向上的氛围和合理的运动目标能分散女性情感的专注点,使其更快适应新的生活。离巢期以后的女性会体验到儿女独立带来的孤独感,而深度休闲体育团体可以连接同龄人之间的感情,安排规律性的团队活动,降低她们对子女的生活依附感。

4. 物质支撑——本固枝荣

物质支撑是休闲体育参与的基础保障。女性深度休闲体育参与者的物质支撑,不仅包括社会支持的场地环境,还包括个人经济状况所能承担的休闲付出。虽然相较随兴休闲时期付出和要求更多,但事实上女性得到的积极体验是无法衡量的。

在工作方面,工作维持期的女性只需维系长期雇佣关系,工作较为稳定和规律,生活重心可以较多向休闲活动倾斜。工作积累的经济基础让她们有能力在投入其中时购买好的装备以及训练课程去降低运动风险,提高自己的运动能力,应对身体机能的衰退。

在家庭方面,新婚期的女性易受社会健身热潮的感染,在参与休闲体育团体活动时,更愿意到人多热闹的环境运动,感受独特的体育文化。满巢期的女性为了照顾年幼的子女,可能需要调整到较近的活动场所,对活动的热爱促使她们积极寻求满足条件的环境,以继续坚持活动。

五、结语

中国社会大环境的发展给中国女性的休闲体育参与带来了巨大的变化,不少女性开始有了自己的休闲方式和空间,逐渐呈现出深度休闲行为特质,并体验到深度休闲体育活动带来的乐趣和美好。同时在休闲、工作和家庭相互交错与联系的社会建制中,不同工作和家庭时期的休闲机会和资源是不同的,女性深度休闲体育参与者会根据所处的社会角色,随工作情境和家庭成员的变化进一步参与休闲活动。基于此,该文期望越来越多的女性能够认识到健康生活的重要性,努力平衡工作和家庭之间的关系,积极投入深度休闲体育活动。虽然中国女性从深度休闲体育活动中不断获得了身体的解放以及积极的体验,但她们的休闲体育参与依旧会受到各种牵制,如休闲活动常常受到母亲和妻子的角色限制、运动的选择要兼顾女性身体之美等,因此中国的女性还需付出更多的努力去争取休闲体育参与上的性别平等,表达自己的休闲意愿。

参考文献

[1]卡拉·亨德森,等.女性休闲:女性主义的视角[M].刘耳,季斌,马岚,译.昆明:云南人民出版社,2004.

[2]PATTERSON I, GETZ D, GUBB K. The social world and event travel career of the serious yoga devotee[J]. Leisure studies, 2016,35(3).

[3]王珏.科学建制的类型及其伦理样态[J].东南大学学报(哲学社会科学版),2004(05).

[4]许为民.当代自然辩证法[M].杭州:浙江大学出版社,2011.

[5]STEBBINS R A. Casual leisure: a conceptual statement[J]. Leisure studies, 1997,16(1).

[6]STEBBINS R A. Serious leisure: a conceptual statement[J]. Pacific sociological review, 1982,25(2).

[7]SHEN X S, YARNAL C. Blowing open the serious leisure: casual leisure

dichotomy: what's in there?[J]. Leisure sciences, 2010,32(2).

[8]STEBBINS R A. Amateurs, professionals, and serious leisure[M]. Mcgill Queens University Press, 1992(05).

[9]DILLEY R E, SCRATON S J. Women, climbing and serious leisure [J]. Leisure studies, 2010,29(2).

[10]胡春兰,赵仙伟. 论休闲与休闲体育[J]. 体育与科学,2003(03).

[11]郝玉明. 休闲:作为一种社会建制的伦理思考[J]. 理论月刊,2015 (06).

[12]RAPOPORT R, RAPOPORT R N, STRELITZ Z. Leisure and the family life cycle[J]. American journal of sociology, 1975,5(6).

[13]BITTMAN M, WAJCMAN J. The rush hour: the character of leisure time and gender equity[J]. Social forces, 2000,79(1).

[14]WOOD L, DANYLCHUK K. Playing our way: contributions of social groups to women's continued participation in golf[J]. Leisure sciences, 2011,33(5).

[15]ALEXANDRIS K, KOUTHOURIS C, FUNK D, et al. The use of negotiation strategies among recreational participants with different involvement levels: the case of recreational swimmers[J]. Leisure studies, 2013,32(3).

[16]ROBINSON R, PATTERSON I, AXELSEN M. The "loneliness of the long distance runner" no more: marathons and social worlds [J]. Journal of leisure research, 2014,46(4).

[17]熊欢. 中国城市化进程中女性休闲体育的兴起[J]. 体育学刊,2012,19 (06).

[18]SUPER D E. A life-span, life-space approach to career development[J]. Journal of vocational behavior, 1980,16(3).

[19]白艳莉. 西方职业生涯发展阶段理论及其对组织人力资源管理的启示 [J]. 现代管理科学,2010(08).

[20]段城江,黄亚平,张茜. 周期理论:城市女性的空间需求研究[J]. 城市 规划,2015,39(08).

[21]CARLSON D S, ROTONDO D M. Differences in promotion stress across career

stage and orientation[J]. Human resource management, 2010,40(2).

[22]MILLER Y D, BROWN W J. Determinants of active leisure for women with young children: a "ethic of care" prevails [J]. Leisure sciences, 2005,27(5).

[23]SHAW S M. Controversies and contradictions in family leisure: an analysis of conflicting paradigms[J]. Journal of leisure research, 1997,29(1).

[24]GLOVER T D. All the lonely people:social isolation and the promise and pitfalls of leisure[J]. Leisure sciences, 2018,40(1-2).

新中国成立以来性别平等事业的发展状况研究*
——以浙江省推动性别平等工作为例

于　洋**

摘　要：新中国成立以来,我国性别平等事业取得了很大的发展和进步。具体发展阶段可分为：新中国成立至改革开放前,改革开放至第四次世界妇女大会召开,第四次世界妇女大会召开至今。每个阶段我国的性别平等事业都有明显的发展特征。一方面,通过对我国分行业、分地区的性别平等方面的研究成果和历年统计数据进行分析后发现,从纵向看,我国性别平等事业有了较大的进步和发展；另一方面,通过对历年《全球性别差距报告》等数据资料进行分析,从横向看,我国的性别平等状况和其他国家仍然存在一定差距,需要进一步改善。浙江省在性别平等工作的开展方面积累了较多经验。该文通过对新中国成立以来浙江省在促进性别平等方面所做的各项工作进行梳理,总结了相关工作经验,特别是各级妇联组织在促进性别平等事业中发挥了较大的作用。最后,针对现阶段我国性别平等事业存在的问题,对各级妇联在今后如何推进性别平等工作提出可行性建议。

关键词：性别平等；浙江经验；妇联

新中国成立以来,我国在推动妇女发展和促进性别平等的事业中取得

---

*　浙江省妇女干部学校2018年校级课题"改革开放40周年来的性别文化和性别平等发展状况研究"成果(课题编号：201801)。

**　于洋,浙江省妇女干部学校讲师、民俗学博士,研究方向为妇女文化、性别平等、妇联组织。

了很大的发展和进步。性别平等可从公共领域和私人领域两方面考察：在公共领域，性别平等表现在男女两性可以平等地参与经济、政治和社会活动，并获得相应的平等地位；在私人领域，性别平等表现为妇女在家庭中拥有独立决策、支配收入的经济权利，有获得财产的继承权利，可以摆脱对丈夫或他人的依赖。而提高妇女在公共领域的经济、政治和社会活动的参与水平是提高妇女地位的根本。社会性别平等追求的是男女的不同行为、期望和需求能得到同等认可、评价和照顾，男女的权利、责任和机遇应平等，而不应由各自的生理性别来决定，更不是要求男女必须变得完全一样。我国妇女非农就业的参与水平逐年提高、就业结构不断改善；妇女参政议政情况不断进步；妇女受教育水平不断提高，两性受教育年限的性别差异逐渐缩小；妇女健康状况得到巨大改善。

一、新中国成立以来性别平等事业发展的三个阶段

新中国成立以来，我国性别平等事业的发展大体可以分为以下三个阶段：

（一）新中国成立至改革开放前（1949—1977年）

新中国成立之初，从政治上彻底结束了旧中国广大妇女受压迫受奴役的历史，我国妇女运动进入一个崭新的时代。中国共产党坚持马克思主义妇女观，开始探索适合我国国情的性别平等道路。马克思主义妇女观指出，私有制使得妇女失去了广泛参加社会生产劳动的权利，进而失去了对财产的所有权和支配权，从而成为妇女受压迫的根源。因此，妇女解放与无产阶级解放共存于无产阶级革命运动中，只有消灭了私有制，实现社会主义制度，才能实现男女平等和妇女的解放。党和国家把推动妇女解放和发展、促进男女平等上升为执政理念和国家意志，出台了相关法律政策，在法律、政治和劳动平等权方面保护妇女的平等权利。1949年中国人民政治协商会议通过的《中国人民政治协商会议共同纲领》、中国妇女第一次全国代表大会通过的《中华全国民主妇女联合会章程》、1954年第一届全国人民代表大会

第一次会议颁布的《中华人民共和国宪法》及历次修改中均确立了男女平等原则,并明确规定妇女在政治、经济、文化、社会以及家庭生活各方面享有与男子平等的权利。[1]2同时,国家开始重视培养和提拔女干部,为妇女参政议政创造条件。邓小平提出:"妇女要关心政治,这不单是指做妇女工作的干部,妇女群众也要关心政治。"[2]2951961年,邓小平在接见全国省、自治区、市妇联主任会议全体同志时指出:"妇女工作一定要管本行,议大事。"1975年,全国人大常委会副委员长李素文率中国代表团参加了联合国第一次世界妇女大会,开启了我国性别平等和妇女事业走向世界舞台的新篇章。

在这一阶段,全国妇女开始广泛参与各种生产劳动,特别是广大农村妇女通过参加人民公社的劳动,在经济上的地位有了显著提高,为新中国成立后的整个社会进步和经济发展做出了重要贡献。然而,在这一阶段,妇女和男子在同工同酬薪资比方面还有较大差距;女性开始获得了和男子同等入学的机会,文盲率逐年降低,但整体上男女两性受教育的性别差异还非常明显;广大妇女积极参加国家各项事务管理,基层人民代表和全国人民代表中妇女的比例也不断上升,但是,妇女在国家决策中的话语权还相对较低;妇女的整体健康状况也亟须改善。

（二）改革开放至第四次世界妇女大会召开（1978—1995年）

中共十一届三中全会后,我国社会发展发生了翻天覆地的变化。但处于经济体制转型期,社会主义市场经济不完善,社会保障机制不健全,往往单方面追求经济利益,忽视了社会公平,严重损害了妇女的权益。因此,妇女因文化程度和职业技能水平低而导致的就业低、收入低等现状突出,下岗女工人数迅速增加;妇女参政障碍增加;传统性别文化中"男主外,女主内""男尊女卑"等观念出现回潮,妇女在婚姻、家庭中的权益和地位受到冲击,性别矛盾逐渐上升并不断激化。为了缓和各种矛盾,党和国家开始探索性别平等的和谐之路。在坚持马克思主义妇女观的同时,结合我国国情实际,探索适合我国国情的性别平等事业发展之路。改革开放之初,党和国家在探索性别平等方面的实践取得了一系列成就:1978年,全国妇联改名为"中华全国妇女联合会"并重新开启运作,中国妇女第四次全国代表大会在时隔21年后再次召开,妇女事业终于重新走向正轨,在国家大规模进行社会主义建设的各条战线上妇女都发挥了巨大作用；1980年中国作为首批签约国签订的联合国《消除对妇女一切形式歧视公约》，将联合国保护妇女权利的国际标准引入中国；1980年修订并颁布的《中华人民共和国婚姻法》标志着我国婚姻立法进入了一个崭新的阶段；1985年颁布的《中华人民共和国继承法》和1992年颁布的《中华人民共和国妇女权益保障法》充分发挥了妇女"半边天"作用，推动了社会主义改革开放的发展。

党和国家在这一时期非常重视妇女文化素质的提高，邓小平非常关注妇女的文化教育权利，与此同时，妇联组织开展了对妇女进行教育培训的活动，并取得显著成效。1989年和1990年开始的"双学双比""巾帼建功"活动直到今天依然在延续，这很大程度提高了妇女的文化技术水平、经济参与能力和适应社会变革的能力。同时，邓小平希望"妇女一定要看世界，农村妇女也要看世界"[2]295，并提出"妇女看世界"的改革开放理论，为妇女发展提供良好的社会环境。1990年2月，国务院成立了妇女儿童工作委员会，在我国初步形成了调查研究、协调解决妇女儿童问题的领导体制。中国妇女开始与世界妇女交流对话，西方妇女解放的思想、理念、方式、特征等从此进入中国妇女的视野和研究领域，中国妇女通过与其他国家的沟通交流，加速了自身解放的进程。

1990年3月7日，江泽民在"三八"国际妇女节80周年纪念大会上发表了题为"全党全社会都要树立马克思主义妇女观"的重要讲话，重申了马克思主义和毛泽东思想关于妇女解放的原理，为全党全社会观察、分析、研究、解决妇女问题提供了强有力的理论武器。马克思主义妇女观的主要内容有：第一，妇女被压迫是人类历史发展的一定阶段的社会现象，它必将被新的历史条件下的男女平等所代替；第二，妇女解放的程度是衡量普遍解放的天然尺度，妇女解放必须伴随全体被剥削、被压迫人民的社会解放而得到实现；第三，参加社会劳动是妇女解放的一个重要先决条件，人们在社会上和家庭中的地位，归根结底是由人们在社会生产中的地位决定的；第四，妇女解放是一个长期的历史过程，法律上的男女平等达到事实上的男女平等，任务仍然十分艰巨；第五，妇女在创造人类文明、推动社会发展中具有伟大的作用。[3]

这一阶段，妇女思想不断解放、观念不断更新、素质不断提高，妇女参与经济建设的广度和深度不断拓展，参与国家和社会事务管理的程度逐步提高，男女平等、婚姻自由、一夫一妻的原则，妇女应有的权益在宪法和法律的保护下，逐步在社会生活的各方面得到实现。在党的"一个中心、两个基本点"的基本路线指导下，妇女事业也在服务经济建设的大局中蓬勃发展。特别是随着联产承包责任制的推行和农村产业结构的调整，妇女劳动力开始从生产领域向流通领域转移，在商品经济的大潮中涌现出一大批女企业家、女厂长等优秀女性代表。然而，这一阶段重男轻女的封建残余思想和传统偏见有所回潮，生产劳动中忽视对妇女的保护，包办、买卖婚姻现象普遍，溺弃女婴、侮辱妇女、拐卖残害妇女儿童的违法犯罪活动时有发生。法律上的男女平等还没有完全成为事实上的男女平等，社会上歧视妇女的现象依然存在。

（三）第四次世界妇女大会召开至今（1996 年至今）

第四次世界妇女大会召开以来，随着我国经济持续增长和社会全面进步，妇女与男子平等的权利不断得到保障，妇女发展获得了前所未有的机遇。男女平等作为促进社会经济发展的一项基本国策被写入法律和党的报告中，并长期贯彻执行，我国在实现男女平等方面达到了政府决策与法制建设的高度一致；制定了一套完整的保护妇女权益的法律法规体系，为促进性别平等提供了法律保障；将性别平等意识纳入决策主流，为性别和谐政策的制定提供了先进的理念；制定了构建先进性别文化的政策，为促进妇女发展创造了良好的文化环境。

从 1995 年至今，国务院颁布实施了三个周期促进男女平等和妇女发展的国家行动计划——《中国妇女发展纲要》。国家第十至第十二个国民经济和社会发展五年规划纲要都强调促进妇女全面发展，《中共中央关于制定国民经济和社会发展第十三个五年规划的建议》明确提出要坚持男女平等基本国策。特别是党的十八大报告明确提出"坚持男女平等基本国策，保障妇女儿童合法权益"，重申促进男女平等和妇女全面发展是新的历史条件下党治国理政的重要内容。[1]3 1995 年，国家统计局首次发布《中国社会中的女人和男人》，标志着我国在性别统计领域迈出了新的一步。1995 年 9 月 4 日，第四次世界妇女大会在北京召开，时任国家主席江泽民同志在欢迎仪式上郑重承诺:"我们十分重视妇女的发展进步,把男女平等作为促进我国社会发展的基本国策。"[4]这次讲话把男女平等提高到基本国策的高度,是我国性别平等事业发展过程中具有里程碑意义的事件,是妇女问题认识论的升华。把新时期妇女发展问题纳入社会发展整体规划,提升了妇女在国家民族发展中的地位,突出了妇女解放的主体行为,增强了广大妇女的自信、自强意识。男女平等基本国策对国家其他政策起着导向和制约的作用,有助于决策者从性别的视角观察社会、政治、经济、文化和环境,对其进行社会性别分析和社会性别统计规划,以防止和克服不利于两性发展的各种事件发生。

1998年3月,由全国妇联妇女研究所主办的中国妇女研究网正式上线,这是我国第一个以妇女为主题的网站,也是我国第一个妇女/性别研究网站,为我国在性别研究领域开展学术研究提供了全新的平台。1999年12月,中国妇女研究会在北京成立,从而形成了研究妇女理论和实践的全国性学术组织,进一步推动了我国在性别领域的理论和实践研究水平不断发展。

2001年4月,中共中央组织部印发《关于进一步做好培养选拔女干部、发展女党员的意见》(中组发〔2001〕7号),重申了"同等条件下优先选拔女干部"的原则,要求省(自治区、直辖市)、市(地、州、盟)党委、人大、政府、政协领导班子至少各配备1名以上女干部,县(市、区、旗)党委、政府领导班子各配备1名以上女干部。同年,中共中央、国务院办公厅发布《关于切实维护农村妇女土地承包权益的通知》(厅字〔2001〕9号),第一次比较完整、系统地为保护农村妇女土地权益提供政策依据,并于2002年8月通过《中华人民共和国农村土地承包法》,将男女平等作为基本原则写入总则,并对妇女的土地承包权做了具体规定。2005年,胡锦涛同志在纪念联合国第四次世界妇女大会10周年开幕式上强调"我们将坚持贯彻男女平等的基本国策,不断促进性别平等和两性和谐发展"。2008年1月实施的《中华人民共和国劳动合同法》和《中华人民共和国就业促进法》,对女职工的劳动权益保护和公平就业做出了具体规定,为妇女享有与男子平等的劳动权、消除就业歧视、为妇女创造公平的就业环境提供了法律依据,也是贯彻男女平等基本国策的实际行动。

2009年6月,卫生部发布的《关于印发〈农村妇女"两癌"检查项目管理方案〉的通知》(卫妇社发〔2009〕61号),通过为全国35—59岁农村妇女进行"两癌"检查等方式,逐步提高广大农村妇女自我保健意识和健康水平。2011年11月,科技部发布《关于加强女性科技人才队伍建设的意见》(国科发政〔2011〕580号),从增加女性科技人才储备、扩大科技领域女性就业机会、促进女性高层次科技人才发展等方面提出了一系列加强女性科技人才队伍建设的政策措施。2012年4月,国务院通过《女职工劳动保护特别规定》,明确了用人单位参加生育保险与否的差别待遇、监督检查及处罚责任,体现了我国在妇女劳动保护上的进一步完善。2012年党的十八大报告,把"坚持男女平等基本国策,保障妇女儿童合法权益"写入了执政党的施政纲领,男女平等基本国策的实施走向法律化、制度化、主流化,成为我们党治国理政的重要内容,为实现妇女平等依法行使民主权利、平等参与经济社会发展、平等享有改革发展成果提供了根本遵循和战略指引。2013年,中国妇女十一大将推动建立法规政策性别平等评估机制确立为新形势下妇联组织的重要工作任务之一。

2015年9月,习近平总书记在中国与联合国妇女署共同举办的全球妇女峰会上发表了题为"促进妇女全面发展 共建共享美好世界"的重要讲话,提出了要推动妇女和经济社会同步发展、积极保障妇女权益、努力构建和谐包容的社会文化以及创造有利于妇女发展的国际环境等四点"中国主张",赢得了国际社会的广泛认同,为我国促进男女平等和妇女全面发展指明了方向。同月,国务院新闻办公室发表《中国性别平等与妇女发展》白皮书,从性别平等与妇女发展的机制保障,妇女与经济、教育、健康、决策管理、环境,性别平等与妇女发展的法治保障以及性别平等与妇女发展的国际交流合作等方面,详细介绍了我国推动性别平等与妇女发展的政策措施和取得的成就。

习近平总书记在党的十九大报告中指出"坚持男女平等基本国策,保障妇女儿童合法权益",再次向全世界宣示了我们党在建设新时代中国特色社会主义伟大事业中同步推进妇女事业发展的坚定决心。他同时强调要在出台法律、制定政策、编制规划、部署工作时充分考虑两性的现实差异和妇女的特殊利益,在立法决策中充分体现性别意识,在改善民生中高度关注妇女需求,在社会管理中积极回应妇女关切,使男女平等真正体现到经济社会发展各领域、社会生活各方面。2018年,习近平总书记同全国妇联新一届领导班子成员集体谈话时,指导和审定了《全国妇联改革方案》,并强调:做好党的妇女工作,关系到团结凝聚占我国人口半数的妇女,关系到为党和人民事业发展提供强大力量,要加强党对妇女工作的领导,坚持中国特色社会主义妇女发展道路,把握实现中华民族伟大复兴的中国梦这一中国妇女运动的时代主题,促进男女平等,发挥妇女在各个方面的积极作用,组织动员妇女走在时代前列,在改革发展稳定第一线建功立业。

这一阶段,在习近平新时代中国特色社会主义理论的指导下,党和国家进一步重视男女平等和妇女全面发展事业,促进性别平等与妇女发展的国家机制不断健全,并提出反对家庭暴力、保护女性权益的政策。妇女发展水平全方位提升并纳入国家发展战略,国家"十二五"规划纲要设专节对妇女发展问题做出具体规划,国务院连续颁布实施三个周期的《中国妇女发展纲要》。妇女民生福祉得到持续增进,获得感幸福感不断增强,平等依法行使民主权利、平等参与经济社会发展、平等享有改革发展成果达到历史新高度。妇女健康水平进一步提高,妇女平均寿命由 2000 年的 73.3 岁延长至 2010 年的 77.4 岁,比男性高 5 岁。孕产妇死亡率由 1990 年的 88.8/10 万下降到 2014 年的 21.7/10 万,提前实现联合国千年发展目标。中国被世界卫生组织列为妇幼健康高绩效的 10 个国家之一。妇女受教育水平持续提升,2014 年,男女童小学净入学率均为 99.8%,提前实现联合国千年发展目标;初中、高中、本专科和硕士研究生在校生中,女生比例分别为 46.7%、50%、52.1% 和 51.6%。2013 年,女性 15 岁及以上文盲率为 6.7%,比 1995 年降低 17.4 个百分点。妇女就业选择更加多元、创业之路更加宽广,全国女性就业人数占就业总人数的比例始终保持在 45% 左右。2013 年,女性中高级专业技术人员占中高级专业技术人员总数的 44.1%,比 2000 年提高 9 个百分点;互联网领域创业者中女性占 55%;女企业家人数是企业家总人数的 1/4。妇女在各层次各领域的政治参与不断扩大、影响力日益增强,党的十九大女代表、第十三届全国人大女代表和全国政协女委员比例分别比上届提高 1.14、1.50 和 2.55 个百分点,女性进村、社区"两委"比例明显提高。[5]城乡妇女的社会保障水平大幅提升,农村贫困妇女大幅减少,亿万妇女的生活水平和质量进一步提高。性别平等进入国家机制,妇女领域的交流合作越来越广泛,中国在国际妇女事务中发挥着越来越重要的作用。与此同时,我国性别平等和妇女发展仍受到种种因素的限制和制约,特别是在国际环境复杂多变的新时期,性别平等与妇女发展还面临许多新情况和新问题：不同地区、不同阶层、不同群体发展的性别不平等现象比较明显，性别不平等对社会文化规范的影响不同程度地存在，有些地方对性别平等与妇女发展在经济社会发展中的重要性认识不够，在实践中尚缺乏有力的措施。

二、浙江省推动性别平等工作的情况

浙江省在性别平等工作的开展方面积累了较多经验，特别是各级妇联组织在促进性别平等事业中发挥了较大的作用。

1949年11月，浙江省第一次妇女代表大会在杭州召开，制定了实现男女平等、婚姻自由以及力争男女同工同酬等目标。随后各级妇联主要围绕"妇女解放、男女平等和服务保障"展开各项工作。1953—1964年分别召开了浙江省第二、三、四次妇代会，强调这一阶段要发动全省妇女投入工农业爱国增产运动，坚持"男女一齐发动"的方针，并加强对妇女干部和妇女群众的思想文化教育。1973年8月，浙江省第五次妇女代表大会号召全省妇女认清自己的重要地位和历史使命，发挥"半边天"作用。1978年10月，浙江省第六次妇女代表大会动员全省妇女在加速实现四个现代化的伟大革命中，充分发挥妇女"半边天"作用。至此，全省妇联和妇女工作迈入改革、发展与全面结构转型的重要时期。

1980年，浙江省妇联呈报《关于培养选拔女干部问题的请示报告》，建议全省各级党委、各级部门要多培养和选拔女干部，为她们提供学习和实际工作锻炼的机会，并建议在各级党代会和人民代表大会代表中，女代表的比例不少于20%，各级党委会和政府机构领导班子中，女干部应占15%以上。1986年，省人大常委会通过《浙江省保护妇女儿童合法权益的若干规定》，要求各级人民政府坚决制止和纠正侵害妇女、儿童合法权益的行为。1988年，省妇联召开乡镇企业同工同酬现场会，相关单位介绍了解决乡镇企业同工同酬的工作经验，并随后发布相关文件督促全省乡镇企业进一步落实好男女同工同酬政策，切实保障妇女权益。1990年省委组织部下发《关于进一步加强培养选拔女干部的意见》，要求各级党委制定培养选拔女干部的长远规划和目标。1995年9月第四次世界妇女大会上,我国政府承诺把男女平等作为促进中国社会发展的一项基本国策。全省各级妇联把宣传男女平等基本国策作为妇联宣传工作的重要内容,利用报刊、电台、电视台、网络等媒体和党政培训班、妇女理论研讨会等各种机会,宣传男女平等基本国策。1998年12月,省第十次党代会提出"坚持男女平等基本国策,切实维护妇女儿童的合法权益",将男女平等基本国策写入省党代会报告。

根据2000年第二期中国妇女社会地位调查中浙江省的调查数据,男女两性在经济地位方面,无论女性总体还是城乡女性的在业率均大大低于男性,妇女的职业地位和收入也低于男子;在政治与社会参与方面,浙江妇女的政治参与程度高于全国平均水平;在教育方面,浙江妇女的受教育平均年限高于全国平均水平,两性受教育差距情况小于全国平均水平,特别是浙江妇女接受继续教育的机会高于全国妇女平均水平;在婚姻家庭方面,浙江妇女拥有较高的家庭事务决策权,特别是在有关个人事务的自主权方面高于全国妇女平均水平;在健康方面,浙江妇女的一般健康保障的惠及程度均高于全国平均水平,且妇科疾病的治疗质量均高于全国平均水平。

2003年6月,时任浙江省委书记习近平同志在浙江省第十一次妇代会的致辞中强调,广大妇女在浙江的改革发展稳定大局中做出了巨大贡献,在参与中提高,在参与中求平等,在参与中赢得社会的广泛赞誉和尊重。各级妇联要努力在教育引导群众上下功夫,在团结联系妇女群众上下功夫,在帮助和服务妇女群众上下功夫,进一步在全社会形成尊重妇女、保护妇女、爱护儿童、支持妇联和妇女工作的良好氛围。[6]411 2008年,浙江省政府主动推行以男女平等为取向的村级民主选举制度创新,女村委专职专选,增加了村委会中的女性人数和比例,促进了农村妇女的政治参与。

2013年,浙江省政府法制办和省妇联联合下发了《关于建立浙江省政策法规性别平等咨询评估机制的通知》(浙府法发〔2013〕31号),把性别平等理念纳入政策法规制定和实施过程中,成为走在全国前列的创新举措。此咨询评估机制包括政策法规性别平等咨询评估工作联席会议、政策法规性别平等咨询评估工作专家组和政策法规性别平等咨询评估工作办法。该机制通过联席会议讨论确定年度重点政策法规咨询评估计划,分析研判性别平等主流化和维护妇女权益中存在的主要问题,再由专家组根据联席会议确定的年度计划和省法制办委托的咨询评估项目开展咨询评估工作。2015年,省妇联发挥"平安家庭"工作领导小组考核机制的作用,把建立评估机制纳入考核内容,制定了"各市政策法规(文件)性别平等咨询评估机制未按要求开展评估咨询工作,各县(市、区)未按计划建立政策文件性别平等咨询评估机制的,每项扣2分"的"平安家庭"工作考评细则,推动了各级政府评估体系的建立。目前,省、市、县(市、区)三级政策法规(文件)性别平等咨询评估机制已实现全覆盖,为推动社会性别意识主流化奠定了组织基础。

自国家提出男女平等基本国策以来,浙江省一直积极响应国家号召,特别是浙江省各级妇联组织一方面大力宣传男女平等基本国策,另一方面不断在工作中探索推进男女平等的各项创新工作机制,为浙江省妇女争取在政治、经济、文化和家庭等各方面获得与男子平等的机会、权利和资源而不懈地努力,并取得了显著的成绩。

三、推进性别平等工作的对策建议

就新中国成立以来性别平等事业发展的情况而言,一方面,我国性别平等事业从纵向上看有了长足发展;另一方面,从与其他国家的横向对比来看,我国在该领域仍存在很多问题和需要进一步改善的方面。比如,从世界经济论坛发布的历年《全球性别差距报告》等数据资料来看,在经济方面,我国妇女在同工同酬、劳动力参与、公司晋升机会等方面的两性差距依然存在;在教育方面,我国虽然高等教育入学率始终稳居世界第一位,但识字率、初等教育入学率,特别是中等教育入学率却持续下降;在健康方面,我国新生人口性别比例仍然不够理想;在政治赋权方面,我国女性当选全国人大代表的比例虽有所增加,但部长级女性官员比例仅为11%,较世界平均水平(20.9%)还有明显差距。针对现阶段我国性别平等事业存在的问题,我们提出如下建议:

(一)国家政策层面

在法律法规的实施中进一步贯彻男女平等基本国策。要在立法、执法、司法各个环节建立完善保障妇女权益的法律体系和制度机制。在立法中树立性别平等意识,关注性别平等议题,纠正反性别平等原则的内容,在执法中强化政府和部门的责任意识,在司法中为妇女提供更多的法律援助和司法救助,关切妇女诉求、考虑妇女需求、保障妇女权益。在政策决策中要进一步贯彻落实男女平等基本国策。要在政策制定、实施及绩效评估过程中,以性别平等视角充分考虑男女不平等的现实状况和发展差距,密切关注妇女特殊需求,制定积极政策和阶段性倾斜措施。在规划纲要编制和实施中要进一步贯彻落实男女平等基本国策。要依据男女两性的现实差异和妇女的特殊利益,在妇女发展纲要的总体规划和部门规划中对涉及妇女发展的重点难点指标做出专门安排,在部署工作中进一步贯彻落实男女平等基本国策。要将妇女全面发展目标纳入工作方案的研究、实施以及考核评估的各个环节,精心研究、周密部署、责任到位、层层落实、科学考评,落细落小落实。

(二)社会宣传层面

发挥领导干部在贯彻落实男女平等基本国策中的引领作用。把男女平等基本国策教育纳入领导干部教育培训体系,比如纳入党校和行政院校教学计划、教材建设、师资队伍建设;领导干部以身作则、身体力行地树立并践行男女平等价值观,在工作中高度关注妇女需求,积极回应妇女关切,有效解决妇女群众最关心最直接最现实的利益问题。

打造宣传男女平等基本国策的舆论阵地。要发挥好媒体及其从业人员在推进性别平等中肩负的独特责任,比如,每年评比的十大性别平等新闻事件、十大女性新闻等就非常好地起到了宣传性别平等的作用;鼓励媒体创作倡导性别平等的公共文化产品,比如《爸爸去哪儿》《考不好,没关系》等亲子节目就很好地推动了性别角色多元化的理念;加强对媒体性别平等行为的监督和管理,建立媒体性别平等审查机制;将性别平等指标纳入传媒监测指标体系,促使新闻媒体和广告经营者依法严格自律。

(三)理论研究方面

进一步构建和完善社会性别理论研究体系。将社会性别深入到公共政策的制定、执行、评估、分析和探讨的全过程;增加性别理论研究者和有广泛经验的实践者之间的交流和学习,拓宽理论研究者的视野,提高公共政策制定的科学性和有效性。大力培育公民的男女平等基本国策意识。把男女平等教育纳入国民教育体系,因地制宜开设性别平等教育课程,把性别平等教育纳入学校教材建设,加强性别平等教育师资队伍建设,着力加强女性学学科建设;把男女平等作为公民道德教育的重要内容,在社会公德的倡导、职业道德的教育、家庭美德的建设和个人品德的养成中坚持男女平等的价值导向;引导公民把男女平等落实在社会和家庭生活各方面。

参考文献

[1]国务院妇女儿童工作委员会办公室.男女平等基本国策的贯彻与落实[M].北京:人民出版社,2016.

[2]邓小平.邓小平文选(第一卷)[M].北京:人民出版社,1994.

[3]江泽民.全党全社会都要树立马克思主义妇女观[N].人民日报,1990-03-08(1).

[4]江泽民.在联合国第四次世界妇女大会欢迎仪式上的讲话[N].人民日报,1995-09-05(1).

[5]中国性别平等与妇女发展白皮书[EB/OL].(2015-09-22)[2019-04-18].http://www.gov.cn/xinwen/2015-09/22/content_2936716.htm.

[6]习近平.干在实处 走在前列[M].北京:中共中央党校出版社,2013.

平安家庭与法治建设

论家事审判心理评估机制的
运用与完善

夏群佩　林　格[*]

摘　要: 自2016年最高人民法院提出将心理干预引入家事审判中后,各地法院积极开展试点。笔者以自己办理的案件为切入点,以所在法院工作开展情况及各地法院试点情况为研究样本,对家事审判引入心理评估机制现状做了全面分析梳理,指出实践中遇到的一些障碍和问题,论述家事审判引入心理评估机制的重要性与必要性,并结合域外先进经验做法,提出完善心理评估机制的程序立法、基本原则及具体路径。希望能为促进我国家事审判机制的完善、推进家事审判改革的深化以及家事审判程序立法提供实践支持。

关键词: 家事审判;心理评估;程序立法

在家事审判中,如果能合理运用心理评估机制,法官就能更深入地了解当事人的真实心理,打开他们的心结,妥善化解家事纠纷,从而减少家事审判风险,提高家事审判质效,实现家事审判裁判和救治的双重职能。目前我国虽已在全国范围内大力推行家事审判试点工作,但各地推行的心理评估机制运作模式不一,没有形成制度化、体系化。基于各地法院的实践现状,需要在家事审判中进一步运用和完善心理评估机制。

---

[*] 夏群佩,温岭市人民法院审管办主任,法律硕士,研究方向为民商事、民事诉讼法、司法制度。林格,英国曼彻斯特大学法学院在读研究生,研究方向为民商法、知识产权法、仲裁法。

一、检视：家事审判引入心理评估机制的现状

案例1：2012年5月，李某和张某认识，2015年女儿出生。2019年9月，李某第二次起诉离婚。庭审中，双方均以对方性格不好，不利于孩子的健康成长为由，强烈要求抚养女儿。后来，法院启动心理评估机制，由当事人从三名心理咨询师中共同选定一位。心理咨询师让孩子与父母互动，根据孩子在性别角色认同过程中的所有表现，来判断孩子与父亲或者母亲之间的亲密度，发现孩子对于母亲的依赖远大于父亲。法院据此做当事人的调解工作，最后案件达成调解，孩子归母亲抚养。

案例2：2008年，高某和王某认识，2011年生育儿子，2018年高某起诉离婚，王某庭审中同意离婚，后在调解过程中，以儿子听闻父母离婚心理状态不好，并且愿意原谅原告为由，坚决不同意离婚。法院启动心理评估机制，指定心理咨询师对孩子进行心理评估。心理咨询师先让孩子自由发挥画画，然后引导孩子回答问题，以此判断孩子是否有心理障碍，最终形成心理评估报告。该报告被作为最终裁判的重要参考依据，但在判决书中未有表述。一审判决后当事人没有上诉。

上述案例是笔者在家事审判实务中运用心理评估机制较为成功的案例，虽然在判决或者调解结论中都没有出现心理评估报告，但从调解及判决后当事人未上诉这一情况就能看出当事人对心理评估报告都是予以认可的。2018年1月至2019年6月，笔者所在法院办理的家事案件中，审结案件1990件，达成调解撤诉801件，应用心理咨询113件，成功挽救濒临破碎家庭15个。同时检索相关资料发现，地方法院尝试推行类似制度，做法相似，但名称表述不同，有些称心理咨询机制，有些称心理辅导机制；范围大小也有区别，有些局限于家事审判，有些还包括少年刑事审判等。这些尝试，在一定程度上起到缓和当事人情绪、矫治不健康心理的积极作用，使纠纷得到妥善处理。但由于缺乏立法支撑，各地做法不一，操作过程中存在诸多问题，心理评估机制的疏导、矫治、调解等功能作用并没有得到充分发挥。

（一）立法依据缺乏

2012年12月，《最高人民法院关于适用〈中华人民共和国刑事诉讼法〉的解释》首次规定，可以对未成年被告人进行心理疏导，经未成年被告人及其法定代理人同意，也可以对未成年被告人进行心理测评。2016年，《最高人民法院关于开展家事审判方式和工作机制改革试点工作的意见》中提到"探索引入家事调查员、社工陪护及儿童心理专家等多种方式"。2018年，《最高人民法院关于进一步深化家事审判方式和工作机制改革的意见（试行）》对心理疏导做了更为详细的规定。除此之外，立法方面尚无相关规定。目前在家事审判中运用心理评估机制没有详细的诉讼法上的程序设计，包括评估机制的基本原则、评估人员构成、评估的范围、评估的方式方法及评估报告的运用等一系列问题都没有标准化的法律依据。各地法院结合本地实际制定相关审理规程，一方面这些规程本身缺乏强制力，另一方面受传统因素、案件实际及当事人素质差别等方面的影响，有些家事纠纷案件仍难以高质高效地予以解决。

（二）理论研究不足

当前的理论研究主要集中于对心理评估报告作为诉讼法意义上的属性探讨。有学者认为心理评估结论具备证据的三大属性：客观性、关联性以及合法性。[1]129-141

首先，心理评估对象、评估痕迹都客观存在，反映了事件真实。其次，心理评估结论与案件事实具有关联性，并且能够证明案件事实。最后，虽然民事诉讼法证据种类中并没有把心理评估报告作为单独证据，但其本身的鉴定性质已经赋予它存在的合法性。有些学者认为，心理评估报告尚不能作为诉讼证据使用。其理由主要有：首先，评估结论的准确率还没有达到作为证据的标准，虽然有许多实证研究声称评估结论的准确率在90%以上，甚至高达99%，但也有研究证实评估结论的假阳性错误率是20%，假阴性错误率是15%。[2]82其次，评估结论不具有唯一性，不能准确反映被测试人的真实心理状态。最后，目前我国评估技术规范标准缺失，评估人员素质高低不一，因此出现的不规范不统一的结论，达不到证据所要求的客观性与关联性。

这种情况不利于在实践中选用心理评估机制，如果选用就会出现裁判文书中不明确引用但实际上已对裁判结论产生影响的现象。

（三）实践乱象较多

从现有试点法院开展情况看，在家事案件中运用心理评估机制还是比较有成效的，但因立法缺失及理论争议，实践中还存在诸多问题。

1. 应用范围有限

目前在未成年人刑事领域中应用心理辅导较多，但在家事案件中运用心理评估才刚刚起步，这类尝试也仅限于特定案件特定当事人，覆盖面狭小。同时，开展心理辅导的方式仅限于设立心理咨询室，邀请有资质的心理咨询师（含本院陪审员或者本院培养的兼具心理咨询资质的干警）开展咨询，尝试开展的心理评估方法比较单一，无法针对不同案件、不同当事人的心理特点开展心理评估。

2. 评估专业性欠缺

专业的评估离不开良好的物质保障及人员的专业水平。由于各地经济条件不同，在已经开展心理评估的法院中，各地物质保障也不一样，相较而言，发达地区的基础设施远好于其他地区。如上海市浦东区人民法院设立了名为"秋日私语"的心理咨询室，配备了国内先进的测评系统及相应的软硬件设施。[3]另外，咨询人员素质高低不一，专业水平良莠不齐。"我国心理咨询队伍存在着'一少三多'的现象：专业人员少；半路出家多，出于热情和兴趣的多，不规范工作的多。"[4]1200没有合适的评估环境，没有专业的评估水平，很难做到专业化的评估，这也加大了对评估结论诉讼属性的争议。

3. 操作程序缺失

目前启用心理评估的操作程序基本上分三个步骤：启动，过程，结论。但对如何启动及启动条件都没有明确规定，有的在开庭前，有的在审理中，有的在审理后，显得比较随意。法院也没有专人甄别哪些案件需要启动心理评估。由于法官心理专业知识不足，对是否需要心理评估缺乏敏感性，易低估或高估评估结论；有的则认为心理评估可有可无。评估过程的具体操作方式过于随意，操作细节的缺失也阻碍其评估功能的正常发挥。

4. 结果运用不明

评估结束后,何时向法院提交报告及以何种形式提交报告,各个法院的规定都不一致,有些法院规定 5 个工作日或 7 个工作日,有些法院没有规定;有些法院要求提交详细报告内容,除了反映整个过程和报告最终结论,还要载明当事人的基本情况、测试时间、方式等,有些法院则没有提交要求,随评估机构出具报告内容。对报告结论是否在裁判中予以引用也均不明确,大部分法院也不再将报告结论反馈给评估结构。

二、溯源:家事审判引入心理评估机制的必要性

(一)国民心理健康普遍存在的迫切需要

世界卫生组织公布的《2001年世界卫生报告》显示,目前全世界共有约 4.5 亿各类精神病和脑类疾病患者,每 4 个人中就有 1 人在其一生中的某个时段会产生某种精神障碍,精神卫生已成为一个突出的社会问题。[5]2002年,国际心理治疗大会保守估计,中国大概有 1.9 亿人在一生中需要接受心理咨询或治疗。[6]41-42家事案件当事人经历婚姻家庭挫折,大部分具有情绪焦虑、忧郁、敌对、偏执等性格特点。其中,家庭破裂导致的抚养问题对未成年人的成长和发展带来的影响更为严重而持久。离异家庭中的未成年人更容易出现强迫、焦虑、敌对、孤独、冲动、抑郁、退缩、孤僻、交往不良等问题;在自我意识上,他们有着更消极的自我认识;在自我约束方面表现更差,有着更高的犯罪率和自杀意念。[7]1392-1396普遍存在的心理问题需要法院在审判活动中及时引入科学的心理评估机制,辅助当事人建立守法心理结构,形成良好的行为习惯。

(二)家事案件矛盾妥善化解的现实需求

1. 就法院而言,有利于缓减办案压力

近年来,家事纠纷呈现爆发性增长。2013年至2017年5年间,全国法院审结婚姻家庭案件854.6万件;2018年,审结婚姻家庭案件181.4万件。[8]家事无小事,有些案件看似标的很小,但当事人往往就憋着一股气,情绪极不稳定,对法院诉讼也产生不满。通过心理评估,可以缓解相关人员的心理紧

张,引导其正确认识问题症结,改变认知,修复彼此感情,避免出现更大的冲突和危害,从而减少家事审判风险。同时,还能以心理干预为突破口,推进案件审理进程。笔者对75名办理审理过家事案件的法官进行问卷调查,问他们在家事审判中是否愿意引入心理评估机制,答案基本一致:视具体案件而定。75名办理审理过家事案件的法官中,运用过评估机制的有60人,认为有效果的占97%,但均没有在裁判文书中直接引用。

2. 就个体而言,有利于增进健康

通过心理评估能够使处于心理危机状态下的当事人重新适应生活。有效的心理评估方式能够帮助当事人获得安全感,缓解乃至稳定由家庭危机引发的恐惧、惊惶或悲伤的情绪,使其心理恢复到平衡状态,有助于及时调整当事人的生活状态,习得健康的行为,增进心理健康。通过有效干预,对裁判的接受度也明显提高。在问卷调查中,当事人对心理评估报告完全认可与基本认可的占了98%,如图1所示。

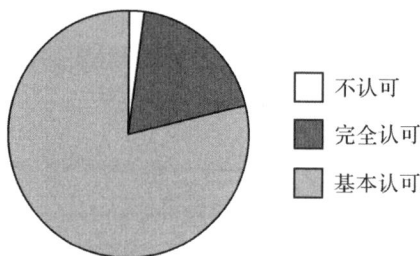

图1 当事人对心理评估报告认可情况

3. 就社会而言,有利于促进和谐

家庭是社会的细胞。如果家事案件的审判不能维护家庭和谐,那么家庭的不和谐势必会影响到社会和谐稳定,影响经济社会发展,从而产生更大的社会问题。控制功能是诉讼的延伸性功能,即通过解决纠纷,实现对现存社会秩序的维护,进而使社会达到治理性控合效果。[9]63运用心理评估机制,可以使当事人情绪得到舒缓,案件有效解决,矛盾纠纷妥善处理,信访压力减轻,并因此促进社会和谐。图1显示,心理评估机制运用的一个显著效果就是能减缓来自当事人的缠访压力。

（三）心理评估机制特有的制度优势

概念乃是解决问题所必需的工具。没有限定严格的专门概念，我们便不能清楚和理性地思考法律问题。[10]486我们首先要明确"在家事审判中引入心理评估机制"的概念，然后才能对该制度的优势做出精准有效的分析判断。结合目前各法院的工作实践，笔者认为，所谓在家事审判中引入心理评估机制，是指在家事案件诉讼中，法官一旦发现当事人及其家属符合心理疏导的必要情形，即向当事人提出建议或者依职权主动邀请心理咨询师介入，经由心理咨询师的专业评估，最终形成向法院提交的心理评估报告，作为最终裁判的重要参考依据。在家事审判中引入心理评估机制的主要制度优势是借助心理咨询建立法、理、情一体化的家事纠纷解决模式。因为，家事纠纷往往发生在关系最亲密的家人之间，纯粹的法条难以对充满人情伦理的案件做出完满处理。在家事审判中运用心理评估机制，一方面，可以消解当事人的负面情绪，降低其对诉讼的不合理预期；另一方面，有助于法官了解案件背后的复杂关系及深层原因，有助于对家事纠纷做出准确判断，有助于以柔性的司法手段深层次化解纠纷，尤其有利于为当事人离婚及子女抚养权问题的恰当处理提供参考。

（四）域外相关制度的启示

英美法系和大陆法系的一些国家，已在家事案件中引入了心理评估机制。英国并没有专门的心理评估制度，只是在个案中寻求心理咨询。美国没有完善的心理评估制度，但更注重利用各种手段和方式来解决案件，尤其重视将医学、心理学等方面的知识应用到家事案件的审判中。德国建立了程序辅佐人制度，有专业的咨询与辅导机构。德国在法院设立了专门的心理治疗师为当事人提供专业的心理治疗和咨询服务，这些专门人员都必须具有专业知识，他们参与家事案件的调查过程，通过与当事人的沟通和交流得出结论，给法官的裁决提供专业的参考意见。与普通的民事诉讼程序相比，心理评估在德国家事审判中的运用显得更加人性化。日本的家事法庭设有专门的辅助机构，其成员包含医师、心理师等，帮助家事法院的法官来处理案件。日本的《人事诉讼法》与《家事审判法》建立了专业化制度化的家事审判程序,心理评估程序是其中重要的一环。

上述国家大多已在家事案件中引入心理评估机制,其中作为成文法国家的德国对于家事案件的审理程序设计较具人性化,对于我们完善心理评估机制而言也有借鉴意义。

三、探索:不断完善家事审判心理评估机制

基于各地在家事审判改革试点中引入心理评估机制的运行状况及对该机制的重要性、必要性所做的分析,借鉴域外经验,笔者认为有必要在审判权运行中,在民事诉讼程序的重要转程环节中,设置一整套科学、合理、全面的心理评估机制,以便妥善化解家事纠纷。

(一)完善法律依据

在2016年和2018年最高人民法院关于家事改革的意见基础上,建议出台《关于在家事审判工作中引入心理评估机制的规定》,尽快将各地试点法院的心理评估机制操作程序统一化、制度化。明确心理评估在家事案件审判中的作用与地位,规范应用范围、操作程序,明确评估报告性质及采纳标准,落实经费保障,配备专业人员,并对心理咨询专业人员的资质、回避等做统一规定。同时,加强业务培训,聘请心理学专家定期对法官进行辅导,丰富法官的心理学知识。在此基础上,经过调研总结、实践探索、理论研讨及修正完善,力争使《关于在家事审判工作中引入心理评估机制的规定》最终成为民事诉讼法的单独篇章,成为具有法律效力的工作规范。

(二)确立基本原则

家事案件与普通民事案件不一样,具有很强的隐私性、专业性。要将心理评估的原则外化于行,必须严格遵循合法、保密、专业原则。合法,即心理评估过程必须符合法律规定,不能违反法律法规规定进行心理辅导、测试等活动。在当事人或其相关人员(主要是未成年人)接受心理辅导前,应告知为其辅导的人员或其监护人,如有正当理由可申请回避等,说清楚可能采取

的措施和可能产生的体验,并告知评估结论的运用要求。专业,即心理学具有很强的专业性,但其专业性又不同于司法的专业性,家事审判人员与心理评估人员的工作职责具有严格区分,心理评估专业人员不能参与具体家事案件的审理。保密性,即评估过程、内容及结论要严格保密,并严格限定心理评估报告的知晓人员和适用范围。评估人员严格遵循保密原则,不得将评估活动中的当事人及其相关人的信息泄露给他人,确保当事人的隐私得到全面保护。

(三)构建具体路径

1. 强化物质保障

专门的设施是专业工作的基础。在法院设置专门的心理评估室,评估室的环境布置要与家事纠纷化解的要求匹配,房间整体布局和谐,家具颜色柔和,场所整体安排布置给人以温馨、祥和及充满希望的感觉,切勿生硬、冰冷。否则,当事人在接受心理评估过程中易产生紧张、恐惧情绪,会影响评估结论的准确性。在设立心理评估室的基础上,还需配备专业的心理评估软件及沙盘工具。同时,建立经费保障机制,将心理评估的费用纳入财政预算。

2. 明确评估资质要求

测试结论是否真实可靠的关键是心理评估人员的专业素质是否过硬和职业道德是否良好。对心理评估人员的准入资格有以下要求:①具有大学本科以上学历;②具备心理学专业系统知识或掌握心理学基础知识,并取得心理咨询师职业资格证书;③具有一定的年龄与资历要求,年龄最好在35周岁以上,且至少有1年以上从事家事纠纷处理工作的经验;④有良好的道德信誉;⑤已经取得职业资格证书的人员,还要定期接受培训,及时更新知识,提高技能。具备上述条件的心理咨询师,可入选法院心理咨询师人才库,可参与家事案件服务,工作要求可参考德国程序辅佐人制度。

3. 明确工作流程

①扩大适用范围。采取不完全列举方法规定心理辅导范围。在2018年最高人民法院《关于进一步深化家事审判方式和工作机制改革的意见(试行)》第二十八条的基础上,将家事案件审理中发现当事人有心理障碍、精神偏执等情形都纳入心理辅导范围。②明确启动模式。在自愿和强制两种启

动模式中,针对不同类型案件、不同审理阶段的当事人,采取不同的启动模式。在立案时发送权利义务告知书,告知当事人,如认为自身存在心理障碍,认为心理辅导有助于纠纷化解,可以向法院申请心理辅导。在案件审理过程中,法官如发现当事人及其相关人(主要是未成年子女)需要心理辅导,可征得当事人同意,签署书面意见书后启动心理辅导;或者法官认为如不进行心理评估将可能影响案件处理,则可以经院庭长审批后对其进行强制心理辅导。评估人员可以由当事人及相关人共同指定,也可以由法院指定。为确保测评公正性,评估人员若与案件当事人或其诉讼代理人有利害关系,应主动申请回避。③明确评估时间及内容要求。评估期限与鉴定期限一样不入审限,但最长不得超过1个月。完整的评估报告包括:评估对象的基本情况(包括被评估人姓名、年龄、性别等)及其家庭成员,申请评估的事由,评估方法、过程、结论,评估人员在评估结论上的签名和机构印章。具体文本可参考司法鉴定报告格式。④建立定期反馈机制。是否采纳评估结论,法院需在1个月内向评估机构反馈,这有利于双向互动,共同提高。评估流程都要做到全程留痕。

4. 规范结果运用

目前大部分人认为,家事审判中委托出具的心理评估报告应归类于专家证言,但笔者认为,未来应赋予心理评估报告类似于鉴定结论证据的效力。一般情况下,心理咨询师不同于普通专家证人或者鉴定人,应享有做证特免权,无须到庭做证,但如有案情需要,经当事人申请并经法庭许可后,心理咨询师可以到庭说明情况。心理咨询师要遵守保密原则,其出庭只需说明与当事人接触的时间、按职业规范可以公开的内容及最后的评估结论,不必对评估细节展开论述。并且,心理咨询师的证宣誓词应设计成有别于普通证人或者鉴定人的证宣誓词,"对于涉及职业保密要求的问题,证人可以请求法官准许免于回答"[11]86。

在家事审判中引入心理评估机制,将使冰冷的法条充满柔情,使整个家事审判过程及结果充满亲和力。希望在家事审判中引入心理评估机制能够引起各界重视,并在家事改革试点工作过程中进一步推进我国家事审判改革专业化、规范化,使家事审判的裁判和救治双重功能得到充分发挥。

参考文献

[1]汤维建.关于证据属性的若干思考和讨论:以证据的客观性为中心[J].
政法论坛,2000(06).

[2]李欣.从侦查到法庭:关于测谎结论证据许容性之思考[C]//佚名.首届
北京高校证据科学博士生论坛论文集.2007.

[3]郭士辉,严剑漪,周昱.心理干预机制引入刑事诉讼:关于上海浦东少年
审判心理干预工作的调查手记[EB/OL].(2013-02-21)[2018-09-27].
https://www.chinacourt.org/article/detail/2013/02/id/896235.shtml.

[4]陈祉妍,刘正奎,祝卓宏,等.我国心理咨询与心理治疗发展现状、问题与
对策[J].中国科学院院刊,2016(11).

[5]佚名.精神疾病患者全国共有1亿多人[EB/OL].(2013-10-16)[2019-
03-26].http://health.people.com.cn/n/2013/1016/c242320-23222111.
html.

[6]李国军.浅谈心理咨询师发展现状与对策[J].人才资源开发,2014
(17).

[7]盖笑松,赵晓杰,张向葵.父母离异对子女心理发展的影响:计票式文献
分析途径的研究[J].心理科学,2007(30).

[8]最高人民法院工作报告[EB/OL].(2019-03-20)[2019-03-28].http://
politics.people.com.cn/n1/2019/0320/c1001-30984305.html.

[9]樊崇义.诉讼原理[M].北京:法律出版社,2009.

[10]E.博登海默.法理学:法律哲学与法律方法[M].邓正来,译.北京:中
国政法大学出版社,1999.

[11]黄鸣鹤.心理干预在离婚调解过程中的运用[J].人民司法,2011
(13).

构建"三治融合"的婚姻家庭纠纷调解工作体系

张刘佳*

摘　要：萧山区妇联着眼于本区婚姻家庭纠纷现状,立足妇联工作优势,运用新时代"枫桥经验",充分发挥自治的基础作用、法治的保障作用、德治的引领作用,创新开展自治、法治、德治"三治融合"的婚姻家庭纠纷预防调解工作,打出化解家事矛盾纠纷"组合拳"。建立和健全基层司法机关、基层党组织、社会调解组织之间的衔接机制,推动形成"矛盾纠纷化解在基层"的社会治理理念,促进多元化解矛盾纠纷工作走上健康发展道路,形成婚调工作"萧山经验"。

关键词："三治融合";婚姻家庭;纠纷调解

我国目前仍处于社会转型阶段,婚姻家庭纠纷时有发生。家庭是社会的基本单位,婚姻家庭关系是社会基础关系,婚姻家庭和谐是社会稳定的前提,做好婚姻家庭纠纷预防和调解工作是妇联义不容辞的责任,如何快速、高效地处理婚姻家庭纠纷成为当下重要而紧迫的社会任务。婚姻家庭纠纷主要涉及家庭暴力、人伦道德、经济纠纷等内容。从全国数据来看,婚姻家庭纠纷呈逐年增长的趋势。最高人民法院近日发布的离婚纠纷司法大数据专题报告显示,2016年至2017年全国离婚纠纷年度一审审结案件量基本持平,2017年较之2016年略有上升,为140余万件[1]。其中"因家庭暴力向法院申请解除婚姻

---

* 张刘佳,杭州市萧山区妇女联合会权益部部长,硕士学位,研究方向为婚姻家庭。

关系"占比为14.86%,列离婚原因的第2位。婚姻家庭纠纷导致离婚案件增加,而家暴成为离婚的主要原因之一。婚姻家庭纠纷已经成为严重影响我国家庭平安幸福、威胁社会和谐稳定的重大隐患。由此导致家暴、离婚,甚至引发刑事案件乃至重大命案,严重影响家庭关系和睦,威胁社会和谐稳定,增加社会治理成本。该文考察了萧山区14个街道的基层婚姻家庭调解工作经验,提炼、总结出以自治、法治、德治建构新时期婚姻家庭纠纷调解工作体系的政策建议,以自治为核心,以法治为保证,以德治为支撑,完善婚姻家庭纠纷多元化解机制,创新社会治理方式,助力建立共建共治共享的社会治理格局。

一、"三治融合"助推婚姻家庭纠纷解决的必要性

从萧山地区的实践来看,在"三治融合"婚姻家庭纠纷调解相关工作推进中,要重点关注婚姻家庭权益背后的非理性因素,包括当事人权益背后的身份关系、感情、生活经历、社会观念、家庭心理、社区风俗、家族习惯等因素,通过对当事人的情感治疗和情绪缓和,减少婚姻家庭纠纷的长期影响,以达到促成纠纷解决的目的。

首先,从纠纷化解效果的角度看,"三治融合"婚姻家庭纠纷调解具有简易、便捷的特点。调解过程不拘泥于形式、程序、举证责任等法律规制要件,当事人在心理上更趋于认同,回避了规则与情理的矛盾,能较好地解决法律真实与客观真实之间的矛盾,以简单的事实认定,较低成本促成纠纷化解。无论调解结果如何,均充分体现了当事人的意思自治,有效解决法庭判决非白即黑的结果与当事人欲求之间的矛盾。采用自治、法治相结合的调解模式,在法律允许的范围内,当事人可以自行根据具体情况和需要处理其离婚后的财产、子女抚养问题,极大降低离婚成本,节省诉讼费用,双方当事人通过调解谈判方式解决争端,可以避免由对抗诉讼导致的不必要的成本支出。相对于司法判决而言,通过自治、法治相结合的调解模式达成的离婚协议也更容易被双方当事人自觉遵守和履行,避免强行判决陷入执行难的尴尬。

其次,从当事人情感安抚的角度看,自治、德治相结合的调解模式既帮人们解决了纠纷,又缓和了当事人之间的矛盾情绪。受传统思想影响,在婚

姻家庭纠纷中的当事人大多固守"家丑不可外扬"的观念，一旦产生纠纷，仍希望自行和解，或者找自己信任的亲友进行调解。调解大多以自治为基础，以德治为支撑，两者结合开展调解，而不愿意将纠纷诉诸法律。调解一般都不公开进行，保密性较强，知晓当事人纠纷的人一般仅限于当事人及调解人，极大地维护了当事人的尊严，避免了因纠纷被社会知晓而导致的社会负面评价。另外，"三治融合"婚姻家庭纠纷预防调解程序兼具争议解决机能和人际关系调整机能。大量离婚诉讼的事实表明，许多婚姻中的缺陷为当事人双方所公认，但在证明这种缺陷存在的法律程序中，婚姻关系也受到不可逆转的冲击，某些情况下，离婚诉讼的过程反而使希望通过诉讼而及时修复婚姻关系的一方当事人完全改变想法。对于离婚后子女抚养或者家庭重建而言，夫妻之间的平和心态是极为重要的，发挥德治的引领作用，有利于帮助当事人克服心理障碍，寻求自主解决纷争的方式，从而在精神和心理上获得解脱。

最后，从长期社会影响的角度看，在纠纷发生时就引入调解方式，开展"三治融合"婚姻家庭纠纷预防调解工作，可以有效防止纠纷的扩大，从而避免或减少婚姻家庭恶性事件的发生。"三治融合"的调解模式以相对平和的方式解决纠纷，一般不会使双方当事人发生激烈的对抗，对当事人之间关系的破坏较小，能更好地满足人们维持和谐家庭关系的需要。在很多时候，婚姻家庭纠纷涉及的是一些非原则性问题，调解成功的可能性很大，没有必要采用外部强制的方式，以破坏家庭成员的亲密关系为代价来解决家庭纠纷。采用自治、法治、德治"三治融合"的调解模式，有利于当事人之间家庭关系恢复。

二、"三治融合"，多头推进婚姻家庭纠纷调解工作

为全面贯彻党的十九大精神，深入学习贯彻习近平总书记系列重要讲话精神，杭州市萧山区针对婚姻家庭纠纷现状，立足妇联工作优势，创新运用新时代"枫桥经验"，充分发挥自治的基础作用、法治的保障作用、德治的引领作用，创新开展自治、法治、德治"三治融合"的婚姻家庭纠纷预防调解工作，有效防止了婚姻家庭纠纷由小变大，促进了社会和谐稳定。

（一）作为婚姻家庭纠纷调解工作核心的自治机制

基层群众自治制度是中国特色社会主义政治制度的重要组成部分。萧山区妇联长期开展以村、社区为基本单元的婚姻家庭纠纷调解自治试点工作，坚持以村、社区为重点，根据所辖区域婚姻家庭纠纷发生规律特点，建立健全家庭纠纷排查调处制度，全面推进婚姻家庭调解网格化服务管理，积极支持孵化婚姻家庭纠纷调解的参与与自治模式（见图1），充分发挥村（社区）的基层自治作用，激励群众在稳定有序的自治实践中逐步提高自身素养。

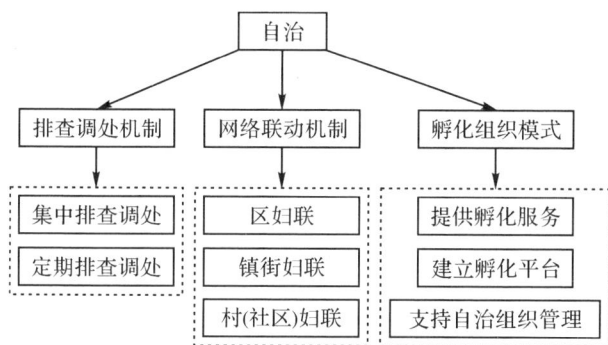

图1　婚姻家庭纠纷调解自治机制的架构

1. 排查调处机制

区妇联已经建立集中排查调处和定期排查调处相结合的工作制度，定期召开矛盾纠纷排查调处工作协调会议，将分析研判婚姻家庭纠纷作为会议的重要内容，及时掌握婚姻家庭纠纷总体情况，对可能引发恶性事件的苗头性问题，深入调查研究，采取切实可行的措施予以调解。以村（社区）为重点，根据所辖区域婚姻家庭纠纷发生规律特点，组织力量加强重点时段的婚姻家庭纠纷排查调解行动。重点关注两地分居、招婿、失独、婚姻关系变化等情况，定期摸底，发现家庭关系不和，主动上门做工作，给予重点帮扶，有效预防矛盾纠纷的发生、激化。

2. 网格联动机制

区妇联在全区全面铺设婚姻家庭纠纷调解站，深入推进婚姻家庭调解网格化管理全覆盖，形成区、乡镇（街道）、村（社区）三级联动的妇联工作模式,通过网格化管理,整合律师、心理咨询师、婚姻家庭咨询师等专业力量参与婚姻家庭纠纷调解工作,同时积极吸纳各村社区里具有道德公信力的村民、村干部、老娘舅等民间正能量参与婚姻家庭纠纷调解工作。同时,抓住互联网发展的机遇,利用互联网＋法律的模式进行网格化管理,充分利用微信使用的普及和网络通信的便捷,将萧山区区块整体网格化,在不同的区块指定专业婚调服务人员,通过网络即时通信软件将调解员与各网格内妇女群体相对应,为妇女群体提供更为及时、便捷、体贴的调解和法律咨询服务,通过三级联动的网格化自治管理,健全婚姻家庭纠纷排查调处制度,实现网格内的精确化调解服务,切实维护妇女的合法权益。

3. 孵化组织模式

婚姻家庭纠纷调解是一个自愿参与的计划,社区妇联应主动协助纠纷双方在保密情况下就有关事宜进行沟通和协商,不断优化婚姻家庭纠纷调解自组织发展环境。①全面提供各项服务。发挥妇联的组织优势,为婚姻家庭纠纷调解自组织发展优化环境;发挥妇联的人才优势,为婚姻家庭纠纷调解自组织提供智力指导;发挥妇联的资源优势,积极为婚姻家庭纠纷调解自组织发展创造条件,对于承接政府婚姻家庭类服务项目的自组织,可以给予相应的资金扶持。②建立服务平台。建立自组织联谊会等,有助于支持婚姻家庭纠纷调解自组织活动,塑造婚姻家庭纠纷调解自组织先进文化;为各婚姻家庭纠纷调解自组织提供交流平台,帮助宣传,更便于对婚姻家庭纠纷调解自组织进行指导与管理。③引导和支持婚姻家庭纠纷调解自组织参与社会事务管理。妇联要创造条件,引导、支持婚姻家庭纠纷调解自组织参与妇女儿童社会事务的管理。这既可以减少政府管理的成本,又可以调动各种社会力量,形成政府与社会互动的机制,使政府对妇女儿童社会事务的管理更加及时、科学、有效。

(二)作为婚姻家庭纠纷调解工作保障的法治机制

婚姻家庭纠纷调解能否平稳进行取决于婚调法治化的进展水平,婚姻家庭纠纷调解工作在全区镇街铺开离不开法治,为完善婚姻家庭纠纷多元化解方式,区妇联应充分发挥婚调中法治的保障作用。婚姻家庭纠纷调解法治机制的架构如图2所示。

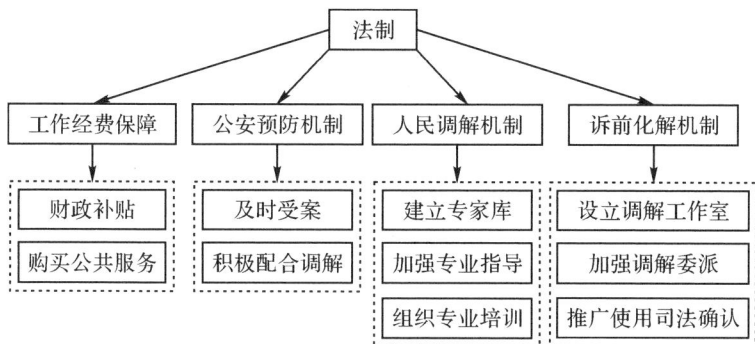

图2　婚姻家庭纠纷调解法治机制的架构

第一，工作经费保障。区妇联联动区委政法委推动落实《中华人民共和国人民调解法》和财政部、司法部出台的《关于进一步加强人民调解工作经费保障的意见》等相关规定，将调解站调解案件纳入人民调解补贴体系。根据区财政局、区司法局联合发文的《萧山区人民调解工作考核办法》文件规定落实"以案定补"制度，增强调解工作保障，确保调解工作顺利有序开展。也有地方已经采取政府购买公共服务的形式引导律师事务所和律师参与，公共法律服务中心在社区、村设立日常的婚姻家庭纠纷附设调解机构，派驻专职人员为婚姻家庭纠纷当事人提供纠纷调解、法律咨询、法律援助等法律服务。

第二，公安预防机制。区妇联联动区公安分局发挥婚姻家庭纠纷调解前端性职能作用，坚持预防为主，在执法中贯彻和宣传《中华人民共和国反家庭暴力法》，严防矛盾激化升级。除此之外，公安机关还要加强与区妇联婚姻家庭纠纷调解组织的衔接配合，及时介入、调解、受理婚姻家庭纠纷，最大限度预防一般性婚姻家庭纠纷转化为治安案件、刑事案件。如区妇联与区公安分局联合成立了"家庭暴力110报警中心"，帮助受家暴妇女第一时间报警求助，避免造成二次伤害。

第三，人民调解机制。区妇联联动区司法局建立健全婚姻家庭纠纷人民调解组织，根据婚姻家庭矛盾纠纷调解需要，因地制宜推进婚姻家庭纠纷人民调解组织建设。建立专家库。开放选聘法律、心理、社会工作领域的专家、实务工作者和妇联维权干部等担任人民调解员，充分调动专业力量调解疑难纠纷。加强专业指导。以公布典型案例，促进与法院、公安、律协等机构的交流等方式，组织开展专业指导。组织专业培训。把婚姻家庭纠纷人民调解员纳入司法行政系统培训计划,通过举办培训班、案例研讨等方式,支持调解员获得法律职业资格、社会工作者职业资格、心理咨询师等资质,增强调解员法律服务意识,提高调解员专业能力和素质,打造一支专业化水平过硬、调解技能娴熟的婚姻家庭纠纷调解队伍。

第四,诉前化解机制。区妇联联动区法院推进婚姻家庭纠纷调解站进驻法院。加强诉调对接平台建设。在此基础之上,法院可以尝试委派或委托相关婚姻调解案件给调解站办理,推动构建司法、行政和社会力量相结合的新型家事纠纷综合协调解决模式。法院立案后,在制度上实现婚姻家庭纠纷案件的调解前置,并将调解工作贯穿于诉讼全过程。经调解站调解达成的协议,宣传、鼓励双方当事人依法向法院申请司法确认调解协议的效力。

(三)作为婚姻家庭纠纷调解工作支撑的德治机制

家庭、村(社区)的社会结构本质是人情社会、熟人社会,而人情与道德、习俗等相连,善加利用引导便可形成与法治相辅相成的德治。发挥德治潜移默化的作用,可影响人们的行为,减少婚姻家庭矛盾纠纷。婚姻家庭纠纷调解德治机制的架构如图3所示。

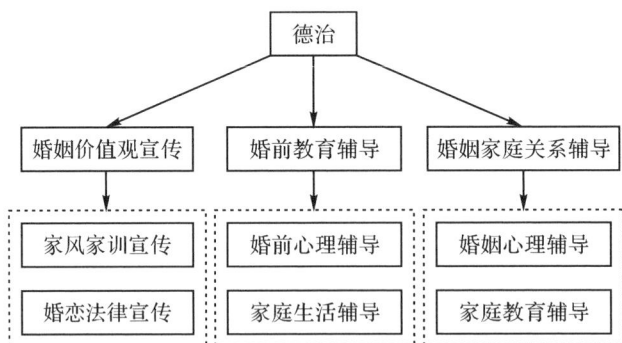

图3 婚姻家庭纠纷调解德治机制的架构

第一,婚姻价值观宣传。充分利用德治的本土资源,联合区纪委、区委组织部、区委宣传部在全区开展家风家训系列活动,通过"画、听、晒、谈、传、唱、演、立"等丰富多彩的活动形式培育和践行社会主义核心价值观,整合社会意识,深化家庭道德建设,宣传先进典型,发挥模范带头作用,树立良好社会风气。发挥各级妇联组织的工作优势,积极开展婚恋法律宣传及家庭美德教育,推动预防和制止家庭暴力工作。利用线上线下相结合的模式,不断丰富宣传方式。线上,借助微信公众号推出普及法律知识、解答法律问题等内容的视频或文章,引导群众形成知法守法的良好法治社会氛围。线下,深入基层村社区开展婚姻法、反家暴法的普法宣传讲座和婚恋观教育讲座,引导适龄青年男女树立正确的婚恋观、价值观、人生观,树立文明新风,有效预防婚姻家庭纠纷。

第二,婚前教育辅导。区妇联联动区民政局加强婚姻家庭辅导室建设,探索开展多种形式的婚前教育工作。婚前心理辅导:深化双方对婚姻的了解与认识,帮助个人在婚前充分思考及探索自己原生家庭内的沟通模式及家庭结构,让婚姻当事人在接受教育中慎思明辨,培养成熟理性的婚姻观念。家庭生活辅导:掌握经营婚姻家庭的技巧,让当事人在生活细节中感悟婚姻家庭所蕴含的责任与担当,预防纠纷发生,促进婚姻家庭的和谐稳定。

第三,婚姻家庭关系辅导。区妇联联动各镇街进一步深化婚姻家庭心理防范工作,完善学校、家庭、社会"三位一体"的教育网络建设。婚姻心理辅导:基于网格化管理中的专家参与机制,提供专业的婚姻心理咨询服务,通过对夫妻生活或者家庭的沟通、情感问题的有效辅导,建立和睦的家庭关系,提升家庭幸福感。家庭教育辅导:充分发挥各级家庭教育讲师团、指导老师、教育志愿者和优秀家长的作用,利用学校和社区(村)各级家庭教育指导中心平台,通过举办培训班、专题讲座、报告会、沙龙等多种形式,逐级开展家庭教育"送教到校""送教下乡",通过咨询、座谈、亲子活动和家庭教育微信推送等线上线下活动方式,解答家长在子女教育过程中的疑难和困惑,积极传播科学的家庭教育理念和方法。

三、"三治融合",合力推进婚姻家庭纠纷调解工作

(一)依靠党委统筹协调,积极联动多单位参与纠纷调处

在萧山区委区政府的高度重视和有力领导下,萧山区"三治融合"婚调

工作由自发性、偶发性向制度化、长效化转变，将婚姻家庭纠纷调解工作置于社会大治理格局中，"主动配合"参与工作，激发群团组织活力。萧山区妇联联动综治、司法、公安等单位和部门，在全区22个镇街场全面铺设婚姻家庭纠纷调解站，努力扩大婚调网格化管理的覆盖面，形成区、镇街、村社三级联动的工作模式，推动婚调组织的服务管理触角向基层末梢延伸。同时，整合律师、心理咨询师、婚姻家庭咨询师等专业力量以及各村社具有道德公信力的老百姓、村干部、老娘舅等"民间正能量"参与婚调工作，为实现"小矛盾全数化解，大矛盾联合调处，大小矛盾均不出村"的工作目标提供人员保障。

（二）强化调处指导，提升基层妇联干部化解矛盾纠纷的能力

萧山区妇联积极培育具有法律、心理、婚姻家庭等方面专业知识的婚调团队，调解员每周固定日到基层坐班，为基层婚调站提供人才保障，同时指导基层调解工作人员开展工作，为有需要的妇女群众提供法律咨询、心理辅导等服务，注重传承和发扬优秀传统文化的治理智慧，充分兼顾普遍公理和人之常情，有效实现自治、法治、德治"三治融合"。同时，联动区公安分局，加入110家暴联动平台，由律英婚姻家庭纠纷调解工作站承接家暴回访工作，做到件件回访，并根据当事人报警次数、回访了解到的家暴情况等因素，指导基层妇联建立高危家庭档案，并做好定期回访工作。

（三）坚持预防为主，打造婚调特色工作品牌"家事半月谈"

萧山区妇联充分发挥群团组织贴近群众的优势，努力打造新时代"枫桥经验"升级版，创新开展以自治为基础、法治为保障、德治为支撑的"三治融合"婚姻家庭纠纷调解工作，从根源上减少社会矛盾，达到"无讼"目标，实现百姓和顺、城乡和美、社会和谐。在全市首创"家事半月谈"特色品牌，各镇街场妇联主要负责人每半月主持召开一次"家事半月谈"议事会，坚持预防为主，讨论辖区内排查到的婚姻家庭纠纷隐患，进行分析研判，及时介入，将纠纷化解在基层。"家事半月谈"入选《新时代"枫桥经验"实践100例》，《浙江日报》要闻版予以专题报道；市"平安家庭"创建活动领导小组办公室发文要求在全市推广本区"三治四化"婚调体系建设工作；义桥镇昇光村"家和"婚姻家庭纠纷调解站被授予"浙江省妇女干部教育培训现场教学基地"称号。

（四）注重长效机制，构建"分层过滤"递进调解工作体系[2]

萧山区妇联确立了"三治融合"婚姻家庭纠纷调解工作多层递进式矛盾纠纷多元化解模式（见图4）。第一层：婚调网格调解。村社区婚调员开展排查工作，第一时间发现并介入纠纷，开展调处工作。第二层：镇街婚调站调解。调解站接到婚姻家庭纠纷调解申请，积极调配专业调解员开展工作，为当事人提供法律问题解答、心理辅导等服务，化解纠纷，促进家庭幸福和睦。第三层：诉前调解。区妇联在法院诉调对接中心设立妇联婚姻家庭纠纷调解室，派驻调解员到法院婚调室值班并开展调解工作，积极推动诉前纠纷调解和诉后心理辅导工作，节约诉讼资源。纠纷逐层过滤，化解在基层，化解在萌芽，做到"纠纷基层调、案件庭前解"，做到"到位不越位"，建立递进式的矛盾纠纷分层过滤调解工作体系，最终通过"三治融合"婚姻家庭纠纷调解模式实现纠纷下降、社会综合治理能力增强的良性循环。

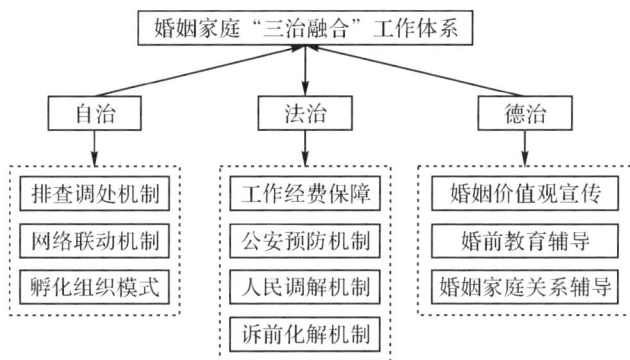

图4　婚姻家庭多元纠纷调解工作体系

综上所述，坚持自治、法治、德治并行，有序推进"家事半月谈"婚调特色品牌工作，排查婚姻家庭矛盾纠纷，积极预防化解婚姻家庭纠纷，对保障妇女儿童合法权益、降低离婚率、构建和谐婚姻家庭关系、维护社会平安稳定、做好婚姻家庭纠纷预防调解工作、创新社会治理体制，均具有重要意义。以"三治融合"建构婚姻家庭多元纠纷调解工作体系，在现阶段已经取得初步成效，日后应成为婚姻家庭纠纷解决的重要工作方向。

参考文献

[1]最高人民法院信息中心司法案例研究院.司法大数据专题报告之离婚纠纷[EB/OL].（2018-03-23）[2019-03-05].http://www.court.gov.cn/fabu-xiangqing-87622.html.

[2]李占国.坚持和发展"枫桥经验"构建基层纠纷解决新体系[EB/OL].（2018-12-10）[2019-01-21].http://www.zjnews.zjol.com.cn/zjnews/zjxw/201812/t20181210-8947466.shtml.

江西省外出农民工婚姻现状的调研及对策分析

凌 云[*]

摘 要:农民工作为当代中国具有典型性和代表性的流动社会群体,婚姻家庭问题是影响他们美好生活的重要因素之一。作为劳务输出大省的江西,每年有大约800万农业人口外出务工,他们的婚姻状况直接关系到家庭幸福的程度。为了破解农民工离婚率逐年增长的难题,江西省妇联就外出务工人员婚姻的基本状况进行了调研,发现这一群体的婚姻具有婚姻时间短暂化、婚姻价值观偏离化、离婚年龄年轻化、离婚缘由多样化等四个主要特点,并根据这些特点,从农民工个体、政府、社会三个层面提出了相关的建议和对策。

关键词:农民工;婚姻;现状;对策

一、问题的提出和调查方法

党的十九大报告指出,中国特色社会主义进入新时代,我国社会主要矛盾已经转化为人民日益增长的美好生活需要和不平衡不充分的发展之间的矛盾。[1]农民工作为具有典型性和代表性的流动社会群体,婚姻家庭问题是影响他们美好生活的重要因素之一。

---

* 凌云,江西省妇女研究所书记、副所长,研究方向为女性社会学、女性文学。

江西省是一个劳务输出大省。2018年,全年外出农民从业人员894.9万人,比上一年增长2.0%。其中,省外595.4万人,增长2.7%;省内299.5万人,增长0.5%。[2]江西省委、省政府高度重视农民工问题,在推进农民工就业增收、完善其民生保障、维护其合法权益等方面取得了重要成果。近几年,随着农民工离婚案件逐年走高,婚姻家庭问题开始受到越来越多的关注。

为深入了解外出农民工婚姻家庭现状,江西省妇联组成专门调研组,分别到上饶市、鹰潭市、抚州市、吉安市,通过召开现场座谈会、实地走访基层单位和开展抽样问卷调查等方式,对农民工离婚现象进行调研。

二、江西省外出农民工婚姻状况

(一)上饶市信州区

上饶市信州公安分局人口统计资料显示,2017年末,信州区户籍总人口为43.3636万人,比上年净增0.44万人,比上年增长1.02%,城镇人口为31万人,性别比为100.4(以女性为100)。[3]

调研发现,在上饶市信州区,每年结婚夫妻数量增长速度很快,但离婚夫妻数量增长速度也较快,尤其是外出农民工离婚现象增多。以上饶市信州区某镇为例,2017年该镇农民工离婚夫妇有40对,而2018年1月1日至8月31日,农民工离婚夫妇就已达30对。在另外一个乡镇,农民工离婚率由10年前的5%上升到了现在的34%。

(二)玉山县

玉山县现有16个乡镇(街道)、224个村(社区),总人口63万,其中女性30万。农村人口51万左右,其中外出务工农民20万左右,男性多于女性,文化程度普遍不高,绝大多数从事技术含量较低的体力劳动。大部分农民工去了浙江、上海等沿海省市,在本地务工的农民工极少。

根据玉山县婚姻登记部门统计,2016年离婚1118对;2017年离婚1258对;截至2018年9月7日,离婚996对。从调研的结果看,玉山县人口离婚率呈上升趋势,其中,农民工离婚率上升速度比城镇人口更快。

（三）贵溪市

2017年，贵溪市常住人口为115.90万人，其中女性55.80万人；育龄妇女人口为40.30万人；人口自然增长率为7.10‰，比上年提高0.29个千分点；出生人口性别比为113.81。[4]

近年来，贵溪市人口离婚率逐年提高。据贵溪市民政局婚姻登记处统计，该市离婚率从2005年的8.33%上升到2017年的25.04%，农村人口离婚率也逐年攀升。离婚人口的年龄主要集中在30—50岁，其中30—34岁离婚率高达30%，40—49岁离婚率达26.50%。

（四）抚州市临川区

抚州市临川区现有28个乡镇、街道，一个垦殖场、一个工业园区和一个昌抚合作示范区，总人口130万，其中农业人口71万。[5]2017年，全家外出家庭1.60万余户，外出人口5.50万余，外来从业人员3.60万余。

2017年临川区人民法院审理的离婚案件中，农村外出务工人员离婚案数量占四成左右。2015年、2016年、2017年，临川区妇联接待与农村务工人员婚姻相关的信访件数量占总信访件数量的比率分别为36%、38%、42%。由上观之，临川区农村务工人员离婚率呈逐年上升之势。

（五）吉安市青原区

吉安市青原区现辖6个建制镇、1个畲族乡、1个城市街道、1个垦殖场，为吉安市中心城区和吉泰走廊核心区，人口22.58万。外出务工者47585人，占总人口的21.10%，其中，男性31745人，占66.70%；女性15840人，占33.30%。

据青原区民政局和区法院统计，2016年、2017年、2018年辖区内农村外出务工人员的离婚数分别占该年度总离婚数的56.30%、60.20%、68.70%。由此可以看出，近3年来，青原区农村外出务工人员离婚率呈现明显上升的趋势。

三、农民工离婚现象的主要特征

从4个设区市5个县（市、区）的调研结果来看，对于离婚的农村外出务工人员，其婚姻状况主要呈现出婚姻时间短暂化、婚姻价值观偏离化、离婚年龄年轻化、离婚缘由多样化四大特点。

（一）婚姻时间短暂化

据接受调研的婚姻登记部门统计，离异的外出农民工大多婚姻持续时间不长，有的甚至只有短短的几十天。在一些农村地区流传这样的俗语："春节相亲订婚，五一回家结婚，十一吵架离婚。"上饶市玉山县某乡村离婚的28对农民工夫妻，大部分婚期较短。2017年在由贵溪市某法庭审理的3起农民工离婚案中，婚姻持续时间最短的只有46天，最长的也只有10多年。

（二）婚姻价值观偏离化

调研发现，几乎所有的男性农民工都具有组建幸福家庭的迫切愿望，但一部分人缺乏必要的经济基础。与此同时，农村女孩家庭对物质条件的要求越来越高，部分家庭甚至以"彩礼不够"为由拒绝女儿出嫁。调研组走访时了解到，目前，江西农村结婚彩礼普遍在10万元以上。在江西一些经济基础较好的农村地区，比较盛行的彩礼金额是18.8万元，而极少数容貌姣好、身材高挑的姑娘出嫁前，娘家索要的彩礼有时竟然高达40万元。由此造成了农村青年男女恋爱难、结婚难、生育难的"三难现象"。

（三）离婚年龄年轻化

调研发现，外出农民工离婚人群的年龄结构呈现年轻化的特点。通过对上饶市信州区某镇4个村的走访了解到，近年来4个村离婚夫妻约有50对，大部分夫妻为"90后"。贵溪市民政局婚姻登记中心统计分析，离婚年龄主要集中在30—50岁。其中，30—34岁夫妻，离婚率竟然高达30%；40—49岁夫妻，离婚率也达到了26.50%。吉安市某区民政部门统计发现，"80后"

"90后"的外出务工人员占离婚夫妻的绝大多数。

(四)离婚缘由多样化

调研发现,外出农民工婚姻破裂的原因多种多样(见表1)。总体来说分为六大类:一是两地分居、缺乏沟通。两地分居不利于夫妻关系的维系,有些夫妻因为长期两地分居而感情淡化,导致了隔阂,最终走上了婚姻破裂的道路。二是见异思迁、观念变化。外出务工人员受不良风气的影响,思想观念发生变化,嫌弃原配妻子或丈夫。三是家庭不和、关系恶化。玉山县岩瑞镇某村有一对离异的农民工夫妻,离婚原因是婆媳关系不和导致夫妻出现矛盾,最后婚姻关系恶化。四是草率结婚、基础薄弱。部分外出农民工在缺乏足够了解的情况下草率结婚,婚后发现性格不合、感情不深,最终导致离婚。五是早婚早育、缺乏担当。玉山县法院、贵溪市泗沥镇法庭、抚州市临川区法院、吉安市青原区法院在审理农民工离婚案件或未成年人抚养诉讼案件时,都发现有年轻农民工不愿意承担未成年子女抚养义务的现象。六是家庭暴力、婚姻不幸。调研发现,所有接受调研的地方,均不同程度地存在因为家庭暴力而离婚的现象。家庭暴力导致女性主动提出离婚的数量增多。

表1 江西某市农民工离婚主要因素分析表

离婚因素	人数	比例
夫妻关系不好,感情破裂	17	8.50%
忍受不了长期两地分居	83	41.50%
夫妻一方或双方移情别恋	20	10%
女性遭受家庭暴力	11	5.50%
家庭经济负担重,承受不了	2	1%
婆媳、妯娌、姑嫂等关系恶化	33	16.50%
婚前缺乏了解	24	12%
其他原因	10	5%
合计	200	100%

四、提升农民工婚姻幸福度的对策建议

2015年2月17日,习近平总书记在春节团拜会上指出:"家庭是社会的基本细胞,是人生的第一所学校。不论时代发生多大变化,不论生活格局发生多大变化,我们都要重视家庭建设,注重家庭、注重家教、注重家风,紧密结合培育和弘扬社会主义核心价值观,发扬光大中华民族传统家庭美德……"[6]家庭是幸福生活的港湾,是美满人生的起点。婚姻和谐家庭美满是农民工幸福度的最直接体现。站在新时代的历史起点上,在迈向全面建成小康社会的历史进程中,如何增进规模庞大、结构复杂的农民工群体的婚姻幸福,如何实现他们对美好生活向往的目标,对于建设社会主义和谐社会、推动乡村振兴、助力脱贫攻坚等都具有十分重要的意义。提升农民工婚姻家庭幸福指数,是一个长期的、复杂的、系统的工程,需要党委政府高度重视,需要部门协调推进,需要全社会共同努力。下面从农民工个体、政府、社会三个层面提出对策和建议。

(一)个体层面

1. 树立正确婚恋观,稳固婚姻关系

随着经济社会发展,人们的择偶标准出现明显变化,婚姻家庭观念正在转型,现代婚姻面临更多考验。农民工需要树立正确的婚姻观、家庭观、人生观、价值观,杜绝拜金主义、享乐主义思想。要强化家庭意识和担当意识,勇于担负起对配偶扶养、对老年父母赡养、对未成年子女抚养的家庭责任,不要因为小矛盾就发怒冲动、草率离婚。

2. 扩大交际活动圈,拓展人际关系

很多农民工反映,"住地—工地—住地"三点一线的生活方式,导致生活圈太小,交际面不广,交朋友找配偶十分困难。因此,在城市务工的新生代农民工,要增强主动意识和参与意识,积极参加城市社区活动和精神文化生活,熟悉城市生活节奏,融入都市生活圈子,改变"回不了农村、融不进城市"的尴尬现状。

3. 增强家庭责任感,稳定家庭关系

结婚以后,除了为家人提供必要的物质基础外,还要借助现代发达的网络、手机、微信、微博、陌陌、抖音等通信方式,加强与配偶及其他家庭成员的沟通交流,增进夫妻感情,密切亲子关系,及时了解掌握家庭成员的思想动态、行为习惯、心理变化,防范因空虚、孤独、寂寞而产生感情破裂、背叛婚姻的思想和行为。

(二)政府层面

1. 发展地方经济,加大农民增收力度

获得更高收入是农民工外出务工的主要动因。为了获得更多的就业机会和更高的工作收入,江西大部分外出务工人员流向上海、浙江、福建、广东等沿海经济发达地区,少部分流向日本、韩国、法国、美国等境外地区。政府要采取更有力的措施,增加农民工的就业机会,增强农民工的增收力度。

一是加大财政投资力度,积极发展县域经济,使农民工在家门口即可获得称心如意的工作,降低外出务工的概率。二是鼓励引导外出农民工将掌握的技术、积累的资金带回家乡创业,同时,为返乡创业的农民工提供技术支撑、资金支持与税收优惠等政策。三是开展适合农村地域特征和农村妇女的实用技术培训,培育妇女劳动意识,引导妇女创业就业,实现夫妻同步发展,缩小男女差异,增进性别平等。

2. 加强宣传引导,加大权益保障力度

一是发挥新闻媒介的宣传引导作用。利用传统媒体和新媒体,强化思想政治引领,广泛传播正确的婚姻观、家庭观、道德观、价值观,积极践行社会主义核心价值观,在全社会弘扬男女平等、家庭和睦、忠诚友善、相互关心、团结互助的婚姻家庭理念。二是发挥职能部门的干预维权作用。建立多元化的矛盾调解机制,组织民政、妇联、法院、社区(村)干部、律师、志愿者等联手行动,在农民工夫妻关系濒临破裂时,要采取调解、劝导等方式,加大调解力度,尽可能挽救濒危家庭。卫生部门要加强对农民工夫妻进行专门的心理辅导、性健康教育,引导外出务工人员树立健康生活理念,养成文明生活习惯。三是发挥执法部门的打击犯罪作用。公安、文化、市场监管等部门要加大"扫黄打非"工作力度,严厉打击黄、赌、毒违法犯罪活动,抨击婚外情、盲目拜金、无节制消费等不良现象。对违法犯罪行为,依法依规给予惩处。法院审判离婚案件时,加大对离婚过错方的追责力度,采取经济追偿、法律救助等方式维护无错方利益。四是发挥妇联组织的桥梁纽带作用。各级妇联要发挥好"妇女微家"等阵地作用,妇联干部要做好教育引导工作,当好女农民工的法律明白人、法制宣传人、权益维护人。在结婚前、婚姻中及时介入,向广大妇女宣传《中华人民共和国妇女权益保障法》《中华人民共和国婚姻法》等法律知识,帮助她们树立法制观念,鼓励妇女群众尊法、守法、学法、用法。开展形式多样的活动,建立"家庭档案",对夫妻和睦的优秀典型进行表彰宣传,发挥示范效应。教育留守妇女主动抵制社会不良风气和利益的诱惑,避免在监督弱化的情况下出现道德失范行为。

3. 完善社会福利,加大关心关爱力度

一是加快户籍制度改革,完善人口流动机制,逐步放宽农民工在城镇安家落户的准入门槛,早日实现城乡一体的就业、医疗、教育、社保等基本公共服务全覆盖。二是建立统一的住房保障制度,完善保障性住房分配制度,适当降低保障性住房申请标准,加快各地廉租房建设步伐。三是强化公共服务职能,严厉打击拖欠农民工工资等不法行为。

(三)社会层面

1. 引导企业规范用工,面对面解决生活难题

一是引导用人单位与农民工签订合法合规的工作合同,鼓励企业完善探亲休假制度,通过以人为本、灵活多样的工作方式,方便农村进城务工者回乡探亲,增加夫妻团聚的机会。二是完善福利补贴制度,尽可能为农民工提供免费住宿,降低农民工进城务工的成本。鼓励企业为农民工提供"夫妻房",方便农民工夫妻同地就业、同处居住。

2. 发挥社会组织作用,心贴心解决心理问题

在网络、手机、影视等的影响下,少数新生代农民工盲目追求时髦,价值导向偏离,形成"今朝有酒今朝醉、明日愁来明日愁"的及时享乐人生观,为人处世随意散漫,逃避自身应该承担的家庭责任和社会责任,导致社会失范行为。各类社会组织要发挥思想引领作用,引导他们形成正确的"三观",养成文明健康的生活习惯。

一是采取政府购买服务等形式,发挥社会组织、志愿者的积极作用,鼓励他们利用专业技能对农民工进行心理疏导、思想矫正、未成年子女关爱辅导等。二是鼓励城市社区有针对性地开展读书会、交友会、学习会等各类精神文化活动,采取多种形式为农民工提供丰富的精神文化食粮,吸引年轻农民工参与交友、培训、学习等提升活动。三是加大力度建设"路边书吧""公园书吧""红色驿站"等集学习、休闲、娱乐于一体的公共文化场所,鼓励城市图书馆和高校向农民工开放,方便农民工读书学习,提升他们的文化素养与适应能力。

2019年5月20日至22日,习近平总书记在江西考察,主持召开推动中部地区崛起工作座谈会并发表重要讲话。他强调,要把乡村振兴起来,把社会主义新农村建设好。农业、农村、农民问题是关系到国计民生的根本性问题。全面建成小康社会、全面建设社会主义现代化强国,最艰巨、最繁重、最复杂的任务在农村,最深的潜力、最强的潜劲、最大的潜能也在农村。我们要把思想和行动统一到习近平总书记的重要指示精神上来,做好农村文章,讲好家庭故事,让广大农民和农村家庭有更多实实在在的获得感、幸福感和安全感。

参考文献

[1]中国共产党第十九次全国代表大会文件编写组. 中国共产党第十九次全国代表大会文件汇编[G]. 北京:人民出版社,2017.

[2]江西省统计局. 江西省2018年国民经济和社会发展统计公报[N]. 江西日报,2019-03-20(06).

[3]上饶市信州区统计局. 2017年信州区国民经济和社会发展统计公报[EB/OL]. (2018-08-18)[2018-12-25]. http://www.jxxz.gov.cn/zwdt/xzzw/1612901.html.

[4]贵溪市统计局. 2017年贵溪市国民经济和社会发展统计公报[EB/OL]. (2018-07-01)[2018-10-12]. http://www.csmcity.com/zlzx/info-6443.html.

[5]佚名. 临川概况[EB/OL]. (2019-03-01)[2019-04-19]. http://www.jxlc.gov.cn/art/2019/3/1/art_1387_1055876.html.

[6]佚名. 家庭是人生第一所学校[EB/OL]. (2015-02-18)[2018-08-16]. http://society.people.com.cn/n/2015/0218/c136657-26581133.html.

对性骚扰的规制以及妇联可实施的法律救济

胡铖蕾　王家国[*]

摘　要：现代社会中,随着越来越多的女性走上职场,女性面临的性骚扰已成为亟须解决的问题。"禁止性骚扰"被写入《中华人民共和国妇女权益保护法》,是性骚扰立法迈出的重要一步,但对于规制性骚扰仍然不够。如何为女性群体提供切实有效的性骚扰维权途径,是理论和实践都需解决的重要问题。该文借鉴女性主义的视角和方法,针对性骚扰在我国出现的窄化和误解问题,探讨性骚扰的实质,寻求以妇联组织为阵地来解决这一问题的途径和方法。

关键词：性骚扰；规制；妇联组织；法律救济

对性骚扰的定义与规制既是一个社会问题,也是一个法律问题。2005年我国修改后的《中华人民共和国妇女权益保障法》首次明令禁止"性骚扰",但对其并没有明确具体的规定和有效权利救济途径。随着社会生活的多元化,性骚扰形式的多样化及其取证困难,使得受害人难以维护自身权利。长期以来,学界对性骚扰问题鲜有涉足,相关方面的研究远远不能适应立法和司法实践的需要。对此学界中有人提出我国应效仿西方的立法模式,但其实这与一个国家的文化传统、生活方式及固有制度密不可分,盲目

---

* 胡铖蕾,环球公益组织公羊会法律顾问,杭州师范大学沈钧儒法学院本科生,研究方向为女性主义法学、法理学。王家国,法治中国化研究中心研究员,浙江省法学会法律文化研究会理事,杭州师范大学沈钧儒法学院副教授,研究方向为法理学、西方法哲学。

移植往往会造成适得其反的局面。

从法律角度研究性骚扰和规制性骚扰问题,一方面要研究性骚扰行为的性质、构成以及法律制裁,另一方面要研究规制性骚扰制度的构建,后者的意义和价值更为重大。世界各国对防范性骚扰制度的建构,往往是沿着两个方向发展的,一个是以职场的劳动者保护为中心,一个是以人的私权利保护为中心。正如杨立新教授所言,中国特色的规制性骚扰法律制度应当以人的私权利保护为中心,保护人的性自主权不受非法侵害。[1]遭受性骚扰的人群显然不仅仅是女性,但基于女性在这个群体中占绝大部分比例的社会现状,通过女性主义法学的角度探析相关立法规制问题和救济途径不失为一个较好的思路。对于大部分人而言,寻求一般的法院诉讼往往耗时太多,且常常因为取证困难等问题驳回诉讼请求,通过各级妇联组织维权显然是一个更具可行性的辅助性救济途径。

一、性骚扰的概念与分类

(一)性骚扰的概念

最早提出"性骚扰"一词的是美国康奈尔大学教授 Lin Farley 和她的两位同事。Farley 在康奈尔大学教授的课程中讨论女雇员为躲避上司非分的性要求而不得不辞职的现象,被法利和同事称为"性骚扰"。性骚扰(Sexual Harassment)作为专门的法律术语,则是由美国女权主义者、密西根大学法学院教授 Catharine A. Mackinnon 首次提出的,然后这一概念逐步由美国传至其他国家和地区。Mackinnon 认为,性骚扰就是通过滥用权力,在工作场所、学校、法院或其他公共领域,以欺凌、恐吓、控制等手段向女方提出或做出不受欢迎的与女性有关的言语或举动的行为。这一概念随着 Williams 诉 Saxbe 一案①而提出,而此突破性案件历时两年。直到 1976 年,美国哥伦比亚特区

---

① 原告 Williams 为一名职业女性,为逃避来自上司的具有性倾向的挑逗和利诱,不得不辞职;根据当时有关规定,主动辞职无法领取政府的失业救济金,为此,她聘请 Mackinnon 作为律师向华盛顿联邦法院提起诉讼,并胜诉。这是首个美国地方法院根据 1964 年《公民权法》裁定"交易的性骚扰"构成性歧视的案例。

上诉法院才最终认可了麦金农的说法,认为性骚扰是一种直接源于受害者的低下地位、以性别歧视为本质的违法行为。

(二)性骚扰概念的窄化与误区

1. 性骚扰的主体界定

早期的性骚扰立法是针对工作场合中男性对女性实施的性骚扰行为,当时对性骚扰这一概念的界定在今天看来是相对窄化的。性骚扰的主体,可以是男性,也可以是女性。性骚扰的动机和目的与性有关,由此可以推定实施性骚扰的主体应达到一定年龄,该年龄界限的确定需以主体的生长发育已经具备一定的性能力,并且能够产生性冲动为基础。在立法中,如需对这一年龄加以明确规定,笔者认为宜确定为14周岁。《中华人民共和国民法总则》中规定18周岁以上的自然人为成年人,成年人为完全民事行为能力人,但性发育与具备民事行为能力是两个概念;14周岁也是我国刑法中区分幼年与非幼年的年龄界限。

性骚扰的对象不应有任何年龄、性别的限制。尽管诸多调研报告显示在受性骚扰的群体中女性占绝大部分比例,但依然有小部分男性也受到性骚扰的困扰,甚至部分男性深受其害。其中的原因除了女性在社会上处于弱势地位外,还有在男性认知中他人行为构成性骚扰的阈值较高——普通的触碰肩膀、拥抱、言语玩笑通常不被男性受众认定为性骚扰。另外,也不排除我国传统文化价值取向——男子应当是强悍、不易被侵犯的,引导部分男性羞于承认自己曾经受到过性骚扰。

对于"性骚扰只会发生在女性身上"的理解误区很容易使人走向"只有年轻、容貌姣好的女性才会受到性骚扰"的概念窄化误区,并且在这样的观念驱动下,我们常常强调女性不要穿过于暴露的衣服,女性不要和男性单独在一起……总而言之,由此造成的刻板印象导致保护不受性骚扰的措施在于女性自己的防范和平时的言行,女性倘若被性骚扰则是因其自身防范不到位或者平时不够自尊自爱[2]。

中国台湾学者何春蕤研究发现,"被性骚扰者通常并没有什么固定形态存在,然而,被性骚扰之可能性,往往是与受害人被看出其弱点及财务上之依赖性两者息息相关,而不仅仅是与她身体外观有所关联。事实上,仅仅由于在雇佣阶层中是位居下属地位一事,即足以显示出该项女性之弱点及依赖性。更进一步来说,离婚、分居或守寡之女性,单亲母亲等,属于少数族裔之女性,在传统男性占优势职业中任职之女性,新近加入劳动市场之女性,以及只有非正式雇佣契约来保障之女性受雇者等,可说都是最容易被性骚扰之女性"[3]。可见,并不是女性自身的身体条件导致了性骚扰,而是其弱势地位使得她被性骚扰。

2. 性骚扰行为的认定

(1)性骚扰行为必须是不受欢迎的与性相关的行为,并且行为后果应达到一定严重程度

性骚扰的行为内容必须是与性有关的。性骚扰行为的手段具有宽泛性和多样性,其远远不止暴力、胁迫等手段,并且在多数情况下,性骚扰手段是非暴力性的,往往未等受害者反应过来,该行为已经结束了。性骚扰行为的表现方式也呈现出多样化,不限于一些使受害者不舒服的肢体动作,一些引起受害者心理不适的与性相关的特定语言、文字或图像也可被认定为性骚扰的表现形式。[4]

性骚扰行为具有违背对方意志的特点,亦即不受欢迎之意。此特点区分了行为属于非法的性骚扰还是双方默认一致的调情。此外,必须注意的是,与刑法上严格规定的"与幼女发生性交,即使征得幼女同意,也应认定为强奸"不同,当性骚扰行为的对象是幼女时,其行为的构成也应以不受欢迎为限。如果幼女对于施加于其身的与性有关的行为表示不介意或者表示欢迎,则没有理由认定此种行为对该幼女构成性骚扰。即实施该行为的行为人也许会受到道德的谴责和规制,但尚未触犯法律的边界。

(2)性骚扰实质上是一种权力的压迫

不论是辨析性骚扰的行为认定还是界定性骚扰概念,权力是一个必然会考虑的因素,几乎所有的性骚扰都和滥用权力有关。这里的权力属于来自西方理论的舶来品,并非一般意义上的权力,更多的解释为一种控制力和影响力。权力在西方是一个很常见的词,可用于很多事件和场景。西方一般将权力定义为具有控制力和影响力——只要一方对另一方具有某种影响,就可以看作是有权力的一方;而中国的理论比较倾向于把权力和职位联系起来,只有在一定的职位上,才可能拥有权力,这是一种狭义权力。伴随

理论的发展,我们对权力也有了新的认识。通常拥有权力或假设自己有权力的人可分为以下三类:拥有或假设自己拥有如地位、职权上的权力的人;以人多势众而取得权力的人;以为自己的性别比较优越的人。这种分类虽然还不完全,但是已经扩展了权力的外延。

之所以要认识到权力不等于职位,是因为"将权力简单地等同于体制中的位置,也因而忽略了女性主义的灼见:最具毁灭性的权力滥用之所以能够发生,是因为流传已久、根深蒂固的社会与心理强化所造成的"[5]67。性骚扰问题之所以变得复杂,就是因为其根本的权力概念来源于社会文化和社会心理,而不仅仅是职位。因此,在界定性骚扰概念时,权力是一个不可忽视的因素。在权力概念的基础上,性骚扰的主体就不再是从两性的角度出发,而是从权力的角度出发,由此可以发现,性骚扰是发生在相对的强势者和相对的弱势者之间的事情。之所以强调"相对"两字,是因为强与弱在性骚扰事件中是一个灵活的概念,并不仅仅指职位、辈分、力量的高低,而是一种综合因素相互比较产生的概念。譬如,城市中的弱势群体会选择比他或她更为弱势的外来者实施性骚扰。如果在有关性的争执中,双方并不存在强势和弱势之分,那么就不宜认定为一种性骚扰。譬如,一位女性走在路上,一男性对其吹口哨,如果我们认为男性并不比女性优越,那么这显然就不是一种性骚扰问题。由于不存在强势和弱势,此类事件也是较易解决的,可以严正抗议,亦可以不予理睬。而客观现实中的性骚扰问题之所以很难解决,是因为强势方对弱势方具有较大影响力,使得拒绝或者反抗都非常困难,需要付出一定代价——这些代价,往往相对弱势的群体无力承受。[5]67

综上所述,从某种意义上讲,"性骚扰往往并不是一种主动发起性关系之企图,而是男性利用一种权力来压制女性"[5]179。当然,权力压制不仅仅是男性对女性,女性对男性、男性对男性、女性对女性也有可能因权力的滥用而产生性骚扰。

(三)性骚扰的基本类型

1. 工作场所性骚扰

工作场所是性骚扰行为的高发地区,也历来是法律规制的重点。所谓工作场所性骚扰,系指在工作场所中一方对另一方实施的不受欢迎的具有性意图的侵犯他人人格权及其他权益达到一定严重程度的行为,其本质是对人格尊严、人权和劳动者权利的侵犯。在这里"工作场所"应当做扩大解释,即不仅指工作的处所,如公司、事务所等,也应包括其他与工作内容有关的场所,如出差地、宾馆、饭店等,以最大限度保护劳动者的利益。对于工作场所性骚扰的具体类型,大多数国家和地区借鉴了美国的立法,随着司法实践的发展,其类型又得到了补充。

(1)条件交换型性骚扰

条件交换型性骚扰系指性骚扰者在性方面得到好处,作为交换在工作上给予被骚扰者实质上的利益,例如予以加薪、升职;反之,骚扰者因为其要求被拒绝,而对被骚扰者在工作上进行一定的报复,例如解雇该员工等。[6]13

除却性骚扰的一般构成要件外,条件交换型性骚扰的特殊构成要件主要包括两个方面:其一,行为人必须是对受害者的工作利益有实际控制能力的人员,例如上司、被授予一定权力的资深同事等。其二,迫使对方接受某种行为作为受雇或升迁的明示或者暗示的条件。[7]在此种性骚扰行为类型中需要注意的是,学校里老师对学生实施的性骚扰也应算作条件交换型性骚扰,原因在于老师对于学生的学习、成绩、考评等都具有实际的控制力。例如,高校内导师以不准毕业、不授予学位等条件威胁其硕士生、博士生满足其需求。另外,娱乐圈内导演或有能力者利用手中职权以上戏等为条件对演员提出与性有关的明示或暗示,均属于条件交换型性骚扰。[8]

(2)敌意工作环境型性骚扰

敌意工作环境型性骚扰系指影响了员工工作表现的性骚扰行为,或是造成有敌意、侵犯性的工作环境,例如在工作场所展示色情图片,使员工在该工作场所感到困扰。其定义比较抽象模糊,亦无法以举例的方式穷尽,范围甚广,从不断提出性要求、开下流的玩笑,到不受欢迎的触碰、公共场合色情图像的展示,再到受害者的贬低性评价。确认敌意工作环境型性骚扰的关键在于判定其工作环境是否是敌意的或侮辱性的,因此要考虑所有因素,包括侮辱性行为的频率、严重性、是否受到了身体上的威胁或羞辱,或者是否是冒犯性的言辞以及是否不合理地影响了受害者的工作表现。另外,受害者所遭受的心理伤害也是考虑因素之一,但不是必要因素。

（3）外来者之性骚扰

外来者之性骚扰系指工作单位以外的人对从事相关工作的人所造成的性骚扰。此种性骚扰在现实生活中非常普遍,单位以外的人——通常是客户实施的性骚扰也是极易发生的,从高级白领到普通打工群体,都有可能在工作中受到来自客户的性骚扰。如果将其排除在工作场所性骚扰之外,势必会产生法律上的漏洞。

2. 非工作场所性骚扰

非工作场所性骚扰,即在性骚扰主体和对象之间无工作关系,或虽因工作相关事务而有牵涉关系,但一般发生在非工作场所的性骚扰。与工作场所性骚扰不同,此类性骚扰存在于社会的各个方面,无法穷尽列举,大体上有以下几种情形:①来自朋友或者熟人的性骚扰;②公共场所中发生的性骚扰,如行为主体利用在公共汽车、舞厅、商场超市等拥挤的公共场所,通过碰撞、接触或推搡的方式对他人实施性骚扰;③利用公共媒介进行性骚扰,如电话性骚扰、短信性骚扰及网络性骚扰等。[9]

二、各地对性骚扰的立法规范

（一）国外立法规范状况

德国于1994年制定了《工作场所性骚扰受雇人保护法》。其工作场所性骚扰定义很广,只要受雇人人格尊严受屈辱就算。美国行政管理方面有机会均等委员会于1980年发布的相关指导,而联邦法院在判例中确定工作场所性骚扰违反《公民权法》第七条,并且在1986年确定"有报酬"与"敌意工作环境"两种类型的性骚扰。美国方面的定义较德国严谨,相关制度只适用于与工作密切相关的情况。

日本行政管理方面于1998年公布了指导方针,将工作场所性骚扰分为"对价型"与"环境型"两类,只适用于与工作密切相关的情况,与美国类似,但不同的是保护对象定为女性受雇者。法律方面则是以民法之侵权行为之规定为主。2013年12月24日,日本厚生劳动省颁布了经修改的《男女雇用均等法》准则,规定同性间的不当言行也属于性骚扰。

法国政府发布的一项打击性暴力的法案,包括对街头性骚扰当场罚款以及延长提出强奸指认的期限。针对街头性骚扰行为当场罚款,罚款数额从90欧元到750欧元不等,如果是累犯或情节严重,罚款数额可能更高。

(二)中国各地的法律规制状况

中国各地制定的《中华人民共和国妇女权益保障法》实施办法,对性骚扰问题做了进一步的规定,如《上海实施〈中华人民共和国妇女权益保障法〉办法》规定,禁止"以恋爱、征婚、招聘为名或者用其他方式玩弄女性",禁止"非法搜查妇女的身体",等等,这些规定都是反对性骚扰的积极措施。此外,《天津市实施〈中华人民共和国妇女权益保障法〉办法》第二十九条规定:"禁止违背女性的意志以语言、文字、图像、电子信息、肢体行为等方式对妇女实施性骚扰。受害妇女有权向有关部门和单位进行投诉。有关部门和单位应当采取有效措施,预防和制止对妇女的性骚扰。"此项规定较为明确。

2018年8月27日,提交全国人大常委会审议的《民法典人格权编(草案)》规定,违背他人意愿,以言语、行动或者利用从属关系等方式对他人实施性骚扰的,受害人可以依法请求行为人承担民事责任。2018年12月12日,最高人民法院颁布了《关于增加民事案件案由的通知》,该通知规定在《民事案件案由规定》中增加两类案由问题:第一,在第一部分"人格权纠纷"的第三级案由"9、一般人格权纠纷"项下增加一类第四级案由"1、平等就业权纠纷";第二,在第九部分"侵权责任纠纷"的"348、教育机构责任纠纷"之后增加一个第三级案由"348之一、性骚扰损害责任纠纷"。该通知已于2019年1月1日起施行。

《关于增加民事案件案由的通知》的颁布,对于女性权利的维护有极其重要的指导作用。首先,遭遇就业性别歧视的女性可以更加准确地选择诉由。其次,人民法院在民事立案、审判中可以更加精准地确定案件诉讼争议焦点是否为性别歧视和性骚扰,从而正确引用适用法律。最后,亦是至关重要的一点,此通知追加的两条有利于受理案件的分类管理,为人民法院司法决策和大众对就业性别歧视的认知提供更有价值的参考,也为遭受性骚扰的妇女提供了一条维权诉请依据。

三、妇联对惩戒性骚扰的救济作用

必须承认的是,国外对于性骚扰的立法和规制都比我国要早得多,有许多可供我们借鉴的地方。而性骚扰行为的界定与是否立法、如何立法规制与一个国家的发展现状和文化底蕴有着密切、不可分割的关系,一味地照搬只能是东施效颦。立法需要在理论和实践上进行长时间的摸索和探究,但性骚扰现象的普遍性又迫使我们需要一个切实有效的维权途径,对于在社会上处于弱势的妇女群体而言,这一需要更为迫切。笔者认为,在现阶段,借助全国妇联及地方各级妇女组织的力量,对性骚扰行为进行规制和引导,为广大妇女群众提供高效的救济途径,不失为一种良方。

《中华人民共和国妇女权益保障法》第五十三条规定:妇女的合法权益受到侵害的,可以向妇女组织投诉,妇女组织应当维护被侵害妇女的合法权益,有权要求并协助有关部门或者单位查处。有关部门或者单位应当依法查处,并予以答复。第五十四条规定:妇女组织对于受害妇女进行诉讼需要帮助的,应当给予支持。妇女联合会或者相关妇女组织对侵害特定妇女群体利益的行为,可以通过大众传播媒介予以揭露、批评,并有权要求有关部门依法查处。这两条法律明确规定了妇女组织的权利与义务,为妇联组织实施权利救济提供了相应的法律基础。

2016年中共中央办公厅印发的《全国妇联改革方案》强调,妇女工作是党的群众工作的重要组成部分,妇联组织要提高服务妇女、维护妇女合法权益的能力。要创新妇联维权工作,当女性朋友的合法权益受到侵害时,妇联组织要主动作为、及时表态、发出声音、采取行动,依法做好维权工作。针对不同类型、不同程度的性骚扰现象,各级妇联组织要高度重视,在不同层级、以不同方式维护妇女合法权益,推动基本制度的建立和完善,促进具体问题的了解和解决,切实做到哪里有女性朋友,妇联工作就要做到哪里。要充分利用"两微一端",畅通网上投诉、交流、求助渠道。当女性朋友遭受性骚扰时,帮助其依法维护自身权益。

此外,各省区市妇联组织以及民间妇女组织可以与当地的企业进行合作监督,进一步提高对遭受性骚扰女性尤其是遭受职场性骚扰女性的法律救济水平。以成立于1995年12月的众泽妇女法律咨询服务中心为例,此服务中心立足于妇女的法律救济,是中国第一家专门从事妇女法律援助及研究的公益性民间组织。2011年底,众泽与中山火炬城建开发有限公司合作,帮助其建立预防和处理职场性骚扰的机制。《中山火炬城建开发有限公司防治职场性骚扰制度》对员工和公司在工作场所防治职场性骚扰的权利和义务做出了明确规定,包括:每个员工均不得有性骚扰行为;每个员工均有举报性骚扰行为的权利和义务,公司相关部门有依照规章制度及时处理实施性骚扰者的权利;公司有为员工提供一个安全、和谐的工作环境的义务;对实施性骚扰者,公司有权根据情节轻重予以惩戒,对情节严重者,解除劳动合同。[10]这一制度在中山火炬城建开发有限公司取得了良好的效果。此例也可作为妇联组织与本地企业、公司合作加强女性权利救济的示范,切实保障妇女的合法权利。

随着越来越多的女性踏入职场,妇联组织更要有意识、有针对性地帮助职场女性提高其个人防范风险的意识和能力。譬如,可以定期开展法律知识讲座,让职场女性学会依法维权。同时,督促企业增强保护女性职员的法律意识,采取具体行动切实保护职场女性的合法权益。

四、结语

性骚扰作为复杂的社会现象,其概念的界定应当符合一般公众的文化观念,尽可能包括各种不同的性骚扰类型,使其具有一定程度的确定性,以方便法官在进行取证和判决时具有一定依据,不会产生过大歧义。性骚扰的受害群体大多为女性,且为经济能力或者社会影响力较低的女性,这些事实显示出性骚扰现象的实质——女性在社会上受到实然或潜在的性别歧视之中。基于此类现象,从女性主义法学的角度看待性骚扰问题,对于立法理论的思考以及司法实践的指导来说,都应该是更为切中时弊的方式。在我国法治发展的漫漫长路上,妇联组织对于女性权利救济是必不可少的一环,甚至是在相关立法尚未完善前非常关键的一环。

参考文献

[1]杨立新,张国宏.论构建以私权利保护为中心的性骚扰法律规制体系[J].福建师范大学学报,2005(01).

[2]钱芳菲.女性主义法学的价值与适用[D].哈尔滨:黑龙江大学,2007.

[3]何春蕤.性骚扰与性歧视[J].性骚扰性侵害之性解放,1996,5(6).

[4]赵小平,朱莉欣.性骚扰的法律探析[J].华东政法学院学报,2001(04).

[5]罗斯玛丽·帕特南·童.女性主义思潮导论[M].艾晓明,等,译.武汉:华中师范大学出版社,2002.

[6]焦兴铠.向工作场所性骚扰问题宣战[M].台北:元照出版公司,2002.

[7]唐灿.工作环境中的性骚扰及其控制措施[J].妇女研究论丛,2001(05).

[8]李一博.职场性骚扰法律规制问题研究[D].长春:吉林大学,2011.

[9]张新宝,高燕竹.性骚扰法律规制的主要问题[J].法学家,2006(04).

[10]何晨怡.反对性骚扰:从个体行动到法律文化[J].法制与社会,2013(10).

婚后父母出资购房的法律性质及权利救济

赵敏丹*

摘　要：理论及实践中关于婚后父母出资购房的法律性质多有不同观点及操作。房产不仅价值高，更涉及亲情承载，如何认定会严重影响各方的财产权益，容易引发人伦道德方面的社会问题。探究父母出资背后所蕴含的真实法律关系，并据此认定相应的法律后果，更能体现实质公平：在父母全额出资的情况下，可根据《〈中华人民共和国婚姻法〉若干问题的解释（三）》（以下简称《婚姻法司法解释（三）》）第七条的规定认定为赠与夫妻一方或双方；在父母部分出资的情况下，在无充分证据证明父母有无偿给予的意思表示时，不宜直接认定为赠与。另外，即使在父母曾表示赠与的情况下，也应当注重保障出资父母基于《中国人民共和国合同法》第一百九十二条所享有的撤销赠与权。

关键词：父母出资购房；赠与；借款

近10年来随着房价的一路上扬，一套100平方米的商品房价格动辄几百万元，即使是首付，也是几十万元甚至上百万元。在这样的社会背景之下，经济状况相对薄弱的年轻人鲜有凭借自己能力购房的。中国人素来重视家庭观念，现实生活中，婚后小夫妻名下的房产由一方父母出资或双方父母均有出资的情况非常普遍，并且涉及金额较大。在离婚案件中，关于"婚

---

* 赵敏丹，温岭市人民法院员额法官，研究方向为婚姻法学。

后父母出资的房款是否系赠与夫妻""父母有出资一方能否主张更多的房产权利""父母能否主张出资权利"等问题,往往成为双方在经济纠纷方面最大的争议焦点。事实上,司法实践中对此也有争论。该文从司法实践出发,试图从法理上探究出资背后的法律性质,合理保护各方权益。

一、实践中关于父母出资的法律定性不一

在离婚纠纷中,如何正确看待婚后父母的出资,涉及对该出资法律性质的认定。关于这一问题,在理论与实践中观点多有不同,甚至同一法院在不同时候对这一问题的观点也有所不同。

(一)父母的出资应当视为赠与

即使认定为赠与,对于父母出资一方所占有的份额是否因父母的出资而享有更多也有不同的观点。

1. 子女因自己父母的出资而享有更多的权利

如北京市第三中级人民法院审结的(2015)三中民终字第5333号赵某与李某离婚纠纷一案,该案件的具体说理为:从赠与财产的来源与赠与目的出发,父母出资一方应当占有房屋的大部分份额,即该赠与的资金应当作为离婚时分割夫妻共同房产份额的考量因素。[①]

2. 一方并不因父母出资而享有更多的权利

如新疆乌鲁木齐市沙依巴克区人民法院审结的梁某与徐某离婚纠纷一案,该案件的具体说理为:原告主张父母的买房出资款系借款,但原告父母为原、被告婚后购买房屋出资,也未提供相应证据证明为借款,故对原告父母的出资应认定为对夫妻双方的赠与。[1]41 理论界也有赞同这一观点的:婚后夫妻一方父母出资所购房产,产权登记在夫妻一方或双方名下,此时都应当认定房产是父母赠与夫妻双方的,只有在特别情况下该房产才为夫或妻一方所有,即是存在赠与或遗赠协议且明确说明该房产只归夫或妻一方所有。[2]178

---

① 详见北京市第三中级人民法院(2015)三中民终字第5333号民事判决。

（二）父母的出资可认定为借款

该观点的代表性案件为北京市第三中级人民法院审结的申某与左某离婚纠纷案，即（2017）京03民终9865号案件，该案件裁判的具体说理逻辑为：虽一方父母在购房时通过转账出资，但不能直接认定为赠与，如果在财产分割前，该方与其父母均确认父母的出资系借款的话，则该款项应认定为夫妻共同债务。①但实践中关于赠与的认定占了绝大多数，认定为借款的裁判思路在实务界引起了较大的讨论。能否以事后弥补借条的形式确定当时出资的意思表示，成了大家讨论的热点。事实上，探究这两种争议的实质是：父母在出资当时或是之后就出资的性质未进行明确的意思表示并以证据的形式固定下来的情况下，在子女离婚时，父母能否再明确其出资行为的法律性质。

二、不同法律定性观点产生的背景原因

上述不同观点的产生是基于不同的背景原因，或是基于对法律条文的不同解读，或是基于对案件整体情况的综合考量。

（一）认定赠与双方的主要依据

在实践中，认定赠与的主要依据为《〈中华人民共和国婚姻法〉若干问题的解释（二）》（以下简称《婚姻法司法解释（二）》）及《婚姻法司法解释（三）》中的相关条文解读。其中，《婚姻法司法解释（二）》第二十二条②，对当事人结婚后，父母为双方购置房屋出资的，该出资的性质认定为赠与，用了"应当认定对夫妻双方的赠与，但父母明确表示赠与一方的除外"的表述，《婚姻法

① 该观点系该院在（2015）三中民终字第5333号民事判决中采用父母的出资系赠与但具有影响父母出资方的份额的裁判路径后，所适用的不同的裁判路径。
② 该条文规定：当事人结婚后，父母为双方购置房屋出资的，该出资应当认定为对夫妻双方的赠与，但父母明确表示赠与一方的除外。

司法解释(三)》第七条①,对于由父母出资购买的不动产认定为赠与,用了"可根据婚姻法第十八条第(三)项的规定,视为只对自己子女一方的赠与"以及"该不动产可认定为双方按照各自父母的出资份额按份共有,但当事人另有约定的除外"的表述。可见,不管是《婚姻法司法解释(二)》还是《婚姻法司法解释(三)》,针对父母出资的性质认定,均提到了赠与的概念。

(二)认定影响父母出资一方份额的相关依据

在房价高企的情况下,买房的出资往往涉及一个家庭的全部积蓄,甚至还有不少负债买房的情况。为了子女婚姻的美满,父母大多不会对房产证登记情况提出异议,也鲜有就出资要求小夫妻出具借条的情况,故在离婚时要求出资一方父母以之前就已存在的证据证明当时的出资为借款,难免过于苛求。但简单地以赠与双方认定,又会严重影响一个家庭的经济命脉,甚至会产生相应的社会问题。基于个案平衡以及社会稳定考虑,部分法官采用折中的方式,根据案件的实际情况,以双方出资的贡献不同,确定父母有出资一方享有更多的份额,以此来寻求利益的相对平衡。

(三)认定借款的相关依据

该观点的主要依据也源于对《婚姻法司法解释(二)》第二十二条以及《婚姻法司法解释(三)》第七条的解读。《婚姻法司法解释(二)》第二十二条的规定所要解决的问题是父母为夫妻双方购置房屋是对一方的赠与还是对夫妻双方的赠与,该条款适用的条件是父母为夫妻双方购置房屋,该条款并不解决父母向子女转账的款项是赠与还是借款的问题。②《婚姻法司法解释(三)》第七条,对认定为赠与本身用了"可"的表述,相较《婚姻法司法解释(二)》第二十二条表述中的"应",本就有空间认定为非赠与。

---

① 该条文规定:婚后由一方父母出资为子女购买的不动产,产权登记在出资人子女名下的,可按照婚姻法第十八条第(三)项的规定,视为只对自己子女一方的赠与,该不动产应认定为夫妻一方的个人财产。由双方父母出资购买的不动产,产权登记在一方子女名下的,该不动产可认定为双方按照各自父母的出资份额按份共有,但当事人另有约定的除外。

② 详见北京市第三中级人民法院(2017)京03民终9865号民事判决的裁判理由。

三、从法理上探究婚后父母出资的法律性质

为正确看待婚后父母出资的法律性质,笔者认为应当揭开父母出资与最后房产登记之间的面纱,从法理上去探析内在真实的法律关系。

(一)部分出资的法律关系不等同于全额出资

要探究父母出资的法律效力,就要探究和厘清父母出资购房这一事件涉及的所有法律关系。父母出资购房大体上有两种模式,一种模式是父母全额出资购房,还有一种模式是父母部分出资购房。父母全额出资涉及的相关行为有:父母出资购房,房产登记至小夫妻(或其中一方)名下。父母部分出资涉及的相关行为有:父母出资给小夫妻,小夫妻购房,房产登记至小夫妻(或其中一方)名下。

1. 对于父母全额出资购房的,可根据《婚姻法司法解释(三)》第七条的规定认定

父母全额出资时,如父母出资以及房产登记之间没有其他法律关系,则父母出资与房产登记是行为与结果的关系。对于房产是否登记至小夫妻名下父母是有决定权的,可以选择登记在自己名下,或者自己子女名下,抑或是其他选择。在该种情况下,选择将房屋所有权登记至自己子女或是小夫妻名下本身就体现了意思表示,故在未有相反证据证明的情况下,应当认定系赠与,具体赠与一方还是赠与夫妻双方,则可根据《婚姻法司法解释(三)》第七条的规定予以认定。事实上,《婚姻法司法解释(三)》第七条的规定范围本就应限制在全额出资购买的情况下。

2. 对于父母部分出资购房的,不能以房产证登记结果推出父母有赠与的意思表示

事实上,在父母出资以及房产证登记之间还有先行行为即小夫妻购房。换句话说,房产登记情况这一结果与父母的出资行为之间没有直接的因果关系,故不能以最终的房产登记情况直接推出父母有赠与出资的意思表示。根据因果关系原理,要想探究父母出资的法律性质,实际上应该探索的是父

母出资与小夫妻以该出资款去购房之间的直接因果关系。显然,从这个行为与结果之间的关系来看,我们无法直接推出父母有赠与的意思表示,故明确父母部分出资的法律性质要求我们探索父母在交付出资款时真实的意思表示。

(二)审慎看待部分出资父母的真实意思表示

如前所述,我们不能以最终的房产登记情况直接推出父母有赠与出资的意思表示。但也有观点认为,对于大家庭内部来说,关于房产的所有权最终的登记情况一般应当清楚,如果父母在小夫妻对房产进行确权登记后未曾对物权登记提出异议的话,或者在小夫妻未谈及离婚时未主张该笔出资的债权的话,应当推定父母有赠与出资的意思表示。笔者认为,该观点存有不妥。确定父母出资行为最终的法律性质不应当简单认定为赠与,而应当探究父母出资的真实意思表示。

1. 父母出资具有人伦性,不宜一概认定赠与

父母对子女的付出并非完全无偿。父母对子女的付出,是基于血缘亲情的付出,有着强烈的伦理性,付出的同时也渴望反哺。我国几千年来的家国文化,成就了根深蒂固的家长意识以及居家养老文化。深层次探究出资的出发点,我们会发现父母的出资其实并非完全无偿。而根据合同法关于赠与合同的定义,赠与合同是赠与人将自己的财产无偿给予受赠人,受赠人表示接受赠与的合同。在这过程中,其主要的意思表示是无偿给予。故要想认定父母的出资行为系赠与行为,则应当有充分的证据证明父母有明确的无偿给予的意思表示,不宜一概认定赠与。

2. 一概认定赠与不利于出资父母的权益保护

首先,登记情况并非父母所能控制。根据现实情况,在夫妻关系存续期间,一方申请房屋产权登记时,房管部门一般都要求登记为夫妻共同所有,如果一方坚持要登记其名下,则需要另一方签署放弃房屋产权共有人的声明。而该声明,从情理上来说,意味着一方对另一方的防备,甚至可能是权利侵害。为了婚姻稳定,一般家庭不会坚持要求另一方签署该声明,在另一方也有出资的情况下,更不可能签署该声明。其次,一概认定赠与有违善良风俗。"父母为子女结婚而购房,往往会倾注其毕生积蓄。如果离婚时一概

将婚后购买的房屋认定为夫妻共同财产加以分割,势必会违背父母为子女购房的初衷与愿望,实际上是侵害了父母的利益。"[3]

事实上,如果对父母的出资一概直接认定赠与的话,则小夫妻另一方对房产份额的分割可能会严重影响父母的权益,特别是经济条件较差的家庭,可能就是人财两空。退一步说,就是不涉及小夫妻离婚的情形,在父母子女关系崩裂后,也不利于父母权益的保护。总之,不问父母主观意愿,一概认定赠与有违善良风俗。

综上,在我国重视亲情观、家庭观的当下,父母子女之间的经济往来往往承担着更多伦理道德上的美好愿景,父母对子女的购房、建房等出资往往耗尽其大半生积蓄甚至可能为此而负债,故在父母未明确表达将自己的出资无偿赠与小夫妻的情况下,不宜直接认定父母部分出资系赠与小夫妻。当然,对于曾明确表示过系赠与出资的父母来说,他们也应当对其自身的意思表示承担相应的法律后果。

四、合理确定父母出资的性质及权利范围

民法尊重合法的意思自治,故对于合法的民事法律行为,除非有法律规定的可撤销的情形出现,我们应当确定其效力,这也是守护善良风俗以及维护社会秩序的需要。

(一)应当认可房产登记的法律效力

对于父母的出资,不应当以父母未共同登记为产权共有人,而认定为其出资赠与小夫妻。但应当根据房产登记的效力,确定该房产归小夫妻共同所有(父母全额出资且登记在其子女名下的情形除外)。这是因为,将房产登记在小夫妻双方或者其中一方名下,父母应当是知晓的,对于房产登记所产生的效力父母也应当清楚。且在实际生活中,多数父母对把房产登记在小夫妻名下也是认同的,故应当尊重房产登记的法律效力以及各方对于权利登记的自由选择,在父母与子女未有私下协议约定由小夫妻名义上代持房产的情况下,父母并不能以出资为由要求确认其系房屋所有权人。

（二）出资性质的意思表示可事后明确

如前所述,关于让小夫妻出具借条等明确债权的方式,在家庭内部实施未免不近人情,且在现实生活中,也极少有这种情况出现。故在未曾有过明确的赠与意思表示的情况下,应当允许出资的父母在小夫妻结束婚姻的时候,明确表示其真实的出资意思。当然,在父母出资确定系借款的情况下,为了确保相对方的利益,对于借款的利率应当予以严格限制,毕竟系家庭内部相当亲近人员之间的借款,一般应当是无息借款,最多按照中国人民银行同期同档次贷款基准利率确定,且具体借款金额应当以父母能够举证证明的为限,防止父母出资一方随意出具借条并约定借款利率侵害对方权益。

（三）赋予出资父母一定的撤销赠与权

对于父母的出资,即使有证据明确表明系赠与,那么在离婚时,我们也应当根据合同法的相关规定,在特定的情况下认可出资父母有一定的撤销赠与权。根据《中华人民共和国合同法》第一百九十二条的规定,在受赠人"严重侵害赠与人或者赠与人的近亲属"等情况下可以撤销赠与,因此在受赠人严重侵害出资人以及其近亲属权益的情形下,可以撤销赠与。当然,在确定是否可以行使撤销权的具体情形时,我们应当综合考虑诚实信用原则以及善良风俗,在注重保护父母权益的同时,也要严格保护相对方的合法权益,确保权利的正常行使。如将该撤销赠与权限制在相对方有《中华人民共和国婚姻法》规定的第四十六条等因过错导致离婚与以及闪婚闪离等情形,并结合个案综合考虑赠与对出资父母的影响大小等。

综上所述,即使是司法解释也难以包罗万象,囊括现实中隐含各种情感的行为,这就需要司法在已有的法律框架下,抽丝剥茧,探究行为背后的真实意思表示,从而正确认定其涉及的法律关系。谨希望父母出资购房不再因不同的裁判理念而承担巨大的家庭资产风险,也希望婚姻更多回归其情感本质。

参考文献

[1]高玉凤.父母出资为子女购房未明确约定属赠与双方[J].新疆人大,2010(04).

[2]杜冰鑫.婚后父母出资所购房产归属浅析[J].法制博览,2018(04).

[3]刘俊海,伊红强.《婚姻法解释(三)》体现若干制度创新[N].人民法院报,2011-08-19(02).

"枫桥经验"与基层平安建设
创新实践研究
——以温州创新"平安妈妈"志愿服务模式为例

黄　慧　方黎明　刘圆圆[*]

摘　要："枫桥经验"的先进理念和成功做法,是探索与构建平安建设工作机制的可供借鉴的一条有效、必要的途径,创新"枫桥经验",对于平安建设工作有着重要意义。该文以温州市妇联系统创新"平安妈妈"志愿服务模式、助力化解基层矛盾纠纷和推动基层社会平安稳定的实践为例,就"枫桥经验"与基层群众治理创新实践之间的关系问题做一粗略的探讨,并提出基层社会治理的若干建议。

关键词："枫桥经验";平安建设;志愿服务;"平安妈妈"

党的十九大把建设平安中国、加强和创新社会治理上升为基本方略,并就打造共建、共治、共享的社会治理格局做出了全面部署。妇联作为各族各界妇女的群众组织,是党开展妇女群众工作的主要渠道和重要帮手,也是国家政权的重要社会支柱,处于政治性和群众性合理结合的有利位置。在创建"平安中国"的过程中,各级妇联有着天然的政治、组织和人才优势。

"枫桥经验"是中国特色社会主义制度下,探索基层社会矛盾化解和社会治安综合治理模式并取得成功的一面旗帜,是"平安浙江"建设可资借鉴

---

* 黄慧,原温州市妇联主席、党组书记,现任平阳县委副书记、县长,研究方向为妇女儿童发展。方黎明,温州市妇联副主席、党组成员,研究方向为妇女儿童发展。刘圆圆,温州市反家暴中心副部长,社会工作师,研究方向为妇女儿童发展。

的重要实践样板。作为枫桥经验的发源地,近10年来,浙江省致力于"平安浙江"建设,在继承和发扬枫桥经验的基础上,在服务群众、化解矛盾纠纷、社会组织培育等方面取得了诸多成就。进一步总结、推广和创新"枫桥经验",强化基层基础工作,是探索与构建平安建设工作机制的一条有效、必要的途径。积极调动和激发妇女群众参与基层平安建设,创新"枫桥经验",打造温州"平安妈妈"志愿服务模式,是温州市妇联近年来为有效助力基层矛盾纠纷化解和创造基层社会平安稳定局面而始终坚持的重要工作方向。

一、平安建设与"枫桥经验"的传承关系

1964年1月14日,中共中央发出指示,把"枫桥经验"推向全国。由此,"枫桥经验"成为全国政法工作的成功典型。经过演变,"枫桥经验"已经形成一套比较成熟的工作机制。20世纪80年代和90年代,"枫桥经验"有了进一步的创新和发展。枫桥率先提出了"社会治安综合治理"的口号,坚持依靠群众,发动群众,将大量矛盾纠纷化解在基层,做到一般性的治安问题就地解决,实现了"小事不出村,大事不出镇,矛盾不上交",极大促进了基层的平安和谐。

21世纪初期,我国处于发展的重要战略机遇期,同时又处于社会矛盾凸显期。在社会发展模式转换、体制深层次改革和对外开放加速转型的情况下,我国社会管理难度和存在风险不断加大,社会管理领域的问题层出不穷。作为经济相对发达的东部省份和市场经济的先发地区,相较于其他省份,浙江更早地遇到一些新的矛盾和问题。2004年5月11日,浙江省委十一届六次全会做出了关于建设"平安浙江"、促进社会和谐稳定的决定。时任浙江省委书记习近平指出,要坚持和发展"枫桥经验",以人为本,着眼于人的全面发展,关爱生命、关心健康、关注安全,扎实推进平安浙江建设,积极为群众创造平等发展、安居乐业、和谐稳定的社会环境,真正让改革发展的成果惠及最广大人民群众。

在实际工作中,平安建设工作主要突出六个方面:一是始终保持高压态势,严厉打击各类犯罪活动;二是强化基层基础工作,努力化解人民内部矛

盾；三是切实采取有力举措，保持经济持续快速协调健康发展；四是建立健全各种应急机制，全力维护社会公共安全；五是大力推进民主法制建设，切实维护人民根本利益；六是注重精神文明建设，不断提高全民素质。

比较两者可以发现，平安建设工作与"枫桥经验"有着千丝万缕的联系。浙江党委和政府始终把依靠群众、发动群众作为推动经济发展、社会进步的主要力量和根本保证，也赢得了最广大人民群众的拥护支持，实现了从治安到平安、从"枫桥经验"到"平安浙江"的历史飞跃。

党的十九大的召开，标志着中国特色社会主义进入新时代，面对全省人民的新期待，面对群众对民主、法治、公平、正义、安全、环境等方面的新需求，浙江又做出了庄严承诺：坚持发展新时代"枫桥经验"、打造"平安中国"示范区，努力创造安全的政治环境、稳定的社会环境、公正的法治环境、优质的服务环境，不断增强全省人民群众的获得感幸福感安全感。"平安浙江"战略的提出和实施始终坚持发展与稳定并重、富民与安民共进，是浙江"干在实处、走在前列、勇立潮头"的重要保障。

二、温州平安建设的现状和"平安三率"的性别分析

温州作为改革开放的前沿阵地，是人口密集型同时又是人口大进大出的城市，社情、社会成分复杂，社会矛盾多发，平安建设工作任务非常繁重。

自全省建设"平安浙江"以来，"平安三率"即平安建设满意率、知晓率和参与率一直是衡量一个地区平安与否的重要指标。近年来，温州市委、市政府高度重视平安建设，工作措施和力度、强度逐年强化，全市社会治安、安全生产、食药安全、生态安全等客观安全环境持续改善，但受主观评判影响的"平安三率"相对偏低，已成为掣肘温州市较高水平平安建设的"绊脚石"和"拦路虎"。

2016年5月，温州市平安办联合市统计局、浙江安防职业技术学院，针对全市11个县（市、区）、两个省级产业集聚区的52个镇街进行了"平安三率"调查。调查走访了2880个群众，其中回收有效调查问卷2869份。调查结果显示：群众平安建设满意率、知晓率和参与率分别为88.56%、52.95%和

29.21%,知晓率和参与率不够高,尤其是参与率处于较低水平。

从表1的"平安三率"的性别比较上看,男性对平安建设满意率、知晓率和参与率均高于女性。从调查得知,相对男性而言,由于容易成为犯罪侵害的对象,女性对风险较敏感;同时,由于女性更多地承担家庭和抚育子女的责任,她们对社会、工作环境和家庭生活中安全问题更为关注,对社会治安、生产安全和食品药品安全等问题的要求更高。在平安建设知晓率和参与率方面,在被调查者中女性略低于男性,但差异并不显著。

表1 "平安三率"的性别比较(%)

性别	满意率	知晓率	参与率
男	90.90%	53.86%	30.19%
女	86.33%	52.07%	28.28%

从表2可以看出,当个体遇到违法犯罪侵害、遭受食品药品和安全生产问题时,其安全感评价非常低。

表2 个体及家庭受侵害情况对安全评价(满意率)的影响

问题	受侵害比例	安全评价(包括不太安全、不安全)
2016年以来,您或您的家人是否遭受过抢劫、抢夺、盗窃等违法犯罪侵害	24.12%	10.67%
2016年以来,您或您的家人是否遭遇过假冒伪劣产品等食品药品问题	16.24%	14.12%
2016年以来,您或您的家人是否遭受过火灾事故、交通事故等安全问题	10.11%	9.77%

近年的调查数据显示,参加过诸如义务治安巡逻、邻里纠纷调解、法制宣传教育等平安建设活动的被调查者的比例(平安建设参与率)有所上升,人们的安全感、对安全问题的知晓率也随之上升(见表3①)。

----

① 表3中数据来源为2018年浙江省统计局对温州"平安三率"的调查数据。

表3　近年平安建设参与率、知晓率与安全评价

年度	参与率	知晓率	安全评价
2015年	48.30%	84.50%	95.16%
2016年	50.90%	86.00%	95.44%
2017年	55.03%	86.36%	96.47%

由表4数据可见,村庄、城乡接合部群众平安建设参与率相对较低,越是到基层,平安建设参与率越低。

表4　不同区域的"平安三率"

地点	满意率	知晓率	参与率
车站(码头)	87.40%	53.31%	35.95%
商场(市场)	85.81%	52.61%	28.82%
繁华街区	87.37%	52.28%	27.81%
社区	92.11%	56.80%	32.93%
村庄	91.57%	48.97%	21.99%
工业区	88.35%	45.45%	28.10%
学校周边	90.76%	58.74%	37.22%
城乡接合部	89.00%	54.87%	26.15%

综上可知,温州市女性平安建设满意率、参与率、知晓率均低于男性;个人遭遇直接影响个体的安全感评价;参加过平安建设各项活动的群体安全感评价高于未参加的群体;村庄、城郊等基层地区平安建设参与率较低。可见,强化基层的工作基础,借鉴枫桥经验"发动和依靠群众,坚持矛盾不上交,就地解决"的理念和做法,发动基层群众,特别是妇女群众参与平安建设成为深化平安建设的重要内容,这将在很大程度上推进基层"平安建设"的开展,有效促进社会平安和谐稳定。

三、构建"平安妈妈"志愿服务模式的探索和实践

党的十九大报告指出：推动社会治理重心向基层下移，发挥社会组织作用，实现政府治理和社会调节、居民自治良性互动。妇联是党领导下的人民团体，是党和政府联系广大妇女群众的桥梁和纽带，具有鲜明的政治属性和广泛的社会属性，在发动群众、依靠群众、服务群众方面有天然优势，应当在创新社会治理特别是维护基层平安稳定进程中化组织优势为治理优势，促进妇女工作社会化转型，担当党和政府联系女性社会组织和广大妇女参与社会治理的桥梁和纽带。

要更好地发动基层妇女参与平安建设，推动平安志愿服务常态化、具体化、生活化，全面提高基层妇女群众对平安建设工作的参与度，营造全社会参与平安建设的浓厚氛围。近年来，温州市各级妇联围绕城乡基层社会治理创新"枫桥经验"，发挥妇联组织优势，对接需求，强化引领，致力打造"平安妈妈"志愿服务品牌，以矛盾纠纷化解、法治宣传教育、提供平安服务、关爱特殊群体等为重点，在全市范围内大力开展"平安妈妈"志愿服务系列活动，不断推动"平安家庭"创建活动规模化、常态化、生活化，有效促进基层平安建设，让"平安妈妈"志愿服务遍布瓯越大地。

（一）全面部署发动，建立"平安妈妈"服务网络

由市妇联、市委平安办牵头下发文件，各地根据部署，层层动员、广泛宣传，通过社会招募、组织推荐、群众自荐等形式，组建符合本地特色并覆盖市、县、乡、村四级网络的"平安妈妈"志愿服务队伍。如市妇联积极招募女律师、心理咨询师等专业人才，组建"平安妈妈"维权志愿者队伍，组织开展百场家庭平安讲座下基层活动；瓯海区妇联招募全区热心平安公益事业的律师、妇联干部、社区工作者等280余名女性志愿者成立"平安妈妈"志愿服务团，作为区平安宣传员、信息员和调解员开展志愿服务活动；乐清市妇联发出《关于在全市范围内组建"平安妈妈"志愿者队伍的通知》，要求一村一队伍，截至2019年全市911个村均建立了平安妈妈志愿者队伍，达1万余人；

苍南县举办"平安妈妈"志愿服务团成立仪式,全县350名"平安妈妈"代表参加并接受"平安家庭"创建专题培训,县级成立"平安妈妈"志愿服务团,全县19个乡镇各自成立"平安妈妈"志愿服务总队,858个村居成立"平安妈妈"志愿服务分队,为"平安家庭"创建提供了有力的队伍保障。据统计,目前温州市共有"平安妈妈"志愿者队伍2065支,队员3.5万余人。

(二)打造队伍文化,提升志愿服务品牌特色

各地提炼融合本地人文特色和志愿者精神,大力营造"平安妈妈"志愿者队伍品牌文化,以此带动"平安妈妈"服务水平提升。如瓯海区倾力打造校园"平安妈妈"志愿服务品牌,构建妇联、学校与家庭的平安建设协作桥梁,以校园为中心,合力开展平安劝导、平安提醒、平安宣传等志愿服务;洞头区整合原有"海霞妈妈""好厝边"等巾帼志愿者队伍,成立"平安妈妈"监督团、"平安妈妈"宣讲团,组织"平安妈妈"志愿者开展巾帼健步走宣传、巾帼许愿墙承诺、广场平安宣传等活动;永嘉县在瓯窑小镇建立了涵盖龙下、龙头、罗溪等12个村的瓯窑小镇"平安妈妈"联盟,依托瓯窑深厚文化底蕴,将红薪工坊和林秀阁作为平安妈妈联盟的"红妆"思想阵地,经常开展"平安妈妈"巡逻、"平安妈妈"禁毒宣传、"平安妈妈家风"行动等活动,打响"平安妈妈"联盟品牌;文成县围绕服务城市精细化管理任务,通过平安禁毒宣教、小城镇环境综合整治、美丽庭院建设等服务,打造"平安妈妈禁毒联盟""鹤城大姐"等志愿服务品牌;苍南县专门设计制作"平安妈妈"入户宣传包,内有"平安家庭"创建工作手册、《中华人民共和国反家庭暴力法》和《中华人民共和国妇女权益保障法》宣传折页、宣传笔、记录本、手机支架等,让"平安妈妈"随时了解掌握"平安家庭"创建的相关知识,便于"平安妈妈"入户宣传。各地还专门设计富有本地特色的队伍标识,制作队旗、贴纸、帽子和志愿者马甲,每次活动均统一着装,让"平安妈妈"忙碌的身影成为这个城市一道美丽而温暖的风景。

(三)坚持先进引领,激励"平安妈妈"干劲更足

市妇联联合市平安办部署在全市范围内开展"最美平安妈妈"寻找活动,并连续两年在"平安禁毒宣传月"期间举行"最美平安妈妈"寻找活动启

动仪式。各级妇联相继开展"最美平安妈妈"寻找活动,在全市迅速掀起了寻找"最美平安妈妈"、创建平安家庭的热潮。通过寻找活动深入挖掘培育不同层次、不同类型的"平安妈妈"志愿者,并以典型示范助推社会风气形成,激发广大平安家庭创建志愿者干劲,吸引一大批热心女性投身到平安家庭创建志愿服务活动中去。她们中有热心善良的退休老人,有尽职尽责的基层干部,有伸张正义的法律工作者,有为民发声的党代表,有平凡朴素的家庭妇女,还有叱咤商场的创业者。如"最美平安妈妈"——十九大党代表宋玲华,她积极投身公益事业,帮扶弱势群体、化解社会矛盾、资助贫困学生,积极将党的十九大精神解读带入宗教场所、看守所、部队等,以共产党人的责任担当展现出"平安妈妈"的"最美"风采。

(四)创新活动形式,推进志愿服务遍地开花

各级妇联创新工作理念,整合各类资源,丰富活动载体,开展形式多样的服务活动,助力平安温州建设。鹿城区南塘社区"平安妈妈"志愿者队伍对学校、寄递业、沿街店铺、餐饮业、小诊所、加油站、车棚、群租房等重点场所进行滚动式安全隐患"找茬行动",并向居民发放了"致全体市民的一封信"、平安宣传手册等,提高居民对平安建设工作的知晓率和参与率;龙湾区发动全区"平安妈妈"志愿者力量,组建3个大组,下设17个小组,分别赴全区3个街道48个村,对1199户D级危房进行巡排查工作,助力全区危房督查;瑞安市组织"平安妈妈"开展"幸福家庭与法同行"志愿者律师普法宣讲、"平安筑家园"守护留守儿童安全过暑假等活动;龙湾区、平阳县有效整合资源,借助与法院建立家事案件"三大员"(家事调查员、家事观护员、家事调解员)之机,通过妇联和基层组织推荐,法院选任,将符合条件的"平安妈妈"充实到"三大员"队伍中,壮大家事纠纷化解队伍,促进家事审判方式改革创新;泰顺县"平安妈妈"志愿者开展巾帼助力"美丽庭院"建设、环境卫生整治志愿服务、健康教育知识入户宣传、帮扶困境党员等活动。2017年以来,"平安妈妈"平安志愿者队伍累计开展各类平安宣传活动8000余次,入户宣传6000余次,服务人数共计210万人次,有力推动了温州市群众对平安建设满意率、知晓率和参与率的大幅提升。温州市委平安办数据统计显示,2017年温州"平安三率"中群众满意率为94.75%、知晓率为81.78%、参与率为

49.09%,分别相较于2016年的88.56%、52.95%和29.21%有了显著提升,各县(市、区)整体进步明显,市本级2017年平安浙江考核排名全省第二。

四、进一步推进"平安妈妈"志愿服务工作的思考

温州市构建"平安妈妈"志愿服务网络,切实服务基层平安建设,有效化解社会矛盾,取得了较大成效,但是"平安妈妈"志愿队伍在服务内容拓展、工作模式创新、工作深度挖掘等方面还存在不断完善和探索研究的空间。结合温州市基层平安维稳工作的现状,建议在以下几个方面做进一步探索和完善。

(一)突出重点,紧抓中心工作

围绕党委、政府的中心工作、重要节点,开展"平安妈妈"志愿服务。2018年基层重点要抓好扫黑除恶专项斗争,可针对性开展相关的平安入户宣传等志愿服务,维护治安安全;围绕基层矛盾纠纷化解开展平安志愿服务,将矛盾化解在萌芽状态,构建和谐稳定的基层环境。

(二)因地制宜,抓好特色服务

巩固提升基层培育树立的巾帼助力"美丽庭院"、家事案件"三大员"、"平安妈妈"大播台、校园"平安妈妈"等服务品牌,广泛宣传"最美平安妈妈"先进典型,充分发挥品牌示范引领作用,推进志愿服务深入开展。

(三)注重创新,强化联动融合

结合社区网格化管理布局,加强社区、村居、沿街商业店铺等的"平安妈妈"巡逻队伍建设,组织动员广大"平安妈妈"志愿者主动把平安志愿服务融入社会治理网格化管理,在各级各类网格管理中发挥骨干作用。积极融合地区优质资源,拓宽服务渠道,丰富服务内容,打造共建共治共享的社会治理格局。

（四）加强宣传，彰显品牌效应

抓好群众性宣传教育，充分利用社区小屏幕、小专栏、小广播、小区报等宣传阵地，组织"平安妈妈"志愿者讲平安、服务平安等活动；抓好社会层面宣传教育，充分利用新闻媒体主阵地，宣传"平安妈妈"志愿服务好人好事、好典型、好经验，不断提高"平安妈妈"志愿服务品牌美誉度；抓好集中宣传教育，充分利用每年定期开展的"三八维权周""反家庭暴力周""平安禁毒宣传月"等宣传教育活动节点，组织"平安妈妈"志愿者开展法律宣传、预防犯罪、远离毒品、反对邪教、维护国家安全等内容的宣传教育活动，营造平安法治创建的浓厚氛围。

（五）规范管理，夯实组织根基

抓住基层妇联组织改革契机，进一步规范"平安妈妈"志愿者队伍管理，建立健全各级队伍，不断扩大组织、壮大队伍，提高服务成效；加强"平安妈妈"志愿服务工作的平台资料管理；加强平安志愿服务工作支持保障，采用多种形式开展公益反哺活动，定期开展"最美平安妈妈"寻找活动，调动广大"平安妈妈"志愿者积极性，为开展服务创造良好环境。

"家"中的"外人"

——对保姆*职业认同的探析

林　红　　胡今阳　　王翊君**

摘　要:随着城市化步伐的加快,许多农村女性劳动力被吸收到都市家政服务的队伍中,保姆人数已占进城务工总人数的30%—40%。但她们对都市家庭乃至城市的贡献并未得到客观的评价,社会整体上对保姆职业的认同度较低。该文运用人类学的参与观察及非结构式访谈的研究方法,从保姆自身、雇主和家庭等方面,剖析我国保姆职业认同的状况,进而提出了相应的建议。

关键词:保姆群体;职业认同;污名化;现代雇佣关系

由于城乡二元结构的存在,体力劳动和脑力劳动的分工所体现的阶层关系,在保姆和雇主之间的冲突中日益凸显,加之媒体对保姆事件(大多数是负面报道)的聚焦与放大,整个保姆群体被标签化甚至污名化。从原有的低端劳力服务、底层下人的身份标签,到现在被冠以"行恶、背叛、犯罪"等污名,标签化和污名化严重伤害了保姆群体的主体性与能动性。保姆属于边缘群体,与其他边缘群体一样,缺少发声的机会和平台,大多数时候处于失语的状态,被大众话语裹挟。她们所能做的往往就是消极对抗,极端情况下

---

* 虽然这一名称本身带有污名化的嫌疑(不少当事人不愿被人如此称呼),但为了延续社会"惯习"和行文方便,该文权且沿用"保姆"这一称呼。

** 林红,厦门大学人类学系副教授,研究方向为女性人类学。胡今阳,厦门大学人类学系本科生。王翊君,厦门大学人类学系本科生。

甚至演变出一系列恶性事件。犹如《弱者的武器》中揭示的那样：马来西亚农民用偷懒、装糊涂、开小差、假装顺从、偷盗、装傻卖呆、诽谤、纵火、暗中破坏等一系列"低姿态的反抗技术"进行"自卫性的消耗战"，以对抗"无法抗拒的不平等"[1]54。

那么，保姆们缘何消极对抗？个中原因很多，但最关键性的原因是来自社会的鄙视与偏见，乃至污名化，这极大地影响了保姆职业认同，不利于家政服务品质的提高。因此，亟须探寻问题的解决路径，以提高保姆的职业认同，改善家政服务品质，促进社会和谐。

一、研究缘起

学界关于保姆群体的研究主要集中在经济学、社会学和人类学领域。主流经济学主要从供求关系、雇佣劳资关系等理论出发，解释家政服务市场问题，以及现代化背景下新型家政公司的运营逻辑，但由于缺失社会性别视角，无法建立一个赋予女性平等经济地位的理论范式。许婕用女性主义经济学试图填补这一理论空缺，引入了性别、阶级等分析视角，强调家务劳动中投入的情感与道德的价值，提出解决"保姆荒"的对策——构建"不把市场价值作为衡量价值的唯一标准，而把情感、道德、生态等非经济因素纳入"政策主流"的"中国特色社会主义的经济模式"，并认为"当家务劳动不再被视为低人一等，对非经济因素的尊重使家务劳动者成为备受尊重的人群；当家务不再被看作女性的天职而成为男女竞相争取的责任甚至权利时，家务劳动的社会化才能真正成为现实"[2]。许婕已经意识到对保姆的歧视与不尊重阻碍了家务劳动社会化与家政服务职业化的发展，但未能提出如何才能让"家务劳动不再被视为低人一等"的具体对策，因此"使家务劳动者成为备受尊重的人群"最终也只能成为一句空话。

社会学领域则主要从全球化、社会不平等、情感商品化及城市生活适应等视角对保姆职业进行探讨，进而提出相应的政策建议。[3]Parrenas从国家、家庭、劳动力市场和移民社区诸层面研究菲律宾家政工共同的"错位"经历，即家庭分离、阶级地位错位、被社会主流排斥和对移民社区归属感的缺乏；蓝佩嘉教授关注了国际迁移对东南亚帮佣家庭造成的破坏[4]112。这些研究多从客位的立场展开描述，偏重于社会宏观结构自上而下的对策分析，缺乏从主位立场对多元个体的跟踪描述。

相比之下，人类学领域的学者更多地从主位的立场出发，关注保姆群体的身份认同与角色适应等状况。周大鸣等于2002年3月至2005年10月对东南沿海地区的保姆进行问卷调查和深度访谈，在此基础上对保姆群体特征进行了实证分析。尽管距今已有十多年，保姆群体特征发生了很大变化，但保姆与雇主的关系特点几乎没变，依旧像周建新等人指出的那样："如果雇主比较宽厚友善，有意淡化雇佣与被雇佣的劳资关系而强调一种'类家庭成员关系'，比如对保姆态度温和，让保姆与雇主家庭成员一起用餐，为保姆提供较好的物质待遇，那么劳资关系就比较良好，保姆会觉得被尊重。作为回报，她也会对雇主的家庭产生某种程度的忠诚，更加尽心尽力地为雇主服务。反之，如果雇主仅仅把保姆看作一个花钱雇来的服务者，认为保姆地位低下，对保姆态度粗暴或严厉苛刻，拒绝与保姆一同用餐，更有甚者，对保姆猜忌怀疑，家里一旦失窃首先就把保姆作为怀疑对象，侮辱保姆的人格尊严。这样的雇主是不可能与保姆维持良好的合作关系的"[5]。"淡化雇佣与被雇佣的劳资关系"的倾向反映出我国保姆职业的社会化、现代化程度还较低，但对构建良好的雇佣关系之意义给予充分的肯定与中肯的评价，揭示出人际间尊重与被尊重的积极作用。当然，该研究未涉及对现代性雇佣关系的论述，忽略对保姆身份认同及其职业认同的深入探究。

职业认同的概念是20世纪末由国外引进的一个心理学概念，由自我认同（自我同一性）发展而来。[6]职业认同研究则是我国近年来取得许多本土化研究成果的重要研究领域，但仍然存在诸多不足及偏颇，主要表现在研究对象囿于教师、护士和在校的大中专学生等群体，对那些学历层次较低、技术水平要求不高的边缘职业群体，仅见于丁百仁对环卫工人职业认同的研究[7]。

根据已有的相关研究，我们基本上可以把握保姆群体的几个主要特征：首先，在性别方面存在聚集效应，从业人员基本为女性；其次，虽然保姆群体规模十分庞大，社会对这一职业的需求也十分迫切，但这一群体往往被社会所忽视甚至歧视，不得不忍受一些不公正；再次，作为被雇佣的家务劳动工作自封建时代就已存在，发展演变至今已成为一个专门的职业，故这一职业有着相当长的时间跨度。然而,与传统的家佣相比,这一群体又极具流动性,作为一个"女性劳动者中转站",保姆行业在持续吸收着农村女性,并将她们送向城市,而在个体方面,保姆工作具有不确定性,雇主具有决定保姆去留的绝对权力,她们的工作随时有可能"被"中断;最后,虽然保姆与雇主有相当多时间处于同一生活空间,但是双方的心理距离却并不如空间距离一般近,她们的情感劳动在雇主的家庭空间中会面临很多私人规则的压抑。总而言之,保姆这一边缘群体所面临的社会压力对其职业认同产生的影响及其负面作用是不容低估的。基于此认识,我们对保姆人群进行了田野调查。由于时间有限及研究对象的相对隐私性,在我们联系的厦门地区的保姆中,只有5位成为我们的关键报道人。该文在个案访谈基础上,分别从保姆自身、雇主、家庭和社会等方面,对保姆职业认同的状况进行分析,虽不能囊括或代表保姆群体的一切,但从中可以发现一些问题。

二、保姆职业认同的现状及影响因素分析

职业认同是从业者对该职业的情感体验,对个体心理和行为产生重要影响;职业认同取决于职业构成(如声誉、工资、信赖、工作环境等)的匹配状况,如果匹配良好,职业认同水平会比较高,工作的积极性主动性也高,反之,则比较低。前述周大鸣等学者对保姆与雇主关系的分析亦表明了这一常识性规律。那么,什么是职业?保姆工作能不能算一种职业?如果是,那必然逃不开职业认同问题。

对于职业,中外不同领域的专家、学者有不同的解释。经济学科领域通常将"劳动"或"工作""职业""业务"等概念合在一起使用;在社会学领域,职业是一种社会分工、社会角色以及获得利益的一种活动。[7]笔者赞同董显辉在《职业及其对职业教育课程的规定性》中对职业构成要素的描述:"其一,职业是个人为了谋生而服务社会的工作或劳动;其二,职业是个体连续和稳定的社会分工;其三,职业是需专业知识、技能的活动;其四,职业是国家认可的社会活动;其五,职业是有一定的从业人员数的。"[8]23简言之,职业是以谋生为基本目的、基于市场交换驱动的分工基础上个体连续从事的国家认

可的社会生产或服务性劳动。如今的保姆不同于旧时代的佣工、家仆,也不同于改革开放前的保姆,她们在都市化发展及社会分工细化的时代背景下,成为规模不小的家政服务业从业者。从广义上说,保姆职业基本符合上述构成要素,可说是现代都市化社会中的一种"社会分工",是具有一定规模和分工职责及专门性技术(尽管科技含量不高,但有自己的规律、技巧)的职业。

凡是职业就存在职业认同问题。如前所言,职业认同是从业者对该职业的情感体验,它对个体心理和行为产生重要影响,而影响职业认同的因素有声誉、工资、信赖、工作环境等。笔者认为,保姆职业认同在更大程度上取决于声誉、工资及信赖等因素,保姆通过自身实践对该职业获得情感体验;此外,来自家庭、雇主及社会的评价对其职业认同的确立亦极为重要。作为一种社会(职业)群体,保姆群体对职业的认同遵循着社会认同的基本规律,但又有其自身的特点。我们结合个案访谈,分别从保姆自身、雇主、家人、大众等方面分析保姆职业认同的状况。

(一)保姆自身的职业认同

在访谈中,我们发现,报道人对自我身份的定位与认同较为负面。她们无一是主动选择保姆行业的,均认为自身文化程度低,只能做保姆这种低门槛的工作。如报道人桂兰(女),45岁,已婚,来自泉州,文盲,为全职住家保姆。"之前被工厂辞了,没文化也不知道还能做什么,刚好我亲戚找人带孩子,(我)就来了。"从访谈来看,她对保姆职业没有清晰的认识,并未视家政服务为专业而依旧视为传统的家务劳动,看不起自己从事的保姆工作。又如报道人小玲(女),20岁,未婚,来自甘肃,中专文化程度,为兼职不住家的保姆,月薪3000元。她对调查者表示:"刚做工的时候不敢跟父母朋友联系,觉得自己现在的工作很丢人,只是个伺候人的。"显然,她不认同保姆职业,仍然存在旧时代的观念——丢人现眼的"伺候人"的工作,自认为地位低下,不敢让家人朋友知道。保姆自身对所做工作的性质意义认识不足,职业认同不到位,必然影响其工作积极性及工作品质。此外,影响保姆职业认同的外在因素主要来自雇主、家庭、公众舆论等方面。

（二）雇主对保姆职业认同的影响

尽管如今保姆已经职业化，但有些雇主家庭受封建"家奴式"思想的影响，认为保姆是他们花钱雇来的下人，可以随时任意支配、全天候侍候主人。如报道人美莲（女），42岁，已婚，来自三明，文盲，为全职住家保姆，月薪5000元。她透露道："别看我一个月五千挺多的，但每天得做三顿饭，他们家三个孩子的衣服还都要手洗，反正全家大大小小的活都要我干，一刻也别想休息，好不容易闲下来想歇会儿，他们就不给我好脸色看。"美莲雇主家10岁的女孩（小学四年级）跟我们说："每次我写完作业她都不帮我收拾桌子，而且天天没事干就在那看电视，简直懒死了！"连10岁的孩子都认为保姆必须随时随地干活，不得闲着，不能看电视，而应时时刻刻服务。可见，雇主方仍习惯地视花钱雇来的保姆是仆人，而不是提供家务服务者，他们之间的关系是主仆关系而不是购买服务与提供服务的关系，因此，保姆应该全天候侍候主人，不该有私人时间。更有甚者，雇主对保姆有先入为主的猜疑。来自江西的25岁的张姐（未婚，小学文化程度）为全职不住家保姆，她告诉我们："这家的上个保姆因为偷了孩子的表被辞了，所以他们现在好像防贼一样防我，每次出门都会把房间上锁，但我又没自己的隐私，所以这心里就不太舒服。"雇主对保姆的戒备和不信任，甚至不给她们私人空间，给受雇者心理投下阴影。带着"不舒服"的情绪提供服务，其服务品质是可想而知的。

（三）家人对保姆职业认同的影响

家庭是每个人内心最亲近的地方，也是个体最为珍视的精神支柱。因此，获得家庭成员的情感支持是个体能持续工作的动力和保障。然而，我们在访谈中发现，保姆的家人对从事这一职业颇有微词。报道人秀敏（离异）现年已71岁，中学文化程度，从泉州来厦门做全职住家保姆，她不无悲伤地诉苦道："我妹跟我吵架的时候说，她最起码有男人养着，不像我还要去给人做奴才。"妹妹对保姆职业的偏见及如此侮辱，使她有家不敢回。报道人小玲将自己的工作告知家人和朋友后，处境也相当难堪："父母反对我做保姆""同学朋友不理我"。亲密的家人和朋友没有摆脱对保姆的固有偏见，看不起保姆，甚至觉得让男人养着也比靠自己做保姆养活自己地位还要高。

（四）社会对保姆职业认同的影响

在保姆需求如此之大的现代中国都市，社会对保姆的职业认同度却依然很低。偏见、误解、污名乃至侮辱随处可见。

一是媒体宣传。这是使保姆进入公众视野的巨大推手。媒体往往建构出保姆群体的低素质弱能力形象，放大个别失范行为，将"弱"与"恶"相联系，造成社会对保姆普遍的不信任感。网络搜索"保姆"等相关字眼显示的内容几乎都与行业失范现象有关，鲜有对这一群体的正面报道。如澎湃新闻官方微博的一则推送消息《虐童事件让你谈"姆"色变，六招教你远离"狼保姆"》，又如《环球时报》一则新闻《令人发指！监控曝光八月大婴儿遭保姆兽行》。凡此种种，通过夸张的宣传引导社会舆论，塑造并强化了保姆群体的负面形象。

二是大众的固有偏见。如今社会中"男尊女卑"思想和视保姆为"仆人"的观念仍然存在，保姆被视为"女人中的女人"，地位更加卑下。一旦出现个别保姆失范现象，人们对保姆既有的成见及不信任就更是一边倒了。女生何某："对保姆不再信任了，以后找阿姨要更慎重！"女生梁某也说："没想到她们会做出这种事，很害怕，很心寒。"大众对保姆的偏见和不信任无疑只会加强他们对保姆职业的不认同，进而影响保姆群体的职业认同感。

当然，专业化程度不高也是影响保姆职业认同的重要因素之一。家政服务公司往往将自己定位为家务服务购买方和提供方之间的中介机构，而没有履行专业公司的职责，如上岗培训、人员管理、劳动保护等。报道人美莲表示："公司只负责帮我找人家，找到以后就没什么联系了，至于劳动保护那些，我们没文化也不懂。"同时，家政服务公司也没有进行职业认同的教育，让准备上岗从事保姆工作的人员明白自己到雇主家当保姆是提供家务服务而不是当仆人，与雇主的关系是提供服务与购买服务的关系而不是主仆的关系。由于对所从事的工作（职业）定位不明，保姆们只能凭良心做事，无法根据合约（合同）提供应有的服务，家政服务业一直未能形成产业化的成熟市场，依旧处于"次属劳动力市场"的底端。

三、提高保姆职业认同的实践路径

保姆职业认同与保姆被污名化之间有直接关联,我国保姆职业认同度低是长期污名化的结果。长期以来社会对保姆职业存在的偏见使保姆对自身职业地位的认识负面,甚至不认同。为此,保姆们的心理极为敏感脆弱,不但不敢积极争取和保护自身应有的权益,而且有时会自卑自贱。她们自身对保姆身份的否定与抵触情绪只能加剧社会对该职业认同的弱化,加上家人和大众在既有偏见中不断建构的不利语境,使其丧失自尊,成为思维定式及舆论霸权的牺牲品。不断强化的污名化,使保姆群体难以确立应有的职业认同。

保姆对自己所从事职业的认同度低和保姆群体不断被污名化,加剧了社会对保姆的信任危机,使大众对保姆问题的看法容易产生偏差,保姆群体愈加受到打压。由此产生的负面情绪极易集结乃至引发保姆对雇主和社会的报复,演变出一系列恶性事件。如前所述,詹姆斯·C. 斯科特在《弱者的武器》中谈到马来西亚农民"对抗无法抗拒的不平等"的办法即偷懒、装糊涂、开小差、假装顺从、偷盗、装傻卖呆、诽谤、纵火、暗中破坏等,从中揭示农民与榨取他们血汗者之间持续不断斗争的社会学根源。斯科特指出,农民用"低姿态的反抗技术"进行自卫性的消耗战,以对抗社会不公。[1]54可想而知,在遭受白眼和不信任等巨大压力面前,社会支持度低且孤立无援的保姆们,不是消极应对就是离职不干。她们对付雇主和社会的不信任或污名化的方式往往是这样。报道人秀敏回忆说:"之前做工的小区有个雇主挑刺儿把保姆给辞了,后来这保姆的相好就带人来把业主家门给砸了。"如此以恶报恶、恶恶相交的现象难道不该引发我们深思吗?

周建新等人的《保姆的群体特征研究》中提到了周女士[5]。周女士从事的工作主要是照顾儿童、老人或做饭、打扫卫生等家务,没有与雇主签订劳务合同,但雇主经常会留她一起吃晚饭。她认为这样的雇主难找,就是雇主少给酬劳她都愿意为雇主当保姆。很显然,给人一点温暖,相信他人、尊重他人会有利于双方。报道人美莲就提到,之前在老家和做了8年的雇主关系十分亲密,雇主将她当家人一般看待,不仅为她安排探亲的假期,逢年过节还会送她大红包,时刻体恤她的工作感受。她说:"她对我好,我便对她更好,对她比对自己的亲人还好。"可见,从雇主一方来看,尊重他人就是尊重自己。社会和谐需要良好的人际关系,超越阶层壁垒的平等的人际关系,是衡量社会文明程度的重要标志。

对保姆职业的不认同、对保姆的污名化乃至不善对待,只能促使当事人负面情绪的增长甚至报复事件的发生,造成两败俱伤的结果。这促使我们思考如何抑制"不信任—报复—更加不信任"的恶性循环,促进保姆职业的良性发展,如何纠正对保姆职业的认识偏差。以下是对增强保姆职业认同的几点建议:

1. 保姆自身应提高主观能动性,增强职业认同,正确认识家政服务的价值

职业认同是个人职业生涯的认知和体验,这种认知和体验不但影响着保姆的职业行为,而且影响到她们的城市融入进程。我们认为,先不论当今社会如何看待保姆职业,保姆自身要变被动为主动,从职业价值、职业情感、职业学习和职业态度等方面提升对所从事工作的认知。为此,家政公司应对保姆进行上岗培训,并不断完善家政职业教育与培训体系。除了通过培训让保姆掌握家政服务的基本知识及技能外,应重视对保姆职业价值的认同教育,让保姆明确知道自己与雇主的关系是提供服务与购买服务的现代性雇佣关系,而不是昔日社会的主仆式封建雇佣关系,要引导保姆变被动劳动为主动劳动,在实践中不断提升其职业认同,以消解污名化。

2. 雇主应端正对保姆工作性质的认识

由于保姆职业的特殊性,她们的工作全部需要在雇主家庭中完成,对于很多住家型保姆而言,她们的工作场所和生活场所在雇主的私人空间中产生了重叠,使得保姆时刻处于异质的家庭文化与陌生的家庭规则当中,但这并不意味着雇主可以按照自己的意愿苛刻占用保姆的所有时间和应有空间。雇主应认识到自己付给保姆的月薪,购买的只是保姆按合同规定提供的家政劳动服务,而非保姆人身,也不是她除睡觉等生理时间之外的所有时间。在当代都市社会,雇主和保姆之间是现代雇佣关系而非封建人身依附关系,雇佣双方在人格上是平等的,雇主只能尊重而不能侮辱保姆的人格,

以平等、尊重的态度恰当地肯定保姆的工作、提出合理的要求,用温暖和真挚营造和谐的雇佣关系。

3. 社会全体应提高对保姆及现代雇佣关系的认识

除了进一步健全社会保障体系,使保姆的工作更具稳定性、安全性,让其能够享受公平的福利待遇外,社会还应创造条件营造保姆职业认同的氛围。现代社会只有分工的不同,没有职业地位的高低,这种文明观念必须确确实实地得到践行,才可营造出良性的家政雇佣关系,进而在整个社会构建良性的人际关系互动模式,建设美美与共的和谐社会。

总之,目前我国大众对保姆职业的认识还不够充分,缺少对现代雇佣关系理念的整体把握,容易导致社会关系出现危机。因此,确立良性的现代雇佣关系,营造互相尊重的社会氛围刻不容缓。由于本研究尚缺少长时段的跟踪观察,更深入的研究有待今后进一步展开。

参考文献

[1]詹姆斯·C. 斯科特. 弱者的武器(第二版)[M]. 南京:译林出版社,2011.

[2]许婕. "保姆荒"的女性主义经济学分析[J]. 学术交流,2011(07).

[3]苏熠慧. 控制与抵抗:雇主与家政工在家务劳动过程中的博弈[J]. 社会,2011(06).

[4]蓝佩嘉. 跨国灰姑娘:当东南亚帮佣遇上台湾新富家庭[M]. 台北:行人文化实验室,2008.

[5]周建新,周大鸣. 保姆的群体特征研究[J]. 西南民族大学学报(人文社科版),2007(03).

[6]高艳,乔志宏,宋慧婷. 职业认同研究现状与展望[J]. 北京师范大学学报(社会科学版),2011(04).

[7]丁百仁. 环卫工人职业认同的影响因素分析[J]. 武汉理工大学学报(社会科学版),2014(11).

[8]张洪霖. 职业学教程[M]. 北京:北京工业大学出版社,2007.

家庭公共服务:青年的态度与行为选择

——基于性别分析视角

巨东红[*]

摘　要:家庭公共服务不仅关系到私域的利益问题,也是一个关系到青年的获得感、幸福感、安全感以及整个社会和谐稳定的重要问题。作为家庭的中坚力量,青年对家庭公共服务的态度和行为,将影响相关政策制定和实际成效。通过问卷调查和深度访谈发现,女性青年在态度上对家庭公共服务的认同度低、要求高、评价低;在行为上对现有公共服务的使用率不高。要从政策层面和实务层面入手,厘清政府、市场和社会在家庭建设上的定位,充分发挥各自的作用,提升婚姻家庭公共服务产品供给的品质,尤其提高女性对家庭公共服务的使用率,推进家庭建设。

关键词:家庭公共服务;青年;态度;行为;性别分析

随着我国社会经济发展和生育政策的调整,青年婚恋和家庭公共服务的问题日益凸显。为应对青年婚恋问题,2017年4月,国务院印发了《中长期青年发展规划(2016—2025年)》,将青年婚恋作为青年发展的重要领域,明确要求为青年婚恋构建起健全的社会支持体系。其中提出要加大对大龄未婚青年等重点青年群体的服务力度,尊重差异与个性,提高服务针对性和有效性。[1]针对家庭公共服务问题,《中国儿童发展纲要(2011—2020年)》《中国妇女发展纲要(2011—2020年)》明确指出:"要提高面向妇女儿童的公共服

---

* 巨东红,法学硕士,集美大学法学院社会学系副教授,研究方向为女性学、社会工作实务。

务供给能力和水平,完善基本公共服务体系,逐步实现妇女儿童基本公共服务均等化。"家庭公共服务不仅对青年步入婚姻、发挥家庭正常的功能、"全面二孩"政策的落实起到保障作用,而且可以防范社会风险。因此,有必要厘清家庭公共服务的内涵和外延,分析青年对家庭公共服务的态度和行为,为相关部门制定政策提供借鉴。

一、研究缘起与问题提出

公共服务是指"政府运用公共权力和公共资源向公民(及其被监护的未成年子女等)所提供的各项服务,公共服务包括科学、文化、教育、卫生等无形产品,也包括基础设施、道路建设等有形产品"[2]6。家庭公共服务则是"由政府基于公共利益的需求,以满足广大家庭的生存和发展需求为目的,通过使用公共权力和公共资源,向所有家庭直接或间接供给的公共产品和服务"[3]。学界对家庭公共服务的研究主要集中在四个方面:一是关于家庭公共服务模式的研究。学者们梳理了西方家庭公共服务的特征和内容,提出西方主要福利国家的家庭公共服务可以区分为自由主义、保守主义和民主社会主义等三种类型。[4]其中,以英国、美国为代表的自由主义类型主要通过市场方式输送服务[5]57,以德国为代表的保守主义类型主要针对高危和特殊需求家庭提供服务,以丹麦、瑞典为代表的民主社会主义类型则提供普惠型服务,有需求的家庭都可以按照统一标准获得服务[6]。二是家庭公共服务的理论与实务的研究。在欧洲,家庭公共服务发端于宗教团体的睦邻运动,经历过政府积极介入阶段、多元参与和政府购买服务阶段,政府由家庭公共服务的主要提供者转变为规范者,鼓励私有及志愿部门提供家庭公共服务[7],家庭公共服务越来越走向社会化和专业化,相应地,有关家庭公共服务的理论与实务也不断发展。三是关于家庭公共服务的国际比较研究。有学者比较发达国家和发展中国家在生存、健康、保护、发展、参与需求五个方面对儿童与家庭所提供的公共服务,提出发达国家所提供的家庭服务具有普遍性,服务政策与总体政策紧密联系,强调对于儿童与家庭的服务体系的建立等特点。[8]四是关于我国家庭公共服务的现状研究。周建芳等人研究了家庭公共服务的需求[9],刘中一认为家庭公共服务内容包括"家庭生存和发展服务、家政和家庭关系协调服务、家庭计划生育和家庭健康指导服务等"[3]。学者们在资源依赖和合作治理视角、政社关系视角下研究社会组织提供公共服务的问题和对策。

综上,学者对西方家庭公共服务的模式、具体内容和做法,以及我国当前家庭公共服务现状进行了深入研究,所取得的丰硕成果,对于推进我国家庭公共服务具有重要意义。也应该看到,已有的研究多是从提供服务的主体(包括政府、社会组织)的角度审视家庭公共服务,较少从服务对象的角度进行研究;关注服务供给的同时,忽视服务需求及供需之间的关系的研究。而从实践层面看,公众尤其是青年女性对家庭公共服务的态度、选择偏好、选择方式和选择途径等,会直接影响家庭公共服务的实效。基于此,本研究针对家庭公共服务供给、青年对家庭公共服务的态度和选择行为进行调查,以期了解家庭公共服务供给状况,分析青年对婚恋和家庭公共服务的态度、行为及其影响因素,并从加强公共服务供给、健全政策法律保障、完善社会支持体系等方面提出建议。

2017年9月,课题组以在厦门市居住6个月以上、18—45岁的人口为对象,采用配额抽样方法,在6个行政区发放300份问卷,回收有效问卷255份(见表1);采用半结构式访谈法,深度访谈了20位青年。本研究依据文献资料和厦门市家庭公共服务实际,将家庭公共服务分为婚恋情感服务、家庭教育服务和家庭照顾服务三类。其中,婚恋情感服务涉及婚姻介绍、婚恋观和婚前教育;家庭教育服务包括亲职教育、家庭关系经营;家庭照顾服务包括儿童照顾、老年人照顾、家政服务和家庭突发事件发生时的支持等内容。

表1　问卷调查样本的基本情况

划分标准	类别	人数	比例(%)	划分标准	类别	人数	比例(%)
性别	男	132	51.76	单位性质	党政机关人员	71	27.84
	女	123	48.24		事业单位人员	54	21.18
年龄	20—30岁	168	65.88		企业人员	71	27.84
	31—40岁	73	28.63		其他人员	59	23.14
	41岁及以上	14	5.49				

二、调查结果分析

（一）家庭公共服务的供给状况

1. 政府部门、企事业单位、社区提供以婚恋情感类服务为主的家庭公共服务

随着家庭公共服务需求的出现，政府部门和企事业单位通过组织联谊会、讲座、培训、夏令营等方式，为员工提供家庭公共服务。在服务类型上，以婚恋情感类服务为主。厦门市6个区的团委均组织过青年交友活动；大学通过校际合作，组织未婚青年教师联谊会，以郊游、烧烤、团队拓展等方式，扩大教师交友圈；社区也开展所辖企业之间的青工联谊会，希望能够为青年择偶助力。家庭教育方面，中小学、社区以组织讲座、培训的形式，提升家庭亲职教育能力、夫妻相处能力和长者照顾能力，但缺少对未婚青年情感支持教育和婚前教育；家庭照顾方面，现有服务形式是组织活动或提供短期项目。一些企事业单位在暑假期间组织夏令营，培养儿童青少年的团队精神和社会责任感；社区居委会以社区儿童为服务对象，开办"暑托班"，提供短期儿童照顾服务。在服务效果上，存在青年婚恋教育不足、家庭照顾服务覆盖面有限等问题。一位社区工作者说："社区的家庭教育基本是针对亲子关系的，关于夫妻关系、代际关系的很少，也没有组织过婚前教育培训。针对现在年轻人不想结婚的状况，社区能做的不多。"（访谈号：2017013，吴女士，36岁）

2. 通过承接政府购买公共服务项目的途径，社会组织介入家庭公共服务领域

在计划经济体制中，家庭公共服务一般由单位提供。随着"单位人"向"社会人"的转变，公共服务由个人、家庭、市场和社会分担。我国已进入社会治理阶段，政府购买公共服务成为解决社会矛盾、满足人民群众多元需求的有效途径。在家庭公共服务中，社会组织通过承接政府购买服务项目和公益服务项目的方式介入服务。2016年，厦门市民政局和6个区的民政局、团委合作，购买了10个家庭公共服务项目（见表2），投入资金总额达453.41

万元。社会组织的介入有助于缓解公共服务不足给家庭带来的压力。

表2 2016年厦门市民政部门购买家庭公共服务一览表

服务对象	实施地点	承接机构	资金总额(万元)
"80后""90后"青工	同安工业社区	厦门市沁心泉社会工作服务中心	10.00
新婚、离婚、家暴等家庭	厦门市各婚姻登记处及社区	厦门市沁心泉社会工作服务中心	29.24
0—18岁婴幼儿、儿童和青少年家庭	思明区莲前街道前埔南社区	厦门市思明区阳光心语社会工作服务中心	26.80
亲子家庭	海沧区嵩屿街道海发社区	厦门市进毅社会工作服务中心	20.00
新婚夫妻及冲动型离异夫妻	湖里区	厦门市湖里区培善社会服务中心	51.72
社区青少年及其家庭	湖里区金山社区、禾盛社区、吕厝社区	厦门市湖里区培善社会服务中心	65.75
单亲家庭	思明区、湖里区	厦门市湖里区希望社工服务中心	45.00
企业员工	湖里区湖里街道怡景社区	厦门市湖里区合携社工师事务中心	19.00
青少年、老年人、妇女儿童、残疾人、志愿者、社会组织等	海沧区新阳街道、东孚街道、嵩屿街道	深圳慈善公益机构	165.90
未成年人及其家庭	海沧区	厦门市海沧区心晴家园社会工作服务中心	20.00
总　计			453.41

(二)性别视角下青年对家庭公共服务的态度、行为分析

研究发现,在态度上,青年对家庭公共服务的使用意愿不足、评价较低;在行为上,女性对婚恋类服务的使用率低于男性,对家庭照顾类、家庭教育类服务的选择高于男性(见表3)。

表3　青年对家庭公共服务的态度—行为表

服务类型	服务供给主体	服务特征	态度	行为
婚恋情感	政府机关、企事业单位和社区组织"联谊会"	1. 活动形式吸引人；2. 服务需求不高（"婚恋是青年自己的事""不需要服务""不知道有哪些服务"）	女性：83%需求度、认同度不高	女性：16.80%参加过联谊会
			男性：80.45%需求度、认同度不高	男性：36.09%参加过联谊会
家庭教育	社区居委会、社工机构提供为主的家庭亲职教育、健康教育	形式多样，具有可操作性的家庭教育	女性：形式单一，讲座多，但可操作性较低，接受教育对自己的家庭生活作用不大	女性：80%参加过社区和单位组织的讲座
			男性：有学习就会有收获	男性：13.53%参加过社区组织的活动，11.28%参加过单位的家庭教育讲座
家庭照顾	社区居委会和社工机构、单位提供的儿童照顾、老年人照顾、家政服务和家庭突发事件发生时的支持	1. 高质量、持续性、便捷性的服务；2. 对照顾类公共服务的需求不明显	女性：24.8% 儿童照顾服务，11.2% 老年人照顾服务，10.4% 家政服务，12% 家庭突发事件发生时的支持；总体服务需求不大	女性：14.4%接受过儿童照顾服务，7.2%接受过老年人照顾服务，28%接受过家庭突发事件发生时的支持
			男性：26.27% 儿童照顾服务，14.9% 老年人照顾服务，13.73% 家政服务，12.55% 家庭突发事件发生时的支持	男性：22.56%接受过儿童照顾服务，13.53%接受过老年人照顾服务，25.56%接受过突发事件发生时的支持

1. 青年对婚恋情感服务的认同度不高，女性的使用率低于男性

在城市，青年婚恋情感服务的主要方式是政府机关、企事业单位和社区组织"联谊会"为青年提供交友机会。调查结果显示，53.38%的调查对象所在单位每年组织1—2次青年联谊活动，每年组织3—5次的占14.29%。

态度层面上，仅有 3.92% 的调查对象选择愿意通过参加单位、团委等组织的联谊会，结识恋爱对象。83% 的女性和 80.45% 的男性认为，择偶的首选渠道是"自由恋爱"，对"联谊会"等婚恋公共服务的认同度不高。有的调查对象认为，"婚恋是青年自己的事，不要瞎掺和"，在婚恋方面"不需要服务""不知道有哪些服务"。

行为层面上，36.09% 的男性、16.80% 的女性参加过异性联谊活动，60.90% 的男性、75% 的女性通过朋友、同学和家人的介绍，认识了恋爱对象。由此可见，青年对婚恋类公共服务的认同度不高，熟人介绍是认识恋爱对象的主要渠道，"联谊会"的实际作用低于预期。一位受访对象说："我参加过单位的交友活动，游戏很有意思，但只是玩玩，同事都去参加，组织者也不容易，所以就参加了，没有期待在这个场合找到另一半。"（访谈号：2017010，邓女士，26 岁）一位长期从事交友活动策划的受访者说道："我这几年都与一些单位、团组织合作，组织青年联谊交友活动，多的时候一年有 100 多场，其实花费不大，效果也还可以，政府部门、团组织的交友活动有公益性，但一些单位组织交友活动有功利性，如建立客户群、留住客户，或者是一个宣传手段。"（访谈号：2017008，林先生，35 岁）

2. 女性对家庭照顾公共服务的需求低于男性，缺乏寻求公共服务的主动性

家庭照顾服务包括儿童照顾、老年人照顾、家政服务和家庭突发事件发生时的支持。态度层面上，男性调查对象中，希望得到儿童照顾服务的占 26.27%，希望得到老年人照顾服务的占 14.90%，希望得到家政服务的占 13.73%、希望在家庭突发事件发生时得到支持的占 12.55%；女性调查对象中，希望得到儿童照顾服务的占 24.80%，希望得到老年人照顾服务的占 11.20%、希望得到家政服务的占 10.40%、希望在家庭突发事件发生时得到支持的占 12%。行为层面上，有 22.56% 的男性、14.40% 的女性接受过单位提供的儿童照顾服务，13.53% 的男性、7.20% 的女性接受过老年人照顾服务，25.56% 的男性、28% 的女性接受过家庭突发事件发生时的支持。

一位接受过社工服务的女性受访者说："我和他（丈夫）想离婚，到婚姻登记处，碰到了社工，她们让我们冷静下来，后来我们认识到太冲动了，现在不想离婚了，要好好过日子。"（访谈号：2017019，林女士，38 岁）

访谈结果表明,家庭所需的儿童照顾、老年人照顾服务,以个人、父母承担为主,以朋友和亲戚帮助为辅。女性受访者认为儿童照顾和老年人照顾是自己和家庭的事情,对公共服务的需求不明显,缺乏寻求公共服务的主动性。如,"我今年有二宝,太累了,我妈妈帮着带孩子,她身体又不好,我每天下班后要回家煮饭,当初不知道为什么要生二宝。找不到保姆,也没有托儿所,没办法"。(访谈号:2017007,陈女士,40岁)

3. 女性青年在家庭教育服务上使用率较高,但评价低于男性

家庭教育服务的主要内容包括亲职教育、家庭关系经营等,80%的女性表示参加过,她们认为现有家庭教育形式单一,以讲座为主,可操作性较低,接受教育后对自己的家庭生活改观并不大。"我们单位和社区都会组织亲子关系讲座,听的时候感觉很有道理,但回家面对孩子和配偶时,有不知如何面对的感觉"。(访谈号:2017016,吴女士,32岁)问卷调查发现,男性青年对家庭教育类服务的参与率虽低,但认可度高于女性。13.53%的受访男性参加过社区组织的家庭教育活动,11.28%的男性参加过单位的家庭教育讲座,并认为有所收获。"只要有时间,有讲座就去听,(有)亲子教育的、家庭关系的,内容还不错,有学习就会有收获。"(访谈号:2017018,陈先生,38岁)

(三)影响因素分析

1. 受教育程度和工作性质影响青年对家庭公共服务的选择

本研究将受教育程度、工作性质设为自变量,考察调查对象对家庭公共服务的态度与选择。结果表明,在婚恋情感类服务上,本科和硕士研究生学历的调查对象的使用率最高,企业工作人员、党政机关人员和事业单位人员的接受度较高;家庭教育类服务上,本科学历的党政机关工作人员的使用率较高;家庭照顾类服务上,事业单位女性的使用率最高,其中,32.55%的事业单位女性使用过单位的儿童照顾服务。

2. 受传统意识和生活模式影响,青年在家庭服务上倾向于利用非正式支持系统

随着中国社会转型和经济快速发展,不同行业的工作标准越来越高,在工作上花费的时间也越来越多,与此同时,房价飙升、物价上涨、家庭关系失调等问题也困扰着青年。为满足物质生活需求,青年在工作中投入越来

多的精力，难以兼顾家庭。但是，受传统意识和生活模式影响，一方面，青年在婚恋、家庭生活上，常利用自己熟悉的非正式支持系统，对单位和社会组织服务的使用意愿不高；另一方面，他们也不善于寻求资源，了解家庭公共服务信息，35%的男性和38%的女性表示"不知道在哪儿能找到服务提供者"。一位社会组织的社工说："我们的服务常常通过社区微信群、折页等方式进行宣传，但一些年轻的居民由于工作太忙，或者觉得社区的事情与自己关系不大，没有关注我们的微信，以致接受到服务的不太多，有时是朋友宣传才来的。"（访谈号：2017017，赖女士，28岁）

3. 家庭公共服务发展滞后、供给有限，无法满足青年多样化、高标准的服务需求

近年来，家庭公共服务数量逐年增加，但是，由于公众接受服务的习惯、供给与需求之间匹配度等问题，现有服务无法满足青年多样化、高标准的需求。在婚恋服务上，调查对象之所以没有参加联谊活动的前三大原因是："活动内容或形式不符合个人喜好""有陌生感或担心不合群"和"担心参与活动人员很杂"。在"没有采用单位、社区、社会组织提供的家庭服务的主要原因"问题上，32.39%的调查对象选择"家庭服务内容或形式不符合个人喜好"，还有8.97%的调查对象认为"家庭服务质量达不到个人需求"。受公共服务滞后等多因素影响，"全面二孩"政策颁布后，青年的"二孩"生育意愿和行为没有出现人们预期中的井喷式增长。本次调查发现，女性的"二孩"生育意愿率为45.97%，比男性低15.29%。在生育意愿低的原因上，48.6%的调查对象认为"两个孩子的养育成本太高，负担不起"，29.61%的调查对象选择"觉得照料两个孩子会太累"，17.32%的调查对象认为"新生的孩子怕没有人帮忙带"。可见，生孩子本身没有带给青年太多压力，而养孩子的经济成本，尤其是照顾孩子花费的时间成本、机会成本太高，影响了青年的生育意愿。

三、提升青年家庭公共服务水平的对策建议

20世纪80年代以来，世界范围内掀起了行政改革浪潮，其核心主张是减轻政府在公共服务中的负担，引进企业管理经验与技术，提高公共服务的供

给效率与效能。奥斯本和盖布勒提出"企业家政府"的概念,认为政府的职能是"掌舵"而不是"划桨"。[10]我国的改革始于20世纪70年代,发展于21世纪初。在计划经济体制下,政府是公共服务的生产者和供给者,随着经济发展,社会公共服务需求的提升和政府职能转型,"党委领导、政府负责、社会协同、公众参与、法制保障"的社会治理体制正在建立和完善。本研究认为,应从政策层面和实务层面入手,厘清政府、市场和社会在家庭公共服务中的定位,充分发挥各自的作用,提升家庭公共产品的品质。

(一)政策层面:健全政策法律保障,完善社会支持体系

推动青年家庭公共服务水平进一步提升,政策保障是基础。一是完善社会福利体系,考虑青年的需求,促进相关政策的优化完善。如出台更公平的住房、教育、就业方面的政策,以合理的政策促进婚姻、家庭真正去功利化。二是加大现有政策法律的执行力度,维护青年婚恋权利和家庭生活的权利。同时,修订、完善可能影响青年婚恋家庭的政策法律,如过分强调延长女性产假和增加男性产假,可能会带来就业中的性别壁垒,挤压女性职业发展空间。因此,要在政策制定前、制定过程中广泛听取青年意见,制定切实可行的政策,在政策制定后,要根据政策办事,为青年谋福利。三是建立青年家庭公共服务供给的动态监测体系,统一监测指标,合理设定监测时点,全面科学地收集数据,为政策制定提供真实、可靠的依据。

(二)实务层面:建立以教育、服务、危机介入为内容的公共服务体系,回应婚恋、家庭中的新问题、新挑战

1. 确立"精准服务"意识,及时评估青年婚恋和家庭服务需求,提升女性恋爱能力和生活信心,提供具有实效性的服务

由于青年婚恋、家庭服务具有涉及面广、需求多元化等特点,在服务设计和实施中,需要确立"精准服务"意识,在动态监测的基础上,评估青年婚恋、家庭服务中最迫切的需求,提供具有实效性的服务。

首先,改变"运动式"的联谊会、相亲会服务,改之以由相关部门搭建交友平台,提供服务"菜单",采取"点单"方式为青年服务。帮助青年在经常性的联谊活动中增加接触了解,建立友谊,从而提高婚恋类公共服务的使用率

和服务成效。其次,针对不同类型的青年,提供侧重点不同的服务。对于女性青年,要提升她们的恋爱能力,让她们学会积极地追寻爱情、步入婚姻殿堂。最后,在家庭服务方面,通过教育和专业服务的介入,提升青年维持婚姻、应对家庭危机的信心与能力;对已婚已育青年,则要提供最需要的持续、安全的儿童照顾服务和老年人照顾服务。

2. 整合政府、市场和社会资源,增加家庭公共服务供给

当前,青年婚恋、家庭公共服务需求快速增加和服务品质、数量不能满足需求之间的矛盾较为突出。我们认为,应整合政府、市场和社会资源,增加高品质的婚恋、家庭生活公共服务供给,缓解服务需求与供给之间的矛盾。一方面,发挥政府职能部门作用,对提供公益性服务、诚信经营的商业企业予以奖励和政策倾斜;加强对婚恋和家庭服务市场的监管,对损害广大青年利益的违规经营者施以重罚,确保婚恋和家庭服务的品质。另一方面,通过政府购买社会组织服务,在青年需要帮助的婚恋、心理健康、育儿等方面,如婚前教育和婚恋危机干预服务、家庭育儿和亲子关系调适服务、特殊群体的家庭建设服务、3岁以下婴儿的托儿服务等,应增加专业性强的公共服务供给。协调民政、工会、妇联、卫健委等部门,制定购买婚恋、家庭公共服务的规则和清单,有序带动社会组织加入家庭公共服务体系。

3. 建立共建共享机制,提高家庭公共服务成效

建立市、区、街道、社区在婚恋、家庭公共服务领域的共建共享机制,以降低服务成本,提高服务成效。如娱乐性、发展型的婚恋服务可以在区、街道层面开展,个别化、治疗性服务则在特定场所、社区开展。还可以单位、社区为基础,引导青年自助互助,形成单位、社区的青年服务自组织,拓展婚恋和家庭服务的渠道。

做好青年婚恋和家庭公共服务工作,不仅直接影响青年个人的健康发展,也关系到家庭、社会的和谐稳定。研究发现,女性青年较之男性,在婚恋和家庭公共服务上寻求公共服务的动机更显不足,对现有公共服务的使用率不高,评价较低。应从政策层面和实务层面入手,提升相关公共产品供给的数量和品质,提高青年(尤其是女性青年)对家庭公共服务的认知度,提高他们对家庭公共服务的使用率,改善他们的家庭公共服务的体验和获得感,以满足他们日益增长的对美好生活的向往的需要。

参考文献

［1］中共中央国务院．中长期青年发展规划（2016—2025 年）［EB/OL］．
（2017-04-13）［2018-12-16］．http://www.gov.cn/zhengce/2017-04/13/
content_5185555.htm#1.

［2］王浦劬，莱斯特·M.萨拉蒙，等．政府向社会组织购买公共服务研究：
中国与全球经验［M］．北京：北京大学出版社，2010.

［3］刘中一．家庭公共服务：内涵、问题与对策［J］．中国延安干部学院学报，
2016（01）．

［4］刘中一．家庭公共服务的路径演进与类型选择：西方的经验与启示［J］．
攀登，2017（02）．

［5］GIELE J Z. Decline of the family:conservative, liberal, and feminist views
［M］. Boston: Allyn and Bacon, 2003.

［6］尼科莱特·科莱瑟尔．建设一个适合儿童发展的德国：德国儿童发展国家
行动计划［C］//佚名．上海"为了孩子"国际论坛论文集．上海：［出版者
不详］，2007.

［7］刘德浩．荷兰长期照护制度：制度设计、挑战与启示［J］．中国卫生事业
管理，2016（08）．

［8］李月鹏．各国针对儿童与家庭公共服务清单的比较研究［J］．社会福利
（理论版），2017（12）．

［9］周建芳，宗占红，舒星宇，等．城市家庭功能发展基本公共服务需求研究：
以南京为例［J］．人口与计划生育，2014（03）．

［10］戴维·奥斯本，特德·盖布勒．改革政府：企业家精神如何改革着公共部
门［M］．上海：上海译文出版社，2006.

建设家庭友好型公共服务体系研究

——以江苏省为例

许春芳　徐振敏*

摘　要:家庭是人口发展和社会建设的基础。在当前家庭变迁加剧,家庭功能弱化、转化、外化的现实背景下,传统的政府与社会高度合一的社会治理模式已经无法适应经济转轨和社会转型的发展要求。新的社会治理格局对各级政府社会管理的水平、多元治理主体的能力和公共政策的创新提出了新的挑战。该文立足江苏省,以家庭基本公共服务为研究视角,通过问卷调查、个案访谈等研究方法,分析当前家庭公共服务存在的供给规模、质量与现代家庭日益增长的需求不匹配、不均衡等问题,提出实施保障、普惠家庭的公共政策,积极构建家庭友好型公共服务体系的建议。

关键词:家庭友好;公共服务;建议

家庭是社会的基本单元。改革开放以来,人口、经济、政治、社会和文化要素共同作用于家庭结构、关系、功能和价值取向,推动了家庭存在形式和功能的改变。在家庭功能弱化、转化、外化与社会化的背景下,家庭需求与家庭功能的对应结构失衡,家庭能力建设比以往更加依赖外部的支持。[1]在推进江苏省高质量发展的历史进程中,公共政策的制定和公共服务体系的建立亟须考量其对家庭的影响。为全面了解江苏省家庭对相关公共服务的

* 许春芳,江苏省妇联干部学院副院长、副研究员,研究方向为妇女运动史、妇女与家庭社会学。徐振敏,江苏省妇联干部学院助理研究员,研究方向为性别与社会学、女性心理学。

需求现状,江苏省妇联干部学院与江苏省统计局社情民意调查中心合作,对江苏城乡家庭的公共服务需求与受益状况开展了问卷调查,调查对象为18—65岁居住在江苏省内的城乡家庭成员,按照区域人口比重,采用分层比例抽样的方法,分别在全省13个设区市抽取1400个家庭作为样本,共获取1359份有效问卷,有效率达97.10%。为进一步了解不同类型家庭的特殊需求,课题组深入南京市3个街道的5个社区,开展了15人次的个案访谈,对流动家庭、留守家庭、单亲家庭、核心家庭、空巢老人家庭所面临的实际需求有了更直观的理解并获得了第一手资料。

一、江苏省家庭公共福利服务现状

与家庭相关的公共服务是社会性公共服务的基本组成部分,是衡量人民幸福感的重要指标。改革开放以来,江苏先后提出并践行"富民强省""富民优先""普惠共享"的理念,公共服务水平不断提高,民生质量持续改善。

(一)公共服务社会认可度较好,近半数受访家庭享受过一些社会福利或社会救助

调查显示,当前人们对与家庭相关的公共服务整体水平感到满意的比率为69.40%,接近七成。在被调查群体中,有45.20%的受访者表示自己或家人享受过惠及家庭的社会福利或者接受过社会救助。他们享受或接受过的社会福利和救助主要集中在独生子女费、免费的计划免疫接种、生育津贴、医疗补贴四个方面,分别占48.20%、45.90%、27.50%、27.40%。

(二)城乡基本社会保障覆盖率较高,商业类保险有一定的参保率

调查显示出较高社保覆盖率,分别有80.30%和88.30%的调查对象参加了养老和医疗保险,参加失业、工伤、生育三类保险的调查对象也分别占48.80%、44.30%、43.60%,只有6.90%的人表示上述保险都没参加。除了参加社会保险外,部分调查对象也购买了一些商业类保险,其中购买人寿保险、重大疾病保险、意外伤害保险、财产保险的调查对象分别占全体调查对

象的 21.30%、23.90%、16.50%、4.40%，初步形成了以社会保险为主、商业保险为辅的家庭保障格局。

（三）助老育幼类公益项目初显成效，立足社区服务家庭彰显优势

个案访谈发现，社区公益类家庭服务，特别是免费或低偿的居家养老服务和家庭教育服务，深受广大中低收入家庭的欢迎。A男士（37岁，已婚）表示："社区这两年开展的'四点半课堂'项目特别好，由社会组织招募的大学生志愿者会在工作日来帮小区有需要的孩子辅导功课，我家女儿就在上，我很放心。她们不仅仅进行学业辅导，还有画画、户外活动之类的兴趣班，希望一直办下去。"B女士（已婚，58岁）表示："社区对养老这块蛮重视的，有很多助老服务，如助餐、助浴、助医、助急、助洁之类，中午吃饭三菜一汤只要3块钱。我想以后会越来越好，居家养老在社区还是能实现的。"

（四）妇女生殖健康检查普遍获益，男女共担养育责任纳入法规条例

个案访谈发现，"两癌"免费筛查已经成为现有医疗保障体系的重要补充。不同年龄的妇女群众均享受过妇联组织牵头或社区就近安排的相关检查。C女士（53岁，已婚）表示："虽然我过了育龄期，但是平时还是很关注生殖卫生的。现在'两癌'人群真的蛮多的，好在社区每年都有免费的筛查体检，会打电话通知我们妇女过去，我觉得很好，可以早发现早治疗。"此外，江苏省探索把家庭纳入政策立法的视野，出台了《江苏省妇女权益保障条例》，进一步规定，在女方产假期间，鼓励有条件的用人单位安排男方享受不少于5天的共同育儿假[2]，加上带薪护理假，男方将有至少20天的时间陪伴、照料刚出生的婴儿，倡导男女共担家庭责任的理念，在全国尚属首创。

二、建设家庭友好型公共服务体系面临的挑战

当前江苏省家庭需求呈现多样化、多类型的特征，但是与家庭相关的公共服务支持体系尚不健全、不完善，家庭需求与公共服务供给之间存在着矛

盾,对新时代推进面向家庭的公共服务体系提出了新的挑战。

(一)育儿负担与职业发展面临冲突困境

随着"二孩"时代的来临,育龄家庭的范围在不断扩大。调查显示,在问及"若您符合'全面二孩'生育政策,您会再生育一个孩子吗"时,有24.70%的调查对象表示"会",表示"不会"的占51.80%,另有23.50%表示"说不清"。从年龄看,21—30岁、31—40岁这两个年龄段"二孩"生育意愿最高,分别为30.70%、30.20%,高出其他年龄段10个百分点以上。然而生育"二孩"的意愿,除了与自身年龄状况和生育能力有关,很大程度上与生育负担密切相关。尽管较年轻夫妇生育"二孩"的意愿更高,但现实生活中"家庭供养压力大""婴幼儿无人照顾"成为他们生养两个孩子的最主要担忧,分别占到了52.50%、47.10%;而"高龄生产健康风险大""幼儿园入园难、入园贵""生育费用高""影响个人事业发展"等原因也占到了一定比例,分别为17%、16.90%、16.60%、8.40%,只有6.60%的人表示"没有什么可担忧的"。如D女士(34岁,10岁女孩的母亲)认为:"'二孩'的政策是好的,但是现在一个孩子已经感觉很有压力了。养育成本太高,牵扯精力还影响工作,家里老人生病治疗总也要留些钱,真是有心但无力再生一个了。"可见,生育两个孩子不仅会给家庭增加更多的经济和照料负担,还容易造成更多女性在生育期职业中断。调查显示,"希望用人单位建立弹性工作及请假制度"的家庭占93.80%,有94.10%的被调查家庭希望"在相关法规政策中设立父母育儿假,满足家庭育儿需求"。

(二)困弱家庭缺乏系统性社会支持

调查表明,家庭成员无业、疾病等是困扰家庭发展的主要障碍,而且相当比例的困弱家庭同时遭遇多重困境。专家访谈显示,在城市社区弱困家庭主要缺乏"教育+就业"救助,在农村社区弱困家庭更需要"医疗+生活照料"救助。尽管当前城乡低保政策等民政补助在一定程度上填补了家庭救助洼地,但是由于家庭困境的组合多样,微薄的经济补助不足以消解困弱家庭的脆弱性。个案访谈发现,困弱家庭缺乏系统性社会支持。如E男士(68岁,空巢)表示:"我和老伴无儿无女,未来养老是最大的担忧,我希望最好是能以房养老,房屋产权都上交政府,我和老伴能搬到环境好点的、有医护功能的老年公寓住到最后老去。"又如F男士(38岁,离异)表示:"我对女儿的要求很高,虽然我开货车很苦,但是挣的钱还是愿意给她报名参加课外辅导班,一个月2000多元虽然贵,但是为了孩子,其他我也管不了那么多了。"再如G男士(36岁,爱人身体有残疾)表示:"我们都是外来人口,现在主要靠我修鞋为生,一家四口住在自行车棚子里。爱人出事后我最担心两个女儿,她们没人照顾,还要照顾妈妈。好在这个社区好心人多,给我很多救济。未来我也不敢想,过一天算一天吧。"

(三)居家养老与医疗需求叠加

江苏省是全国最早进入人口老龄化的省份。截至2017年底,"全省60周岁以上老年人口达到1756.21万,占户籍人口的22.51%,比全国老龄化程度高5.21个百分点"。[3]家庭人口老龄化导致对老年人的照料护理、医疗康复等方面的需求快速增长,给现有医疗、养老等相关社会服务带来巨大挑战。调查显示,子女无暇照料、社会养老服务短缺、养老金不足等养老问题,列前三位,分别占全体调查对象所关注问题的48.40%、47.50%、34.10%;在当前最需要完善的家庭公共服务中,有社区养老需求的占到全体调查对象的49.50%,有居家养老需求的人占35.40%,这两类需求列家庭公共服务需求的前两位;在家庭最需要得到的帮助方面,老人照管成为家庭最需要的帮助,占比达38.20%。与此同时,当前医养结合的公共服务存在着社区供给不足、城乡发展不均衡、社会力量参与少等情况。个案访谈发现,当前社区居家养老亟须加强医养结合的顶层设计。如H女士(53岁,丧偶)认为:"我身体不好,有慢性病,经常一个人跑医院,检查拿药花费很大,有时不得不办住院才能做到检查。就近的社区医院如果能主动上门提供一些免费保健和治疗或者比大医院有更多医疗补贴,我老了也就不用担心看病难了。"再如I男士(75岁,已婚)表示:"社区助餐点规模不大,离家还有些距离,知道他们有人烧饭,但目前自己和老伴还能烧饭,不会选择去吃。今后最好社区能提供送餐上门,才能实现真正的居家养老。"

（四）住房消费负担与家庭教育负担并重

调查显示，买房供房、教育、养老是家庭压力的主要来源，分别占全体调查对象的51.40%、47%、33.60%，其中买房、供房压力位列第一；在家庭支出构成中，子女养育、吃饭穿衣、房屋还贷和租金是家庭支出的主要构成，分别占49.20%、40%、37.30%，且在不同收入家庭中这三项支出都位列前三。个案访谈中，J女士（51岁，个体经营户）向调查者介绍道："我们家是从外地来南京的，现在我帮儿子一起做烧烤生意。他这工作不算稳定，我们当时负债20万元买了一个车库，全家五口住。为了小孙子上学，儿子又负债40多万元买了个小房子，加上教育费用，现在负担太重了。没办法，一般工作的工资无力还债，只有做小生意。愁啊。"当问及家庭最需要得到哪些帮助时，"家庭教育咨询"成为被调查家庭主要需求，占比达37.10%，仅次于"老人照料"。个案访谈也发现，除幼儿园和大学收费高的情况之外，子女处于义务教育阶段家庭也面临巨大的教育负担，主要体现在课外时间无人辅导、辅导费用高等方面。如K女士（35岁，孩子10岁）认为："现在学校都提倡素质教育，下午三点就放学了，课外时间很长，虽然现在有弹性离校制度，但是学校只负责看孩子，不会辅导孩子功课，我和大多数家长宁愿选择去课外辅导机构，辅导费再贵也没办法，只能去。"

（五）家庭服务外化成本高

出于传统文化和社会现实环境的考量，当前大多数家庭的养老托幼功能依然由家庭自己承担。尽管政府鼓励家政产业发展，但现实情况中行业监管不足、收费较高的情况普遍存在。首先，价格偏高。访谈发现，当前家庭育儿嫂的价格较高，普遍在每月5000元左右，月嫂价格更是高达每月7000元以上，居家老人护理的价格最低为每月3500元，长期做饭保洁等钟点工价格也为每月3000—6000元。这样的收费对于中低收入家庭而言难以承受。其次，对从事家庭服务的人员关爱不足。专家访谈发现，家政服务属于情感劳动，除了技能培训外，从业人员之间的互相交流与支持十分缺失，人们对家政行业的人文关怀亟待提高。最后，由于缺乏行业监管，选择相应服务的家庭承担着一定的安全风险。可见，高成本的家庭外化服务对于许多家庭而言可望而不可即。调查显示,有91.70%的家庭"希望政府以家庭为单位执行税收减免和专项补贴制度",有92.70%的被调查家庭"希望用人单位应当为有家庭责任的员工增加育儿、家政补贴"。

（六）家庭公共服务体系尚未健全

当前,家庭公共服务总体框架尚未健全,在家庭公共服务资源的可及性与服务提供的整体性上仍显不足。专家访谈表明,目前家庭公共服务政出多门,涉及民政、妇联、卫健委、残联、老龄委等众多部门。相关部门缺乏协调、联系、沟通的机制制度,没有形成系统的家庭公共服务工作框架体系。家庭一直是妇联组织的传统工作领域。各级妇联组织在多年的实践中,把工作重心放在家庭文明和家庭教育层面,增强了家庭的凝聚力。然而,随着家庭结构、功能和需求的巨大转变,城乡家庭对妇联组织产生了新的期待。面对这些期待,一些地方设置了家庭服务活动阵地,但服务的距离、时间、内容和方式等不匹配问题导致使用情况不够理想。部分场馆只是对外展示时开放,并没有长期运营,忽视了家庭公共服务的可及性。问卷调查显示,有93.90%的家庭希望"建立政府主导、社会共同参与的家庭建设工作格局",有75.10%的被调查家庭认为目前我国现有法规政策对家庭的支持力度不够或者没有感受到其力度。

三、建设家庭友好型公共服务体系的建议

党的十九大报告指出:"坚持在发展中保障和改善民生。增进民生福祉是发展的根本目的。必须多谋民生之利、多解民生之忧,在发展中补齐民生短板、促进社会公平正义,在幼有所育、学有所教、劳有所得、病有所医、老有所养、住有所居、弱有所扶上不断取得新进展。"[4]在江苏省高质量发展的进程中,亟须确立公共政策的家庭视角,构建一个家庭友好型的政策环境。[5]通过实施保障、普惠家庭的公共政策,积极构建家庭友好型公共服务体系。

（一）发挥政府在家庭公共服务中的主导作用

在"福利国家"为代表的社会保障实践中，家庭公共服务是社会福利的重要组成部分。随着我国经济实力的增长、社会治理理念的不断进步，构建家庭友好型公共服务体系也日益成为我国各级政府当仁不让的责任和义务。首先，要将家庭公共服务纳入基层政府公共服务体系，在条件允许的前提下，大部分家庭公共服务可以交由社会力量来完成，政府通过购买的形式实现政府的责任。其次，政府部门要在注重社会服务部门和机构的优势互补和分工协作的基础上，成立专门负责家庭问题和相关事务的常设机构，来履行扶持家庭的公共决策和保护家庭的监督职责，形成省、市、区、街道层次分明的家庭公共服务管理网络。最后，要整合社区资源建立支持家庭的公共服务平台。在目前城乡社区综合服务中心的基础上，以全省村/社区"妇女儿童之家"为平台设立专业的家庭服务机构，充分考虑家庭功能社会化的趋势，根据家庭的不同支付能力和服务需求类型，整合政府服务、社会服务和市场服务满足家庭的多元化需求，建立网络化的服务体系，使社区中的每个家庭都能得到免费或低收费的家庭公共服务。

（二）分阶段、有层次地推进将家庭纳入社会公共政策视野

当前，有必要对现有公共政策体系中的家庭进行重新定位。首先，要将家庭作为必不可少的一个政策考量维度，如尽快开展《人口与计划生育条例》《女职工劳动保护条例》等法规的修订工作，依法增设"二孩"育儿假、"二孩"子女补助金等，减轻"二孩"家庭的育儿成本，缓解维护女职工"三期"权益与企业发展之间的矛盾。其次，要明确以家庭为单位的社会福利政策导向。建议出台家庭税收政策，即在税收政策中认可家庭在负担养育子女或赡养老人等责任方面付出的实际成本。以家庭平均收入作为所得税征收税基，以家庭人口负担情况作为减免个人所得税的依据，进一步减轻那些供养责任过于沉重的家庭的经济压力。已于2019年1月1日实施的《中华人民共和国个人所得税法》，对于有未成年子女的家庭、需要赡养老年人的家庭、有正在接受高等教育子女的家庭给予了一定额度的免税额。我们还应进一步考虑当前家庭在教育、住房以及养老抚幼方面的负担普遍偏重情况，结合家

庭不同生命周期,设计普惠性家庭补助,如育儿津贴、住房津贴、赡养老年人津贴等。

(三)建立"政府、社区、家庭"三位一体的幼儿养育公共服务体系

首先,建立以社区为基础的幼儿看护体系。可以依托社区建立并普及收费较低且能够覆盖0—3岁儿童的早期发展支持机构,整合教育、民政、卫健委、妇联等不同资源和服务主体,为有需要的家庭提供具有可及性的、综合性的服务,包括临时照管服务、儿童早期开发服务等。其次,提供亲职教育培训。关于儿童早期发展的公共服务不仅是一种针对儿童个体的教育服务,也包含针对父母和家庭的一系列社会服务。应针对亲职履行、家庭教育等提供信息咨询、讲座等服务,帮助家长提升自身的养育能力,建立家庭之间的社会支持网。最后,发挥专业社会服务组织的服务优势。通过政府购买服务的方式,为处境不利的幼儿及其家庭提供专业性服务,更有效地支持儿童和家庭。对于一些具有早期教育更高需求的家庭,鼓励通过市场购买的形式接受高端的儿童早期发展服务,政府则强化对市场上早期教育机构的监管。

(四)大力发展新时期社区居家养老服务

随着人口老龄化时代的到来,在社区居家养老服务的发展中应进一步健全政府的投入机制,加大对社区养老老人的补贴力度,扩大服务补贴的范围。首先,要建立社区居家养老服务公共财政预算制度,用于补贴高龄困难老人,为他们向服务的医养机构购买服务。将民政系统试行的为高龄困难老人购买服务的措施变为一种制度性安排,纳入公共预算固定支出之中。其次,继续加大对老人居家养老服务机构基础设施建设的投入,对居家养老服务机构的运行费用和人员培训提供基本的保证。再次,要制定扶持政策,引导多渠道投入机制的形成。《江苏省"十三五"基本公共服务均等化规划》中提出家庭医生培养计划。计划明确,力争到2020年,每个家庭都有家庭医生提供服务。[6]这在一定程度上能有效满足医养需求。最后,要尽早建立老年长期护理保险制度。为需要护理的老年人及其家属提供护理服务或支付保险金。可以设立法定护理保险,强制投保,投保面广,费率低,为不能自理

的低收入老人提供必需的护理服务。

(五)加强对弱势家庭及其成员的特殊关怀

家庭福利津贴制度对于贫困家庭、单亲家庭、残缺家庭、老年空巢家庭、残疾人家庭、计划生育家庭、独生子女伤残家庭等特殊家庭的生存起着至关重要的托底作用。增加对各种特殊家庭的津贴补助,保障其家庭的经济安全,是维护家庭稳定最基本的要求。建议政府结合现行人口政策,加强对弱势家庭的经济扶助,减轻相关家庭的经济负担。如对收入较低的计划生育家庭以及"二孩"家庭发放生育津贴,对长期照顾残疾人的家庭发放照料津贴,对住房困难的流动家庭或"二孩"家庭优先提供廉租房或经济适用房等。

(六)推进家庭福利领域社会组织的培育与发展

首先,要进一步推动政府购买社会组织提供公共服务机制的形成,将涉及妇女儿童和家庭的创业就业、心理疏导、大病救助、法律援助、居家养老等公共服务纳入购买内容及指导目录,进一步平衡社会管理主体的责权,增强家庭与社会组织间的信任,在充分调动社会资源的基础上,研究和解决家庭问题。其次,培养一批专业化的社工服务队伍,为家庭的发展提供优质高效的服务。建议民政、人社、教育部门加强合作,建立家庭公共服务师资培训体系,完善家庭服务咨询师资质评定、培训考核等管理服务。

(七)多措并举深化妇联组织对家庭的社会支持

在深化群团改革的进程中,各级妇联组织要实现家庭工作理念和工作模式的转型和方式方法的转变。一是源头参与,争取政策资源。积极争取党委政府赋予妇联组织更多家庭工作资源,推动在政府购买服务范围中逐步增加面向妇女儿童和家庭的项目,助力女性社会组织承接政府公益创投或采用"微创投"的形式直接向女性社会组织购买家庭公共服务。二是牵头联络或组建面向家庭提供综合服务的专业服务机构。将妇联组织牵头的、多年来活跃在青少年服务、家庭教育、爱心助困、助老服务、心理健康等领域的妇女儿童和家庭服务机构培育成家庭服务的龙头品牌。

参考文献

[1]吴帆,李建民.家庭发展能力建设的政策路径分析[J].人口研究,2012(04).

[2]江苏省人民代表大会常务委员会.江苏省妇女权益保障条例[EB/OL].(2018-04-02)[2018-11-18].http://www.jsrd.gov.cn/zyfb/sjfg/201804/t20180402_493547.shtml.

[3]全国老龄工作委员会办公室.江苏省2017年老年人口信息和老龄事业发展状况报告[EB/OL].(2018-10-15)[2019-02-28].http://www.cncaprc.gov.cn/contents/2/187763.html.

[4]习近平.决胜全面建成小康社会 夺取新时代中国特色社会主义伟大胜利——在中国共产党第十九次全国代表大会上的报告[EB/OL].(2017-10-27)[2018-05-30].http://www.gov.cn/zhuanti/2017-10-27/content_5234876.htm.

[5]吴小英.公共政策中的家庭定位[J].学术研究,2012(09).

[6]江苏省人民政府.江苏省"十三五"基本公共服务均等化规划[EB/OL].(2017-06-01)[2018-09-10].http://www.jiangsu.gov.cn/art/2017/6/1/art_46485_2557465.html.

社区养老小组的构思与实践

——基于对辽宁省S小区的实务考察*

艾 晶 孙佳楠**

摘 要: 随着老龄化社会的加剧,产生了一种以老养老的互助理念。互助养老是由老年人的亲朋好友等熟人社会支持网络向社区陌生老年群体延伸的层级性互助形式。基于此,本研究运用专业小组工作方法发展社区互助养老模式,根据地区实际情况,设计互助养老小组工作模式,让老年人通过互帮互助,最终实现"自助养老",从而优化养老资源,缓解养老压力。

关键词: 互助养老;小组工作;资源链接;优势视角

目前,我国的养老服务体系主要分为家庭养老和机构养老,调查显示,中国近90%的老人会选择家庭养老,另外的老人中,有6%会选择社区养老,剩下的4%会选择机构养老。[1]在这样的背景下,养老的重担便落在了社区,然而社区本身的经济条件和管理能力有限,未能有效地满足老年人的养老需求。社区养老小组工作作为社会工作专业服务方法之一,注重群体内的自助互助,强调挖掘个人资源、展现群体能力、相互之间共同解决问题的团体经验。该文将以此为切入点,在社区养老服务中,探索融入小组工作方法

---

* 2019年辽宁省经济社会发展一般项目"辽宁城市社区女性休闲生活研究"(2019LSLKTYB-066)和2019年沈阳市哲学社会科学规划课题"优势视角下社区精英带动居民参与社区建设研究"(SC19008Z)的阶段性成果。

** 艾晶,沈阳师范大学社会学学院副教授、硕士生导师,中国社会科学院社会学所博士后,研究方向为女性学及社会工作研究。孙佳楠,沈阳师范大学2017级社会工作专业硕士研究生,研究方向为女性学及社会工作研究。

的社区互助养老模式,为老年人的养老问题提供可行的路径和方法。充分利用社区和家庭资源,尤其是女性群体的优势,为辖区老年人设计有效的社会支持网络与互助组织;以老年人之间的互补互偿机制为主,协助老年人充分开发自身的优势并学会充分利用周边的环境为养老提供切实的保障;以优势视角和增能理论为先导,帮助老年人实现潜能开发和资源共享。

一、社区互助养老的现实意义

(一)有效弥补居家养老和机构养老的弊端

在中国,多数老年人倾向于选择居家养老,但随着社会竞争压力增大,作为子女的年轻群体无暇他顾,没有办法实现真正的家庭成员式的照顾养老。一些家庭想请人照料,但薪金的昂贵让很多家庭望而却步。一些人虽然选择了家政服务,但长期的高消费也让他们苦不堪言。

即使一些年轻人选择放弃工作,自己照顾老年人,也会因为长期护理而身心疲乏。就目前而言,养老机构虽然有了一些设施和环境上的改善,但也面临一系列问题。社会上普遍认为只有无人照养的老年人才会进机构养老,子女也不愿意送老年人进养老机构。社区则与此不同,社区是老年人日常生活的主要空间,归属感强,认同度高,以社区服务的形式为老人提供居家养老服务,具有兼顾家庭生活、社区生活和养老服务的融合优势,可接受性明显高于养老机构。[2]这种情况下,以社区为依托的养老模式便成为人们关注的重点。目前,居家养老虽然成为很多人的首选,但是步履艰难。因此,以社区为依托的老年人之间的互助养老便成为一种趋势,而且这种互助养老模式具有其独特的优势,值得大力提倡与发展。

(二)提高了老年人的生活质量

在物质生活日益富足的今天,针对养老问题,社区多停留在如何养、如何乐的层面上,基本上依托外部力量的介入,对老年人自身的能量和资源关注不够。然而随着人们生活水平的日益提高,很多老年人仍有着充沛的精力和干劲,特别是在自己擅长或是喜爱的事情上仍充满活力与激情。因此,在该研究中我们充分发挥老年人的优势,帮助社区老人实现自我照顾和相互照顾。在社区养老小组中,通过集中招募老年志愿者、定期交流分享等方式,帮助老年人进一步完善发展规划,强化资源意识。同时,以社区养老为平台,发挥地域性的资源魅力,增强老年人的归属感,为社区养老模式的完善和发展做出贡献。[3]

通过在社区互助养老模式中运用小组工作方法,从专业角度评估老年人当前面临的问题和需要,并结合其优势资源和环境设计符合老年人自身的服务方案,为小组工作介入老年群体的理论提升和实践完善提供有效参考。在具体服务的设计中,预估小组工作在介入社区互助养老过程中遇到的问题,完善社区养老实践模式,为社会工作角度的养老服务提供实践经验,使养老服务真正落到实处。提高社会工作的专业服务质量,拓展其服务领域并完善其专业技巧。

二、理论依据

(一)社会支持网络理论

社区和小组本身就是一个非常大的资源和支持系统,在社区养老实践中,充分挖掘社区老人之间的资源,同时建立强有力的关系网络,动员和发展社区资源,发挥社区老人彼此之间的工具性支持和表达支持,并通过一系列的小组行为模式,实施服务行动,使资源在老人之间达到共享,充分发挥"以老养老"的自助互助养老模式,与此同时,资源的链接和支持网络的形成也可以丰富老年人的晚年生活。

(二)优势视角理论

该理论强调以正向的角度和创新的思维模式应对老年人及其处境,挖掘老人自身以及环境中的资源和能量,应用到社区养老小组工作中,使其资源共享,帮助老年人彼此之间获得更多的资源支持和帮助,真正实现"问题视角"向"优势视角"的转换,达到社会工作助人自助的服务宗旨。

（三）社会交换理论

社会交换理论认为，老年人也可以给他人提供时间、劳动、帮助和扶持，甚至精神上的支持，反之也会收获来自被帮助者的帮助，这也可以看成是一种交换。这实际上也起到了鼓励人们互相帮助的作用，为他人提供服务，当将来自己有需要时，也会享受他人提供的服务。运用最早的就是西方国家推行的"时间银行"制度，那些没有达到老年年龄的公民，可以参加对老年人的帮扶照顾行动，来累积自己的服务时间或劳务时间，到了自己年老的时候，再用年轻时提供的服务来换取他人的服务。社会交换理论为社区老年人的互助养老行为提供了理论基础，它并不是指赤裸裸的金钱或物质交换，而是尊重、理解、支持与扶持的相互给予。

三、社区老年人现状

（一）社区老年人基本情况

该研究采用随机抽样的方式，在辽宁省选择了一些较为典型的社区进行抽样调研，同时采用参与性观察的方式进行相关资料的收集和整理，在此仅以S小区为例，以期更好地了解老年人的生活状态。

该小区处于城乡接合部，占地面积大，小区没有物业公司，环境卫生较差，加之管理宽松，存在安全隐患。小区的楼房多处于老化状态，缺乏定期维护，居民在小区生活自由性较大，有的房主在自家楼前围起了小栅栏，种上了蔬菜。小区居民中曾经的原住居民不多，居民多来自不同的地区，所以彼此较陌生。社区人员与居民缺少沟通，矛盾问题较多，信息也不流通。社区内老年人高达60%以上，他们彼此缺少沟通了解。老年人日常活动主要集中在菜市场、社区广场，或者是往返于家庭和学校之间接送孩子。由于社区常年不组织活动、宣传不力，社区内老年人逐渐对社区失去归属感，居民尤其是老年人群体对社区认同度低，参与公共事务意识薄弱。

该社区老年人以60—70岁居多，并且多数赋闲在家，其中1/3的老年人有退休金，为800—2000元不等，还有一部分有些积蓄，但数额不多。平时以打麻将作为主要的休闲方式,其次为散步和跳广场舞,女性占休闲群体的大多数。70岁以上老年人也占有一定的比例,但可能受身体健康状况的影响,出现在公共场合的不多。社区精英基本没有产生,只有一个组织广场舞的大妈,召集的人员在20人左右,没有形成一定的向心力。这些都为我们实施并开展社区互助小组提供了相应的参考。

(二)社区老年人健康状况

据调查,社区内老年人口中,健康老人约占30%;患有老年慢性病和其他疾病的老人约占55.10%,失能、半失能老人约占14%。

目前,医疗保险的覆盖率已经达到90%以上,但该社区老年人仍然存在看病难的问题,很多老年人都是根据自身的经验和他人的推介自行去药店购买药物,即便有些人有医保也很少去正规医院。据调查,多数老年人表示自身健康状况不好,但又负担不起高额医疗费用,在老人和医疗资源之间缺乏链接,社区医院的医疗水平亦没能取得老年群体的信任。

另外,社区现有资源所能提供的医疗服务十分有限,不能满足老年人的需求。除了一些医院或药品经销商偶尔在社区举行一些简单的体检和讲座之外,社区内很少举行大规模的医疗服务活动,唯一的社区医院也是门前冷落,老年人不到万不得已,一般也很少光顾。调查显示,多数老年人希望能及时有效地得到方便的医疗服务。

(三)老年人需求状况

在研究中发现,老年人的需求存在着一种"同心圆效应",多数老年人的需求已由物质转向精神、由家庭转向社区,希望自己的社交圈子不断扩大,休闲活动呈现一定的规模化和组织化。

对于社区内的一些文体活动,多数老年人表示愿意参与,但由于场地和人员限制,参与的机会不是很多。虽然街道居委会组织了老年大学和技能培训班,参加的老年人感到很满意,但也没能形成固定的关系网络,基本上是人走茶凉,各忙各的。值得注意的是,参加社区活动的只是少部分比较活跃的老年人,对于其他老人来说,缺乏必要的动员机制和激励措施,导致他们参与的积极性不高。

老年人有着充裕的闲暇时间,其社会交往和再社会化知识也需要不断丰富和提高,因此,如何将老年人组织起来,为其提供切合实际的文化生活和文化产品,成为社区建设的一个根本所在。调查显示,大多数老年人需要在社区内健身,因此健身设施的提供成为他们的首要需求,他们殷切希望在社区内开展丰富多彩的老年活动,以更好地满足他们的文化娱乐需求。一些老年人在这方面有着较大的优势资源,但因无人倡导和组织,他们只是在小范围内实现资源共享,没能在全社区内进行推广和运用。如组织广场舞的某人员,只是集合了和她要好的几位朋友和邻居,没有邀请更多社区居民参与。当调查人员问起时,她却强调这是社区干部的事,她只负责教舞蹈,不会组织人员。但据我们的调查,还是有很多人希望加入其中的,只是不好意思提出申请而已。于是,社区内资源的充分共享和社区精英的培养便成为社区互助养老的关键所在,如能将两者进行有效结合,那么互助养老将会事半功倍。

(四)老年人力资源

S小区老年人多是同行业人士,集中在工人、教师、文艺演员等职业领域。这些有一技之长的老年人,已经经过几十年的学习、工作,技能往往十分熟练,经验也非常丰富,可以节省很多的人力和物力,于社区精英的培养而言也是一大助力。并且人力资本积累与年龄呈正向相关,年龄越长,人力资本在劳动中积累的经验越多,能力越高。而这些资源在老人退休之后就被闲置,随着老人记忆力减退,这种人力资本也会逐渐缩减。于是,如何让这些优势资本继续发挥它们的光和热,也成为我们设计社区互助小组的重要依据之一。

四、建立社区互助养老小组模式

(一)组建小组工作团队

小组工作融合社区养老形成互助养老模式,需要在社区、社会组织和社会工作三方面开展工作。具体如图1所示。

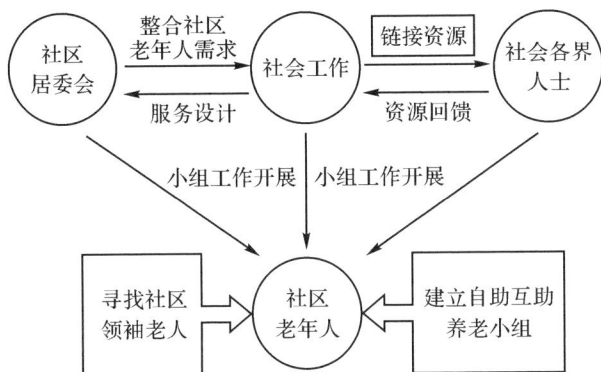

图1 社区互助养老模式

(二)小组工作设计

根据前期的整体调研,了解到社区内老年人的需求主要包括以下几方面:医疗健康、精神慰藉、社会参与。针对以上老年人实际的需求,借鉴发达国家的"时间银行"模式,进行小组工作设计。

设计一:小组前期的建立联系阶段

针对老年人实际情况,组成每周课程小组,系统地规划老年人日常课程安排,增进老人们之间的熟悉度,为他们提供沟通交流的场域,让老年人在休闲娱乐中实现与他人的互动,拉近彼此之间心理距离,消除陌生感,实现熟人群体的圈内建设。在这一过程中,社会工作者主要扮演了使能者和资源链接者的角色。在小组建设前期,要与老年人建立良好的专业关系,取得他们的信任。具体活动如表1所示。

表1 小组建设前期活动设计

主题	类型	功能	目标	社工功能
健步走,锻炼身体	支持小组	鼓励组员参加社区活动,使他们学会领导、服从、参与、决策等方法,并承担一定的责任和义务	通过健步走,提高老人的身体肌肉运动,延缓各组织衰老,强健体魄,放松身体,提高思维判断能力	在小组内挖掘组员的运动能力,以及领导并带动其他更多老年人锻炼身体

续表

主题	类型	功能	目标	社工功能
体检小组	治疗小组	预防各种老年病的发生,提供老人所需要的医疗支援。小组的预防功能主要体现在小组的经验分享和学习中	通过定期协助社区老年人进行体检,帮助老年人清楚了解身体状况,有效预防各种老年病	链接医疗资源,定期寻找专家为社区老年人开展健康讲座以及体检活动。发展老人成立社区内医疗小分队
社区文艺小组(舞蹈课、书法课、微信课等)	教育小组	组员在小组中实现成长和发展,通过教育和技能培训提升他们的自我意识和自信心。在组员的互动过程中,协助组员学习、反思、提高和成长	通过开设一系列老人喜爱的课程,陶冶情操、活跃身心,更好地展现老年人活力的一面,丰富社区老年人的生活	链接各种课程专业老师,逐渐培养社区各个专业团队,挖掘组内领导者并组建社区内文艺队伍
社区服务小组(护理课、志愿者培训课等)	互助小组	培养成员的社会意识和社会责任感,推动社会变迁	通过开设各种社区服务课程,让低龄的老人帮助社区有需要的老人,尤其是社区的空巢老人,在社区内形成互帮互助养老团体	链接服务资源,建设社区老人服务团队

设计二:小组建设中期的互助团体建设

"互助养老"是社区基层建设的一种组织方式,是因老年人的内在情感、沟通交流等需求而衍生的,是老年人实现自我增能和优化资源建设的重要途径,这种互助养老模式需要老人之间长期的沟通与联系,因此,在小组建设中期,维持老年人之间建立起的关系是非常重要的。根据前期的课程培训,综合开展社区工作和小组工作,如举办老年人乐于参与的文化体育等休闲娱乐活动,包括健康小组、文艺会演等,充分利用小组建设前期的技能培训课程,培养形成社区社会组织。在小组中期具体活动如表2所示。

表2　小组中期活动设计

类型	活动主题	活动内容	活动目的	预期效果
有共同兴趣,凝结居民内聚力小组	社区趣味运动会	组织老年人举办趣味运动会,以团队合作的游戏、文艺会演形式进行,邀请社区领导做评分裁判	丰富老年人日常生活,提升老年人社会参与意识,形成社区内部资源共享	增加老年人日常活动,改善老年人身体机能,加深居民之间的熟悉度
	居家厨艺大比拼	组织社区内厨艺较好的老年人,进行厨艺大比拼,并分享健康饮食的习惯。邀请社区空巢家庭老年人、丧偶和独身老年人作为评委	增进不同群体之间的交流沟通,让社区弱势群体的老人在社区有归属感	增加老年人之间的信息分享、资源共享
组建老年人社区社会组织	"乐居空巢"老年支援小组	组织社区有能力的老年人,定期探访社区内独居、丧偶、困难老人,对其进行精神开导,彼此交流分享,建立信任关系	通过社区内老人彼此交流沟通,不仅增进老年人之间的信任关系,更能了解老人实际需求	初步形成老年人互助团体,在社区内形成老年人的社会组织,初步达到以老养老目的

设计三:小组建设后期的互助模式形成

在互助养老小组建设后期,社会工作者的工作重点转移到增进老年人互助小组社会活动能力和资源整合,以及互助小组中组员互帮互助的执行力上。以尊重老年人意愿为前提,为老年人提供专业化的活动指导并与老人进行协商讨论,充分尊重老年小组的自主发展,适时地引导老年人分享在互助过程中的体验感受和心得,以更好地解决他们的生活问题和心理困惑。同时,对老年人的需求进行及时的评估,辅助老年人在互助的过程中实现自身的再社会化。在此过程中,为了使互助小组更具自主性并且能在社区长期稳定发展,工作者要不断挖掘和培养老年人互助小组的领导者,提升老年人自我管理、自助发展的能力,逐步形成社区自主化互助养老小组模式,淡出社会工作者的角色。具体活动如表3所示。

表3 小组建设后期活动设计

		小组内容	社工角色	预期效果
社区老年议事厅	议事厅组建	组建一个社区老年议事厅，根据老年人在小组建设前期和中期的表现以及老年人的实际能力，从中筛选出议事厅的组员10人，形成老年人互助养老服务小组	协调者、使能者、倡导者	通过组建老年议事厅，让老年人的社区互助养老形成规范；通过议事的方式提出社区养老问题的解决办法，协调各方力量给予支持；同时社工进行监督和指导，更大限度发挥老年人自身资源，动员老年人在社区内达到自助互助目的，形成"以老养老"的自主化模式
	议事厅工作内容	调查：社区内有需要帮助的老人（需求评估表）	倡导者	
		研讨会议：评估老人的需要，选择可满足的需求，组员商讨制订服务计划	支持者、资源协调者	
		服务：针对需求评估，有计划地分组进行服务	使能者	
		反馈：社工定期对议事厅的社区互助养老服务进行总结和反馈，逐渐规范议事厅服务	支持者	

在小组建设后期，重点关注小组团队的建设以及组内领导者的挖掘，在逐步引导的过程中，实现小组自主化。

五、结语

"互助养老"模式是老年人充分利用社区这样一个场域，优化自身和环境资源的一种有效方式。社区互助养老的优势在于老年人相互间的生活照料和精神情感交流体系的构建，能在一定程度上提升他们的生活幸福指数。在社区互助养老服务中，最主要的也是最困难的是老年人之间信任关系的建立，这种信任成为小组活动能否成功的重要影响因素。这种模式结合了家庭和社区以及老年人自身的资源建设，实现了真正意义上的专业性为老服务工作。

"互助养老"体系充分发挥了老年人自身的优势,将老年人的余热充分利用起来,实现了资源的有效利用和共享。尤其是小组工作的有效介入,为养老提供了高效的支持,使得我国的养老事业更上一个新台阶,也满足了老年人的优化养老需求。此类群体也是社区精英建设的主要力量,一旦产生,便成为我国社区基层建设的主力军,为社区居民的社区参与、社区管理、社区决策提供了可供借鉴的模式。通过小组活动的开展,能更好地发现和培养社区精英,这为社区干部储备也提供了一定的方便,在活动开展中帮助他们完善自我,以更好地为居民服务。

参考文献

[1]程勇,贺常梅.拓展老人社区照顾是最佳选择[J].市场与人口分析,1999(02).

[2]项丽萍.我国社区养老服务方式探析[J].青海社会科学,2007(05).

[3]胡永琴.人口老龄化背景下社区养老机制研究[J].中共哈尔滨市委党校学报,2008(06).

家园共育视域下母亲角色认知与实践研究*

陈　娴　郑晓洁　杨旖西**

摘　要:母亲相对于父亲在幼儿教养方面有着生理和心理的双重优势,她能用独有的细腻、敏感时刻关注孩子的发展变化,在处理育儿问题上也更有耐心,更能注重细节。同时,多数母亲不仅承担了家庭生活的主要责任,还在学校教育等各方面积极参与,对于孩子品格和行为的培养有很强的示范性。因此,在家园共育中如何充分发挥母亲家庭教育角色的作用,对幼儿的成才具有重要意义。

关键词:家园共育;母亲角色;亲子成长营

母亲作为幼儿的第一教养人,在幼儿成长过程中扮演着非常重要的角色。母亲的教养观念,以及一言一行都会对孩子产生潜移默化的影响。随着国家"二孩政策"的全面放开,幼儿园中怀孕的妈妈也越来越多,以浙江师范大学幼儿教育集团国际部为例,园中有1/3的家庭为二孩家庭,二孩家庭在教养过程中面临的问题往往比一孩家庭更为复杂。面对社会、家庭等各个方面的压力,作为家庭主要教养人的母亲在孩子教养过程中出现育儿焦

---

*　该文系2018年浙江省妇女研究会课题(编号:201809)研究成果。

**　陈娴,浙江师范大学幼儿教育集团人力资源部主任,高级教师,研究方向为学前教育及女性家庭教育。郑晓洁,浙江师范大学幼儿教育集团国际部副园长,一级教师,研究方向为幼儿社会性发展。杨旖西,浙江师范大学幼儿教育集团教师,网络宣传编辑,研究方向为幼儿园多元文化课程建构。

虑的概率也越来越高,这非常不利于女性的生理和心理健康。现实中还存在着诸多问题,如:很多母亲不知道如何正确地与孩子沟通相处,也不了解家园共育的重要性,从而错过了孩子成长的关键期。因此,该文旨在通过家园共育亲子课程的构建,促进家园合作,帮助母亲寻找孩子教养的新思路、新办法,进一步提升母亲的教养素质。

一、家园共育与母亲角色的互构

(一)家园共育的重要性

幼儿园和家庭是幼儿日常生活中接触最多的两个环境,两者有着各自的优势和特点。幼儿园教育具有很强的系统性和科学性,而家庭教育具有教育角色多样、渗透性强、灵活度高、针对性强等特点,是对幼儿园教育很好的补充。著名幼教专家陈鹤琴曾说:"幼儿教育是一种很复杂的事情,不是家庭一方面可以单独胜任的,也不是幼儿园一方面可以单独胜任的;必定要两个方面共同合作才能得到充分的功效。"这说明,幼儿园和家庭两者必须同向、同步形成教育合力,才能有效地促进幼儿的发展,为幼儿的成长营造良好的教育环境。家园共育是指幼儿园和家庭之间通过沟通交流、分享合作、资源共享等方式,达到促进幼儿全方位发展目标,促进幼儿、家长、教师共同成长的教育活动。它不仅能发挥家园共享资源的潜能,又能多方开发、利用社会的教育资源扩大教育时空,从而有效地促进幼儿的全面发展,增强家长的养育责任,促进亲子关系。

(二)母亲角色认知对家园共育的必要性

自古以来,家庭一直是人格形成的原点,母亲则是家庭教育中最重要的教养人。孟母三迁、岳母刺字、陶母退鱼等众多贤母的故事无不说明母亲素质在家庭教育中的重要性。以某附属幼儿园为例,据调查,目前幼儿家庭中以母亲为主要教养人的家庭占比高达91%。清华大学和北京大学联合发起的一项"与父母关系"的调查结果显示,约有98.20%的学生与母亲的关系处于"非常和谐或比较和谐"的状态。因此,母亲的素质在很大程度上影响着孩子"理性和德性"的形成，包括人格的塑造、智力的发展、良好行为习惯以及道德情操的培养。

但由于社会生活节奏加快，不少家长存在工作时间长、压力大等现象，尤其是"4＋2＋1"的家庭模式，更是无形中增加了母亲的育儿负担。不少母亲希望做到工作家庭两不误，但事实上，快节奏的生活使得她们没有更多时间参与孩子的成长，系统地学习育儿知识。在"获取教养知识途径"的调查中，48％的母亲选择了通过"互联网、微信公众号"等碎片化信息渠道获取育儿知识。由于碎片化阅读的信息来源相对随意，因此这种方式不利于帮助母亲建立起深度、理性化的知识体系。因此，如何帮助母亲掌握科学合理的育儿知识，对于幼儿园的家园共育工作具有重要意义。

（三）家园共育对母亲角色实践的作用

家园共育亲子课程是幼儿园在家园共育理念引领下，由幼儿园开发、家长和孩子共同参与的成长课程，对于增进双方情感交流、开发幼儿潜能、提升母亲素质具有重要意义。

1. 有利于提升母亲的文化素质

文化素质是指人们在文化方面所具有的较为稳定的、内在的基本品质，表明人们在这些知识及与之相适应的能力、行为、情感等方面综合发展的质量、水平和个性特点。由于幼儿园课程的涉及面广，因此也在无形中要求家长提高各方面的文化素质。亲子课程的作用主要帮助母亲提升文学、艺术、科学等方面的综合素养。

2. 有利于提升母亲的心理素质

心理素质是在遗传基础之上、在教育与环境影响下，经过主体实践训练所形成的性格品质与心理能力的综合体现。良好的亲子沟通的前提是稳定的情绪状态和健康情感，亲子课程能帮助母亲培养完善的育儿性格和丰富多样的兴趣爱好，也能帮助母亲缓解压力，提升育儿的幸福感。

3. 有利于提升母亲的道德素质

道德素质是指人在道德方面的内在基础，母亲的道德素质是衡量其认识和修养水平的重要尺度。而亲子课程对母亲思想道德素质的提升主要表现为：对国家、社会及个人关系的价值取向，对待生活中的成功与挫折的态度等,这种影响是在潜移默化中进行的。

4. 有利于提升母亲的健康素质

身体素质一般是指人体在活动中所表现出来的力量、速度、耐力、灵敏、柔韧等机能,是一个人体质强弱的外在表现。对于承担育儿重任的母亲来说,良好的身体素质尤其重要。亲子课程对母亲健康素质的提升主要表现在充分的亲子互动游戏及锻炼、科学的营养搭配学习等方面。

二、基于母亲角色养成的课程设计

家园共育亲子课程内容涵盖广泛,不同领域的内容能够提升母亲不同方面的素质,家园共育亲子课程通常分为园内和园外两部分。园内亲子课程,即在幼儿园范围内进行的有利于促进亲子关系和谐发展的教育活动,具有组织性强、专业水平高等特点。在充分利用幼儿园资源条件(包括场地、设施、材料、师资等)的基础上,幼儿园通过搭建教育分享平台,引导母亲参与到幼儿的一日生活以及主题的实施过程中来,提升母亲教育素质,促进家园协调合作发展。而园外部分的课程则发生在幼儿最熟悉的家庭生活内环境或是周边外环境中,强调母亲与幼儿的高黏度互动,充分发挥其个人及家庭的教养价值,给予幼儿高质量的陪伴,促进双方情感和能力的共生发展。

(一)生命教育主题课程

生命教育主题课程是以生命活动为中心,以奠定幼儿完善的生命品格和人格特征为目标,引导幼儿认识生命、爱护生命、敬畏生命的主题课程。大到整个自然,每一分每一秒,我们都在经历着生命的轮回;小到每一个家庭,我们都不可避免地会迎来生命的诞生和消逝。作为给予幼儿生命的人,母亲这个角色在很大程度上就是幼儿对生命理解的起点。因此,在幼儿生命主题教育中,母亲的参与对加深幼儿的生命认知具有重要作用。而如何面对和接纳生命的往复,也是每一名母亲终身的必修课,不仅能抚慰幼儿的心灵,也能提升自我的道德素质和精神境界。

以生命主题"二孩时代"为例,二孩家庭首先要解决的问题就是如何处理二孩来临时幼儿的心理上的巨变,帮助幼儿实现情绪的平稳过渡。在主题实施的过程中,我们邀请了一位二胎孕妇来到幼儿园,孩子们看到她后都十分惊讶和好奇,这是他们第一次近距离感受生命的脉动。后来,这位孕妇经常到访,给孩子们讲"怀孕的那些事儿",而孩子们也学着给这位孕妇和宝宝做记录,甚至通过绑皮球的形式,自己体验了怀孕的感觉。看着这位孕妇一天天变大的肚子,那些刚开始哭喊着不要弟弟妹妹的孩子也逐渐地喜欢上了这个还未曾谋面的小生命。

我们让孩子去采访自己的妈妈并用视频的形式记录下来,听听自己在妈妈肚子里的时候都发生了哪些事情。妈妈们则早早做好了准备,一边讲述,同时拿出过去的老照片给孩子看,这样的采访形式让孩子们很受感动,很多孩子自然而然地开始表达对母亲的感激之情,从而加深了他们对生命的尊重和敬仰。

(二)阅读能力培养课程

阅读对于幼儿来说,是一种认识世界的重要方式。良好的亲子共读活动能让阅读的兴趣得到充分的刺激,培养孩子良好的生活与学习习惯,丰富孩子的知识面,使其观察、思考和提问、分析、沟通、表达和创新等方面能力得到很好的锻炼。阅读对于母亲来说,不仅是一种学习手段,也是一种休闲方式。在工作之余花点时间陪孩子阅读书籍,不仅能提高自己的文化素质和心理素质,还能进一步了解孩子的喜好和心理,孩子的成长也是一本书,亲子阅读让母亲和孩子共同成长。

以亲子阅读活动"睡衣派对"为例,在苏斯博士生日的当天,我们把班级变成了"家",班里都换上了软软的地垫,搭起了温馨的帐篷,可爱的毛绒玩具铺满了教室,而当天的主角——书,自然是随处可见。孩子们牵着妈妈的手来到幼儿园,换上舒服的睡衣后,就开始随心所欲地在书的海洋里畅游。自己看,和好朋友分享看,依偎在妈妈怀里听妈妈讲故事,角色扮演大比拼……因为有了妈妈的到来,孩子们的情绪很高,对阅读的兴趣也比平常浓厚了不少。有温度的故事,有温度的游戏,这样的睡衣派对也格外温馨。

在家庭中可以建立"小小家庭图书馆",促进家庭亲子共读。打造一个轻松休闲的阅读氛围,一张书桌,一个书架,一些好书,也许对孩子来说就是一个阅读天堂。选择固定的时间进行亲子共读,可以是饭后,也可以是睡前。妈妈和孩子一起挑选一本喜欢的图书,一起促膝而坐,阅读、讨论、交流,在阅读的过程中幼儿能充分体会到母亲对自己的爱意,促进安全感、信任感的形成,在无形中增进母子亲情。如果孩子愿意听母亲说话,那么在未来的教养过程中,母子的冲突会减少,沟通也将更为顺畅。

(三)饮食习惯培养课程

培养幼儿良好的饮食习惯即"食育",食育一词起源于日本,倡导用食物的温度塑造孩子良好的饮食习惯。反思当前,我园部分幼儿存在营养不良或营养过剩的情况,幼儿对食物营养的认识缺乏以及不健康的饮食习惯和生活方式是引起营养失衡的重要原因。每天的"一餐两点"中老师、保育员要花大量时间和精力去劝说孩子进餐,当询问孩子不肯吃饭的原因时,有的孩子说:"我只想吃我妈妈做的菜。"因为母亲赋予了食物情感和温度。

以食育活动"辣妈厨房"为例,每周星期二,我们会邀请班里一个孩子的母亲到幼儿园来,带着孩子们共同制作美味的点心。根据季节的不同学习制作应季的点心,感受大自然的四时不同、风味万千。结合多元文化主题学习制作不同国家、不同民族的特色食品,感受全球味道的包罗万象,体会从食物中传递出的异域风情。同时,付出辛勤汗水后收获的美味也让孩子们学会了珍惜食物,学会了感恩自然、感谢父母。妈妈们的"营养师大讲堂"不仅给孩子们传递了科学、艺术、健康等方方面面的知识,也为自身的科学育儿打下了坚实的基础。

在家庭中母亲和孩子相处的机会很多,可以做的食育能力培养也更广泛和深入,每天的三餐都可以让孩子参与进来,和孩子一起讨论一日食谱,学习如何进行营养又美味的搭配,一起列购物清单,一起去菜市场买菜,鼓励他们独立去询价、砍价、结账,这对幼儿的社会交往能力和应变能力是很好的锻炼。让孩子帮忙择菜、洗菜,不仅能促进他们手部肌肉力量和手脑协调性的发展,还能进一步加深其对食物的认知,也能让他们学会珍惜食物以及来之不易的劳动成果。在这个过程中母子双方的健康素质不仅得到提升,母亲也能充分搭建起与幼儿的情感联结。

（四）户外运动探索课程

在幼儿园的亲子活动中，少不了以提升幼儿健康素质为目标的体育活动，传统的组织形式有亲子运动会、亲子游园会等。但由于母亲相比父亲在体能方面稍弱一些，因此一些以户外拓展为主的亲子活动往往由父亲担任主角。这是不是意味着母亲的角色就不重要了呢？除了传统的后勤保障工作，母亲有着女性特有的细腻情感优势，因此在户外亲子活动中，母亲往往还起着十分重要的情感沟通作用。

以户外素质拓展活动"爸爸去哪儿——丛林大冒险"为例，爸爸妈妈要带着孩子翻越丛林、溪流等重重阻碍到达终点。爸爸们纷纷使出浑身解数，抱着孩子翻山越岭，充分展示了男性的魅力。这时候妈妈们也没闲着，她们除了是一流的啦啦队，也是最专业的后勤保障。妈妈们温柔的话语和温暖的拥抱，搭建起情感沟通的桥梁，共同创造出爱的氛围。这些细小举动传递出浓浓的爱意，让幼儿真真切切地体会到来自父母双方的爱，这份珍贵的情感也会深深留在孩子的心里。

要多带孩子去探索周边的自然和社会环境，在天气晴好的时候把游戏场地搬到户外去。每个孩子最希望的事就是父母能陪伴自己玩耍。和孩子一起做只风筝，并把它装饰得漂漂亮亮，在草长莺飞的季节一起享受在风中奔跑的感觉。许多妈妈平常喜欢做瑜伽，只需要动动脑筋，那些瑜伽垫、瑜伽砖、瑜伽球都会成为孩子游戏中的好道具。趁着长假时光，和孩子策划一次"说走就走的旅行"，母子一起制定旅游攻略，一起整理行李箱，一起乘坐交通工具，一起打卡好看的、好吃的、好玩的新鲜事物，共同拓展视野，增长见识。哪怕只是在户外跑跑跳跳，玩一玩踩影子、两人三足等互动游戏，也能让孩子更爱你一分。

三、促进母亲角色认知与实践的路径

家园共育亲子课程，应充分融合母亲的角色特点，发挥女性在日常生活中的优势和特长，在温馨的家庭氛围中促进亲子关系以及家庭成员间的和

谐,提升母亲的教养能力和素质,从而达到家园共育的教育理想。实现母亲高频率参与家园共育的具体方法和途径有:

(一)借助女性节日,打造专属于母亲的"魅力节"

节日是生活赋予的仪式感,每一个节日都具有独特的情景性、实践性和趣味性,十分有利于体验式学习的开展。一年中的节日很多,与女性相关的节日也很多,如"三八国际妇女节""母亲节"等,应充分把握教育契机,利用节日带给幼儿的直观感受,开展亲子活动,帮助幼儿拓展对母亲角色的认知。除了已有的节日,教师也可以充分发挥教育机智,打造专属于本园母亲的"魅力节",例如我园专门为母亲设置的"女神来了"活动,将母亲置于活动的中心,衍生出一系列专属于母亲和孩子的亲子活动。在亲子互动过程中鼓励母亲充分展示才华与魅力,同时相互学习与提高,充分将亲情教育有机地渗透到各领域的教学中。

(二)开展体验式主题教学,增进家园沟通共享

对孩子来说,妈妈如老师,每位母亲都来自不同的行业,有着不同的工作,这本身就是丰富的教育资源。通过"妈妈助教"的形式,在主题活动开展中邀请各行各业的母亲来园进行体验式教学,充分发挥她们的专业特长。活动形式丰富多样,如与孩子们共同制作食品、做手工,一起开展游戏、体育竞赛活动,等等。通过开展家长体验式主题教学,对幼儿园来说可以在教学过程中融入更多新理念、新内容,面向家长全方位展示幼儿园的各项活动。鼓励母亲与教师一起进行合作小组的讨论,为幼儿园的教学科研提供多样化的视角。对于母亲而言,这样的体验式教学能让妈妈在工作之余走进课堂和孩子零距离接触,提升亲子情感的温度。通过具体的参与,母亲能充分感知幼儿园教育给孩子成长带来的益处,增进与教师之间的交流互动,不断更新育儿理念,解决一些教育孩子的问题与困惑,与孩子共同成长。

(三)创设亲子成长营,促进母亲专业成长

家园共育亲子课程为家长尤其是承担主要教养角色的母亲开设了富有针对性的"亲子成长营"。一方面,鼓励家长积极参与幼儿园的主题教学,如

"一起去旅行"主题中,我们邀请母亲来园对各自家乡的风土人情进行有趣的介绍,帮助幼儿消除对"地名"的陌生疏离感,更快融入旅行的氛围之中,为之后真实的旅行做了很好的铺垫。在"睡衣派对阅读日"活动开展前夕,对母亲们的亲子共读能力进行有效的培训,让她们了解该如何与孩子共同阅读绘本,如何给孩子讲故事。并且在活动当天邀请她们共同参与,让孩子们轻轻依偎在母亲怀里,共享阅读,共享亲情。另一方面,搭建线上线下双平台,促进信息的及时分享。定期举办"Mum Salon"等活动,增进母亲之间的交流与沟通,共同分享育儿经验。"妈妈圆桌会"上,针对同一个教育问题的不同见解,也能很好地帮助母亲打开思路,思考更具个性化的教育方式。同时,邀请国内外资深的幼儿教育专家前来幼儿园开设讲座,帮助妈妈们更新教育观念,为其提供有效的教养方法。

四、结语

在大量教育实践中,我们发现让母亲参与到幼儿园的教育和管理中来,对于促进幼儿的身心发展颇有益处。而家园共育对于充分发挥母亲的生理和心理优势,提升母亲的综合素质,营造和谐稳定的家庭氛围也具有重要意义。孩子们在这样的亲子课程中素质能力得到提升。尤其是在社会交往能力的发展上,"亲子成长营"能很好地帮助幼儿跳出现有的成长圈,不断拓展教育时空,大手拉小手,一同去看精彩的世界,既增进了亲子间的情感,又促进了幼儿亲社会行为的发展。幼儿园、教师、家长通过共同努力,为幼儿营造出一个"三位一体"爱的生态式家园,让孩子为未来生活做好准备,也帮助每一位母亲成为更好的自己。

参考文献

[1]严荷君,闫伟.女性与和谐家庭构建:基于女性妻子与母亲双重素质探讨[J].雪莲,2015(33).

[2]胡瑛,徐帅.Hey!爸爸去哪儿:浙江师范大学杭幼师院幼儿园国际部九溪丛林大冒险[J].幼儿教育(父母孩子版),2014(07).

［3］中华人民共和国教育部．3—6岁儿童学习与发展指南［M］.北京:首都师范大学出版社,2012.

［4］教育部基础教育司.《幼儿园教育指导纲要(试行)》解读［M］.南京:江苏教育出版社,2002.

［5］莫建秀．学前儿童母亲教育素质及其开发研究［D］.上海:华东师范大学,2007.

女性发展与社会支持

天津市产妇产后抑郁影响因素及
干预模式初探

魏晓薇　翟宏堃　孟祥寒　周彦榜　李　强*

摘　要：该文旨在了解天津市女性产后抑郁发病情况；考察影响产后抑郁发病的社会心理因素，明确各个社会心理因素对产后抑郁发病的影响及其模式，并建立产后抑郁的大数据模型。调查中采用问卷调查法，选取产后6个月以内的产妇进行调查，采用列联表关联分析和独立样本t检验对数据进行差异分析，并采用 Logistic 回归对数据进行拟合及预测建模。本次调研共收集有效问卷 380 份。天津市女性产后抑郁的时点患病率为 25.60%；差异分析显示农村和城镇被试产后抑郁患病率高于城市被试，对新生儿性别不满意会使得产后抑郁患病率提升；与正常产妇相比，产后抑郁被试的年龄更低，与家庭成员关系更差，与配偶的恋爱时长更短，孕期锻炼更少，孕期配偶陪伴更少，对怀孕相关知识掌握程度更差，表现出独特的易感性人格特质，社会支持程度更差，依恋方式更不健康，遇到问题时更倾向采用非适应性的认知情绪调节策略；Logistic 回归分析显示，非独生子女孕期知识掌握、高水平利用社会支持、采用理性分析的认知情绪调节策略是防止产后抑郁的保护因素，而采用沉思、灾难化、责难自己的认知情绪调节策略，回避型依恋，与公婆关系差，家庭所在地为城镇或农村，配偶对新生儿性别不满意是导致产后抑郁的危险因素。

关键词：产后抑郁；Logistic 回归；依恋；认知情绪调节

---

* 魏晓薇，南开大学周恩来政府管理学院博士研究生，研究方向为临床与咨询心理学。翟宏堃、孟祥寒和周彦榜均为南开大学周恩来政府管理学院社会心理学博士研究生。李强，南开大学周恩来政府管理学院教授、博士生导师，研究方向为社会心理学、临床与咨询心理学。

一、引言

在我国工业化、现代化快速推进过程中,心理健康不仅是影响幸福感的个人生活问题,更是影响社会经济发展的重大公共卫生问题和社会问题。习近平总书记在中共十八届五中全会和全国卫生与健康大会上提出加强心理健康服务、健全社会心理服务体系的要求。《健康中国2030规划纲要》也提出"加大全民心理健康科普宣传力度,提升心理健康素养"。由此可见,提升居民的心理健康水平是当前社会和政府普遍关注的、十分重要而紧迫的问题。

国家和政府高度重视提升人民心理健康水平的重要原因之一,是当前国民心理健康水平不容乐观。国家卫生和计划生育委员会宣传司在官网上于2017年4月发布的数据表明,近年来抑郁障碍和焦虑障碍患病率总体持续上升,特定群体的心理健康问题,如女性的围产期抑郁障碍和男性酒精成瘾等精神疾患呈持续上升趋势。[1]产后抑郁(Postpartum Depressive,PPD)是一种产后6周内潜伏起病的不典型抑郁,是严重影响育龄妇女心理健康水平的精神障碍之一。在《精神障碍诊断与统计手册》(第五版)中,产后抑郁被定义为伴随围产期发生的精神障碍,其主要症状包括:每天大部分时间体验到心境抑郁;参加活动的兴趣减少;体重明显减轻或增加;食欲明显减退或增加;失眠或睡眠过多;精神运动性激越或迟滞;经常感到疲劳或精力不足;感到毫无价值,自责内疚;思考或注意力集中能力减退,犹豫不决;产生自杀意念或计划。有文献表明,我国产后抑郁的发病率约为7.30%—34.90%[2],这一数字近年来呈现不断上升趋势。产后抑郁是女性生育期致残率最高的疾病,除了会严重影响产妇的身心健康,还会对其家庭和婚姻关系、后代抚养能力和后代身心发展造成负面影响。

二、产后抑郁的影响因素

当前学界对于诱发产后抑郁的影响因素探讨得比较深入。产后抑郁的发病是一个心理—生理—社会三因素共同作用的过程。其主要影响因素可归结为生理—生物因素、社会—人口学因素及心理因素三个层面。

(一)生理—生物因素

1. 遗传因素

遗传因素对于产后抑郁的影响包括表观遗传和行为遗传两个路径。表观遗传路径，即基因对于产后抑郁的影响路径。特殊基因在性激素和压力的调节下，影响下丘脑—垂体—肾上腺轴。行为遗传路径探讨了遗传与行为的交互作用对产后抑郁代际传递的影响。产后抑郁的母亲存在更多的不良抚养方式，这可能导致子代也出现抑郁的症状。这种遗传不仅是因为子代遗传了母亲的易感性基因，而且是因为子代习得了母亲的不良行为方式。

2. 围产期因素

围产期因素是影响产后抑郁发病的重要因素。分娩本身是产妇经历的一次重大应激事件，分娩方式及分娩过程是否顺利在很大程度上影响产后一段时间内产妇身心恢复情况。研究表明，早产、不良分娩结局、人工助产和被迫剖宫产会增加产妇产后罹患抑郁的风险。

3. 睡眠因素

睡眠质量是产后抑郁的重要预测因素，睡眠质量问题也是产后抑郁的主要症状之一。睡眠障碍（睡眠过多或不足）是《精神障碍诊断与统计手册》（第五版）列举的抑郁障碍的症状之一，睡眠问题和产后抑郁症本身存在高度相关性。除此之外，影响产妇睡眠质量的最重要因素是夜间哺乳或被新生儿吵醒。睡眠问题可能暗示产妇处于缺少帮手的状态中，而缺少帮手是导致产后抑郁的重要危险因素。

(二)社会—人口学因素

1. 人口学变量

分娩既是一个生理过程，也是一个社会过程。母亲诞下新生儿后，要面对一系列社会身份的转化。母亲要经历从妻子到母亲的身份转变，新生儿的降临也带来了全新的家庭和社会关系。在这一转换过程中，社会—人口学因素难以避免地会对产妇的身心适应产生影响。这些因素越是有利于产妇适应产后生活节奏,越是能保护产妇远离产后抑郁的困扰。其中,夫妻关系、家庭关系、居住环境水平、学历水平、收入水平、是否有人帮助照料婴儿、生产知识知晓水平、社会支持水平能够负向预测产后抑郁症发病;孕期负性生活事件、产妇年龄过大或过小、产妇与丈夫年龄差、产妇及丈夫对新生儿性别接受程度能够正向预测产后抑郁症发病。

2. 社会支持

在社会—人口学因素中,社会支持水平是重要的预测因素。社会支持是指个体能够在社会关系中主观体验到的支持水平、客观存在的支持情况及自身对社会支持的利用能力,由主观社会支持、客观社会支持和社会支持可利用度三个因素构成[3]。社会支持是维系个体心理健康的重要影响因素,良好的社会支持有利于健康,劣性的社会关系则损害身心健康。究其原因:社会支持一方面能够对应激状态下的个体提供保护,另一方面对维持一般良好情绪体验具有重要意义。对于产妇而言,社会支持的另一层积极意义在于:有效的社会支持利用有助于分担产妇照顾婴儿的生活负担,使其有更多的精力用于产后恢复,有更多余裕时间对母亲这一角色进行适应。成为一名母亲,承担照料婴儿的工作是一个重要的生活压力源,社会支持个体在应激状态下是非常重要的保护因素。同时,许多其他影响因素,诸如是否有人帮助照料婴儿、夫妻关系、家庭关系等,都可归结为社会支持的一部分。

（三）心理因素

1. 人格

人格是个体在日常生活中表现出的一系列稳定的心理特征。研究表明,许多人格特征与心理易感性息息相关,表现出某些人格特征的个体可能更容易患抑郁症。性格内向、情绪不稳定、过分敏感产妇更容易受到产后抑郁的困扰。[4]Boyce等人的研究表明,人格特质中的应付性、神经质、胆怯性、敏感性、忧虑性、组织性、强迫性、表达性和不稳定性这9个维度对抑郁症的发病有预测作用。

2. 依恋风格

依恋最初是指婴儿与其主要抚养者之间形成的情感联结模式。这种依恋模式会在个体日后的生命历程中扩展,尤其会折射到个体与其浪漫关系对象的相处之中。依恋风格分为安全型依恋、恐惧型依恋、专注型依恋和冷漠型依恋。其中恐惧型、专注型和冷漠型依恋风格都属于不安全依恋模式，不安全依恋模式是产后抑郁发病的危险因素。研究表明，夫妻关系是产后抑郁发病的重要影响因素，依恋风格影响了围产期妇女与丈夫之间的相处模式，从而影响到夫妻关系，对于产后抑郁产生间接影响。

3. 认知情绪调节策略

认知情绪调节是指个体为了应对内外环境要求及其有关的情绪困扰而做出的认知努力。当外部世界发生改变后，个体会对外部事件进行一系列的认知加工，这种认知加工模式决定了其在社会交往中采用的策略，也影响了个体的情绪表达水平。认知情绪调节策略和个体的抑郁、焦虑之间存在着显著相关关系，是生活事件和心理健康水平之间的重要中介变量。

三、研究方法

（一）被试

发放问卷 426 份，回收 422 份，其中有效问卷共 380 份。被试全部为女性；年龄范围为 19—42 岁（28.91±3.95）；教育水平方面：初中及以下 52 人，高中或中专 52 人，大专 106 人，本科 136 人，研究生及以上 34 人。174 名被试家庭所在地为城市，104 名被试家庭所在地为城镇，102 名被试家庭所在地为农村。被试的孕产期基本情况如下：是否为经产妇（非初次怀孕生子）方面，126 名被试为经产妇，254 名被试为初产妇；分娩方式方面，85 名被试为经阴道分娩，134 名被试为经阴道分娩（侧切），125 名被试为自愿剖宫产，36 名被试为被迫剖宫产。

（二）变量测量

1. 人口学变量

根据前期文献中提供的可能存在风险因素，本研究选取以下人口学变量：年龄，产妇文化程度，配偶文化程度，家庭人均月收入，家庭所在地，是否为独生子女，与配偶恋爱的时间，与父母、公婆、配偶的关系。

2. 围产期基本情况问卷

研究表明,产妇孕产期的经历会影响其产后抑郁发病水平。本研究考察的孕产期基本情况包括:是否为计划内分娩,孕期,产期,孕次,是否为经产妇,此前生育的子女数量、流产情况、分娩方式、哺乳方式、婴儿出生体重、妊娠期患病情况(甲状腺功能减退、乳腺类疾病、高血压或心脏病)、孕期锻炼情况,产后配偶陪护频率,孕产期保健知识了解情况、自己、配偶、父母、公婆对婴儿性别满意水平。

3. 爱丁堡产后抑郁量表(Edinburgh Postnatal Depression Scale,EPDS)

爱丁堡产后抑郁量表由 Cox 等人编制后几经修订。该量表共 10 个条目,包含情感缺失、抑郁、焦虑三个维度。该量表采用 Likert 4 级计分,"从不"计 0 分,"偶尔"计 1 分,"经常"计 2 分,"总是"计 3 分,总分范围为 0—30分。本研究采用香港大学 Lee 的团队在 1998 年修订的版本,因文化差异该版本推荐的临界值为 9.5。此版本量表在我国范围内具有良好的适用性,可作为产后抑郁筛查工具使用。

4. 易感性人格类型量表(Vulnerable Personality Style Questionnaire,VPSQ)

易感性人格类型量表由 Boyce 等人于 2001 年编制。该量表共计 9 个条目,分别对应以下 9 种人格特征:应付性、神经质、胆怯性、敏感性、忧虑性、组织性、强迫性、表达性和不稳定性。该量表采用 Likert 5 级计分,从"完全不符合"到"完全符合"分别计 1—5 分。易感性人格类型量表主要用于评定与产后抑郁相关的人格特征,可以起到识别早期产后抑郁之作用。

5. 社会支持评定量表(Social Support Rating Scale,SSRC)

社会支持评定量表由肖水源编制。本量表共计 10 个条目,采用 Likert 4级计分。其中,第 1—4 题和第 8—10 题为单选题,(1)(2)(3)(4)四个选项分别对应计 1、2、3、4 分。第 5 题分 A、B、C、D 四项分别计分,每个选项从"无"到"全力支持"分别计 1—4 分,四项得分加总即为第 5 题得分。第 6、7 题,如回答"无任何来源"则计 0 分,如在"下列来源"中选择选项,那么有几个支持来源则计为几分。该量表分为客观社会支持、主观社会支持和社会支持利用度三个维度。其中,第 1、3、4、5 题表征主观支持维度,第 2、6、7 题表征客观支持维度,第 8、9、10 题表征支持利用维度。各分量表及总量表得分越高,表明社会支持程度越好。

6. 亲密关系经历量表(Experiences in Close Relationship Inventory,ECR)

亲密关系经历量表由 Brennan 等人于 1995 年编制。该量表用于测量成人依恋类型。本研究采用李同归和加藤和生在 2006 年修订的中文版本。中文版量表包含 36 个项目,其中奇数项测量依恋回避维度,偶数项测量依恋焦虑维度。该量表采用 Likert 7 级评分,从"一点也不符合"到"完全符合"分别计 1—7 分。中文版量表具有较好的信效度,是目前测量成人依恋类型的常用测量工具。

7. 匹兹堡睡眠质量指数问卷(Pittsburgh Sleep Quality Index,PSQI)

匹兹堡睡眠质量指数问卷由 Buysse 等人在 1989 年编制。刘贤臣等于 1996 年修订了该量表的中文版本。该量表主要用于评定被试最近一个月内的睡眠质量,量表共包含 18 个条目,包括主观睡眠质量、入睡时间、睡眠时间、睡眠效率、睡眠障碍、催眠药物和日间功能障碍 7 个维度。每个维度按照 0—3 四级计分,各个维度的分数之和为总分,总分越高,表明被试睡眠情况越差。

8. 认知情绪调节问卷(Cognitive Emotion Regulation Questionnaire,CERQ)

认知情绪调节问卷由 Garnifski 等人在 2007 年编制,主要用于测量个体在经历负性生活事件后所使用的认知情绪调节策略或应对方式。该问卷区分了 9 种认知应对策略的因子,分别是:接受、积极重新关注、理性分析、积极重新评价、重新关注计划、责难自己、责难他人、灾难化和沉思,其中前 5 种属于适应性策略,后 4 种属于非适应性策略。该量表共计 36 个项目,采用 Likert 5 级评分。被试在某个因子上得分越高,在面临负性生活事件时就越有可能使用这个特定的认知策略。量表中文版由朱熊兆、姚树桥等人修订。该量表中文版具有较好的信度和效度。

(三)施测过程

本研究采用问卷法,选取进行产后 42 天检查的产妇,由主试现场督导被试进行问卷填答,填答后给予被试一套婴儿学步袜或等价值的现金红包;此外,问卷末尾申明若被试提供有效的联系邮箱,课题组会在该测评完成的三周之内向该邮箱提供被试此次的心理测评报告。报告书中会反馈产后抑郁相关知识、每位被试当前心理健康情况、可能导致产后抑郁的危险因素和产后抑郁求助途径四项主要内容。

四、研究结果

（一）天津市女性产后抑郁的时点患病率

本研究按照王玉琼等人（2009）的建议，将产后抑郁筛查临界值定为EPDS量表得分为9.5分及以上的情形[5]，测得天津地区女性产后抑郁的时点患病率约为25.60%。

（二）不同人口学变量与产后抑郁患病之间的关系

采用列联表分析对各分类型人口学变量与产后抑郁患病之间的关联（Association）进行分析，结果显示，家庭所在地与产后抑郁患病之间存在显著关联，农村和城镇被试产后抑郁患病率高于城市被试；受教育水平、配偶受教育水平、是否为独生子女与产后抑郁患病之间不存在显著关联（见表1）。

表1　不同分类型人口学变量与产后抑郁患病之间的列联表分析

变量	水平	未患病	患病	Chisq	df	p
受教育水平	初中及以下	34	18	3.66	4	0.45
	高中或中专	38	14	—	—	—
	大专	80	26	—	—	—
	本科	106	30	—	—	—
	研究生及以上	27	7	—	—	—
配偶受教育水平	初中及以下	32	12	5.07	4	0.28
	高中或中专	54	15	—	—	—
	大专	68	33	—	—	—
	本科	103	27	—	—	—
	研究生及以上	28	8	—	—	—

续表

变量	水平	未患病	患病	Chisq	df	*p*
独生子女	是	99	30	0.19	1	0.66
	否	186	65	—	—	—
家庭所在地	城市	141	33	6.24	2	0.04
	城镇	73	31	—	—	—
	农村	71	31	—	—	—

采用独立样本 *t* 检验对各连续型人口学变量与产后抑郁患病之间的关系进行分析,结果显示,与对照组相比,产后抑郁被试的年龄更低,与父母、公婆、配偶的关系更差;在家庭平均月收入方面,不同组被试之间的差异不显著(见表2)。

表2　不同产后抑郁患病情况被试各连续型人口学变量差异的独立样本 *t* 检验

变量	组别	Mean	SD	*t*	df	*p*
年龄	产后抑郁组	28.20	3.99	2.02	158.90	0.04
	对照组	29.15	3.92	—	—	—
收入	产后抑郁组	9117.89	20772.92	−0.19	111.47	0.85
	对照组	8694.75	10818.90	—	—	—
与父母关系	产后抑郁组	1.63	0.79	−4.95	115.90	0
	对照组	1.21	0.46	—	—	—
与公婆关系	产后抑郁组	2.21	0.97	−6.08	127.72	0
	对照组	1.56	0.69	—	—	—
与配偶关系	产后抑郁组	1.46	0.67	−3.99	116.27	0
	对照组	1.18	0.39	—	—	—

(三) 不同孕产期情况与产后抑郁患病之间的关系

采用列联表分析对各分类型孕产期情况变量与产后抑郁患病之间的关联进行分析,结果显示,本人对新生儿性别满意度、配偶对新生儿性别满意度、父母对新生儿性别满意度、公婆对新生儿性别满意度与产后抑郁之间存在显著关联,对新生儿性别不满意会使得产后抑郁患病率提升;孕期疾病、喂养方式、分娩方式、流产经历、是否为经产妇、是否为计划内怀孕与产后抑郁患病之间不存在显著关联(见表3)。

表3　不同分类型孕产期情况变量与产后抑郁患病之间的列联表分析

变量	水平	未患病	患病	Chisq	df	p
计划内怀孕	是	204	61	1.50	1	0.22
	否	81	34	—	—	—
是否为经产妇	经产妇	97	29	0.25	1	0.61
	初产妇	188	66	—	—	—
流产经历	自然流产	27	6	3.53	2	0.17
	人工流产	78	19	—	—	—
	无流产经历	180	70	—	—	—
分娩方式	经阴道分娩	62	23	2.75	3	0.43
	经阴道分娩(侧切)	106	28	—	—	—
	自愿剖宫产	93	32	—	—	—
	被迫剖宫产	24	12	—	—	—
喂养方式	母乳	188	58	1.19	2	0.55
	人工	14	7	—	—	—
	混合	83	30	—	—	—
孕期甲状腺疾病*	无	268	86			0.25
	有	17	9			—
孕期乳腺疾病*	无	276	88			0.13
	有	9	7			—
孕期高血压或心脏病*	无	274	90			0.56
	有	11	5			—
本人对新生儿性别满意度*	满意	277	86			0.02
	不满意	8	9			—

续表

变量	水平	未患病	患病	Chisq	df	p
配偶对新生儿性别满意度*	满意	283	85	—	—	0
	不满意	2	10	—	—	—
父母对新生儿性别满意度*	满意	280	88	—	—	0.01
	不满意	5	7	—	—	—
公婆对新生儿性别满意度*	满意	275	85	—	—	0.01
	不满意	10	10	—	—	—

注:标星的变量由于存在期望频数过小的单元格,不宜采用卡方检验,因此换用fisher精确检验。

采用独立样本 t 检验对各连续型孕产期情况变量与产后抑郁患病之间的关系进行分析,结果显示,与对照组相比,产后抑郁被试与配偶的恋爱时长更短、孕期锻炼更少、孕期配偶陪伴更少、对怀孕相关知识掌握程度更差;在孕期方面,不同组被试之间的差异不显著(见表4)。

表4 不同产后抑郁患病情况被试各连续型孕产期情况变量差异的独立样本 t 检验

变量	组别	Mean	SD	t	df	p
恋爱时长	产后抑郁组	4.87	2.98	2.37	191.08	0.02
	对照组	5.76	3.57	—	—	—
孕期	产后抑郁组	38.69	2.04	1.31	298.55	0.19
	对照组	40.40	21.73	—	—	—
孕期锻炼	产后抑郁组	1.91	1.03	2.82	182.25	0.01
	对照组	2.26	1.18	—	—	—
孕期配偶陪伴	产后抑郁组	3.00	0.86	3.15	144.74	0
	对照组	3.31	0.75	—	—	—
孕期知识掌握	产后抑郁组	2.45	0.71	3.42	146.79	0
	对照组	2.73	0.63	—	—	—

(四)社会心理变量

1. 易感性人格

采用独立样本 t 检验对易感性人格与产后抑郁患病之间的关系进行分析,结果显示,与对照组相比,产后抑郁被试表现出更少的应付性的人格特质,表现出更多的神经质、胆怯性、敏感性、忧虑性、强迫性、表达性和不稳定性的人格特质;在组织性方面,不同组被试之间的差异不显著(见表5)。

表5　不同产后抑郁患病情况被试各类易感性人格差异的独立样本 t 检验

变量	组别	Mean	SD	t	df	p
应付性	产后抑郁组	3.11	0.84	6.02	150.30	0
	对照组	3.69	0.77	—	—	
神经质	产后抑郁组	3.17	0.86	−7.50	172.51	0
	对照组	2.39	0.93	—	—	
胆怯性	产后抑郁组	2.73	1.05	−5.01	145.58	0
	对照组	2.12	0.92	—	—	
敏感性	产后抑郁组	3.47	0.94	−6.01	168.82	0
	对照组	2.79	0.99	—	—	
忧虑性	产后抑郁组	3.61	0.89	−7.44	189.34	0
	对照组	2.79	1.06	—	—	
组织性	产后抑郁组	3.55	1.01	−0.11	173.68	0.91
	对照组	3.53	1.10	—	—	
强迫性	产后抑郁组	2.92	0.90	−3.46	179.12	0
	对照组	2.54	1.01	—	—	
表达性	产后抑郁组	3.35	1.04	−3.22	166.91	0
	对照组	2.95	1.08	—	—	
不稳定性	产后抑郁组	3.06	1.03	−7.28	148.32	0
	对照组	2.20	0.93	—	—	

2. 社会支持

采用独立样本 t 检验对社会支持与产后抑郁患病之间的关系进行分析，结果显示，与对照组相比，产后抑郁被试感知到了更少的社会支持，客观上的社会支持水平也较低，对社会支持缺乏有效利用，在社会支持整体层面上也较对照组更低（见表 6）。

表 6　不同产后抑郁患病情况被试社会支持差异的独立样本 t 检验

变量	组别	Mean	SD	t	df	p
主观社会支持	产后抑郁组	22.49	4.72	5.66	150.84	0
	对照组	25.60	4.35	——	——	——
客观社会支持	产后抑郁组	9.08	2.49	4.81	174.51	0
	对照组	10.54	2.72	——	——	——
对支持的利用	产后抑郁组	6.83	1.84	6.69	165.29	0
	对照组	8.30	1.89	——	——	——
社会支持总分	产后抑郁组	38.41	7.06	7.30	153.65	0
	对照组	44.43	6.66	——	——	——

3. 成人依恋模式

采用独立样本 t 检验对产后抑郁患病与成人依恋的两个维度之间的关系进行分析，结果显示，产后抑郁被试在成人依恋的回避维度和焦虑维度上都要显著高于对照组被试（见表 7）。

表 7　不同产后抑郁患病情况被试依恋风格差异的独立样本 t 检验

变量	组别	Mean	SD	t	df	p
依恋回避维度	产后抑郁组	3.11	0.80	−5.20	170.04	0
	对照组	2.61	0.85	——	——	——
依恋焦虑维度	产后抑郁组	4.24	1.10	−7.56	153.99	0
	对照组	3.27	1.04	——	——	——

进一步采用列联表分析讨论了不同依恋类型被试与产后抑郁患病之间的关联,结果显示,依恋类型与产后抑郁患病之间存在显著关联(Chisq= 36.422, df=3, p=0.000),安全型依恋的被试产后抑郁患病率要小于三种不安全型依恋的被试,专注型依恋的被试产后抑郁患病率最高(见表8)。

表8　依恋类型与产后抑郁患病之间关系的列联表分析

依恋类型	未患病	患病	患病率
安全型依恋	142	16	10.13%
恐惧型依恋	69	34	33.01%
专注型依恋	50	37	42.53%
冷漠型依恋	24	8	25%

4. 睡眠质量

采用独立样本 t 检验对睡眠质量与产后抑郁之间的关系进行分析,结果显示,不同组被试在睡眠质量上不存在显著差异(见表9)。

表9　不同产后抑郁患病情况被试睡眠质量差异的独立样本 t 检验

变量	组别	Mean	SD	t	df	p
PQSI	产后抑郁组	6.89	3.35	0.50	176.41	0.62
	对照组	7.10	3.70	—	—	—

5. 认知情绪调节策略

采用独立样本 t 检验对不同认知情绪调节策略与产后抑郁之间的关系进行分析,结果显示,与对照组被试相比,产后抑郁被试在进行认知情绪调节时使用责难自己、接受、沉思、理性分析、灾难化、责难他人等策略的倾向更高,使用积极重新评价策略的倾向更低;在积极重新关注和重新关注计划两方面不同组被试之间的差异不显著(见表10)。

表10 不同产后抑郁患病情况被试认知情绪调节策略差异的独立样本 *t* 检验

变量	组别	Mean	SD	*t*	df	*p*
责难自己	产后抑郁组	12.01	2.21	−7.61	199.43	0
	对照组	9.88	2.77	—	—	—
接受	产后抑郁组	14.00	2.65	−2.25	170.90	0.03
	对照组	13.28	2.83	—	—	—
沉思	产后抑郁组	12.99	2.37	−7.90	202.83	0
	对照组	10.61	3.01	—	—	—
积极重新关注	产后抑郁组	12.71	2.68	−0.01	175.55	0.99
	对照组	12.70	2.94	—	—	—
重新关注计划	产后抑郁组	14.42	2.48	0.24	191.44	0.81
	对照组	14.49	2.98	—	—	—
积极重新评价	产后抑郁组	13.95	2.72	2.72	173.14	0.01
	对照组	14.84	2.95	—	—	—
理性分析	产后抑郁组	10.96	2.48	−5.07	183.36	0
	对照组	9.41	2.85	—	—	—
灾难化	产后抑郁组	11.32	3.15	−10.07	159.52	0
	对照组	7.57	3.11	—	—	—
责难他人	产后抑郁组	11.09	2.77	−6.39	182.65	0
	对照组	8.92	3.17	—	—	—

(五)基于Logistic回归的产后抑郁多因素分析

本研究采用Logistic回归模型分析各因素对产后抑郁的影响,首先将所有自变量纳入回归方程,之后采用向后逐步回归法依次剔除不显著或效应量较低的变量,逐步精简模型。最终得到的模型变量包括配偶受教育水平,是否为独生子女,家庭所在地,与公婆关系,是否为计划内怀孕,孕次,流产经历,孕产相关知识掌握情况,配偶对新生儿性别是否满意,易感性人格中的不稳定性,对社会支持的利用程度,依恋回避维度,认知情绪调节测量中的责难自己策略、沉思策略、理性分析策略和灾难化策略。其中,显著的保护因素有非独生子女(OR=0.39)、孕期知识掌握(OR=0.46)、对社会支持的利用程度(OR=0.68)、采用理性分析的认知情绪调节策略(OR=0.80);显著的危险因素有采用沉思(OR=1.28)、灾难化(OR=1.34)、责难自己(OR=1.39)的认知情绪调节策略,依恋回避维度得分(OR=1.66),易感性人格中的不稳定性(OR=1.84),与公婆关系差(OR=2.58),家庭所在地为城镇(OR=2.56)或农村(OR=5.28),无流产经历(OR=6.27),配偶对新生儿性别不满意(OR=27.40)。整体模型拟合结果的ROC图显示,该模型ROC曲线下面积为0.933,判断阈限达到最优时敏感度为91.58%、特异度为79.64%、准确率为82.63%,说明该模型对数据有较好的拟合(见表11和图1)。

表 11　Logistic 回归系数表

变量名	Estimate	Std. Error	z value	Pr（>|z|）
（Intercept）	−10.80	2.52	−4.29	0
配偶受教育水平:高中和中专	−0.73	0.69	−1.05	0.29
配偶受教育水平:大专	0.99	0.64	1.53	0.13
配偶受教育水平:本科	0.35	0.66	0.54	0.59
配偶受教育水平:研究生及以上	1.10	0.90	1.23	0.22
非独生子女	−0.94	0.44	−2.12	0.03
家庭所在地:城镇	0.94	0.48	1.97	0.05
家庭所在地:农村	1.66	0.52	3.18	0
与公婆关系	0.95	0.24	3.88	0
非计划内怀孕	−0.65	0.43	−1.54	0.12
孕次	0.47	0.26	1.80	0.07
流产经历:人工流产	0.36	0.78	0.46	0.64
流产经历:无流产经历	1.84	0.82	2.25	0.02
孕期知识掌握	−0.78	0.28	−2.82	0
配偶对新生儿性别不满意	3.31	1.31	2.54	0.01

续表

变量名	Estimate	Std. Error	z value	Pr （>|z|）
不稳定性	0.61	0.20	3.07	0
对社会支持的利用	−0.39	0.10	−3.73	0
依恋回避维度	0.50	0.25	2.06	0.04
责难自己	0.33	0.10	3.41	0
沉思	0.25	0.09	2.75	0.01
理性分析	−0.22	0.09	−2.35	0.02
灾难化	0.30	0.08	3.56	0

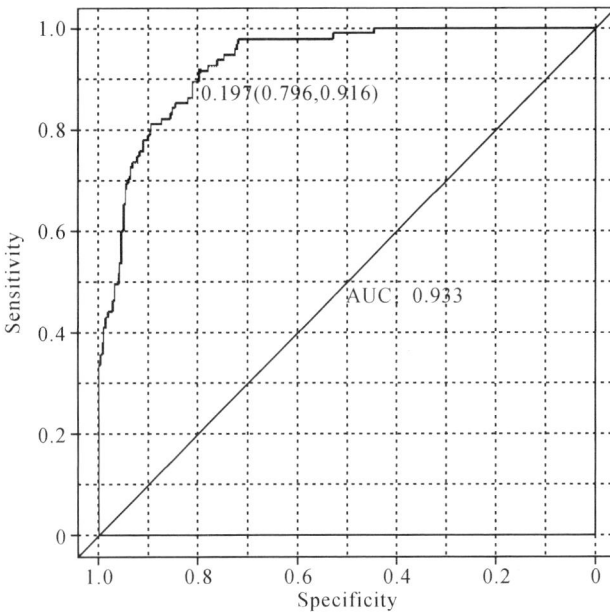

图 1　整体模型拟合结果 ROC 图

五、产后抑郁的临床干预及对策建议

（一）加强心理健康素养教育

心理健康素养（Mental Health Literacy，MHL）是指帮助个体认识、管理和防治有关心理疾患（Mental Disorder）的知识或信念。由于心理健康素养涉及正确地认识心理疾病，选择合理的求助手段进行有效求助，因此，心理健康素养在很大程度上影响了个体的心理健康水平。一个心理健康素养良好的个体能够更加准确地识别自己或他人的精神障碍，更为及时有效地进行心理自助或进行有效的心理求助。研究表明，我国公众的心理健康素养水平比较低。

在实际调研过程中发现，许多围产期妇女在EPDS量表上的得分表明其已经出现了产后抑郁症状，但是她们自身却很少将自己的不良状态归因为心理疾病，而是认为这是由于照顾孩子或休息不足的缘故。许多产妇的丈夫也不去正视自己的妻子表现出抑郁症状这一实际问题，对妻子的心理支持不足。由此可见，本市公众对于产后抑郁的相关知识普及度不高，公众对于这一疾病的识别率比较低下，对于产后抑郁症状本身存在误读，对于抑郁症这一精神障碍可能存在较强的污名化倾向。这一现状极大地阻碍了产后抑郁症患者及时得到救助，可能会给产妇家庭带来后续不良影响。

心理健康素养教育至少应包括以下三个方面：第一，疾病知识普及。这一类教育的目的是使公众充分了解到精神疾患相关知识，如产后抑郁的症状是何种表现，导致这种疾病或这些症状的原因是什么，等等。第二，心理求助途径可及性普及。研究表明，精神疾患患者不去进行求助的重要原因之一是没有信息和手段获得有效的心理求助。心理求助途径可及性普及教育的目的是使公众了解何种手段可以助人摆脱疾病，专业的心理健康服务又能通过何种渠道获得。第三，精神疾患和求助行为的去污名化教育。时至今日，对精神疾患的污名化仍然是患者寻求帮助的最重要阻碍之一。应使广大群众充分了解精神疾患的知识，在此基础上，澄清精神疾患的本质，祛除对于心理疾病的不合理信念，减轻患者求助时的心理负担。

（二）建立健全心理健康自助机制

从我国当前国情出发，心理健康服务领域仍然存在着一些问题：心理健康服务领域起步较晚，咨询本土化水平低。同时，我国精神疾患患病率总体上升，特定群体的心理健康问题也呈上升趋势。但与之相对，心理咨询师和心理治疗师群体不够壮大，专业化程度不高，拥有咨询、治疗、督导资质的咨询师人数少，服务昂贵，没有形成有效的心理健康服务供给；产妇群体大多缺乏产后抑郁症的相关知识，对心理健康的重要性以及心理健康服务的有效性、专业性认识不够，难以形成有效需求。

而实际上，并非所有的心理疾患都需要向专业的心理健康服务者寻求帮助。在面对某些温和的心理疾患时，自助、向家人和社会组织求助是十分高效便捷的手段。诸如与亲友交流、食疗、体育锻炼等，都是非常有效的心理健康维护手段。

调研结果表明，大多数女性的产后抑郁症状会在产后6个月之内逐渐消退。这一方面是因为激素水平逐渐恢复，另一方面是由于随着产妇逐渐适应，照顾新生儿这一生活事件带来的压力水平在慢慢降低。因此，当产后抑郁症状表现得较为温和时，通过合理的自助和自我调适，能够有效地减少产后抑郁带来的困扰。

（三）建立家庭—社区—医院三元心理健康救助格局

综上所述，建立一个家庭—社区—医院三元心理健康救助格局是维护广大围产期女性心理健康的可行之道。所谓三元心理救助格局，即家庭、社区、医院从知识普及、疾病监控、心理救助三个方面进行通力协作。

一是知识普及方面。应实现精神疾患知识从医院到社区再到家庭的逐层普及，使广大产妇和家庭能充分意识到什么是病、如何治病，使公众了解能够获得心理援助的途径，同时消除对心理疾患的污名化，支持其求助行为。二是疾病监控方面。社区应充分践行疾病监控职责。据笔者了解，本市绝大部分社区存在产后42天入户调查的工作。该文建议，可以在此项政策基础之上，采用产后抑郁简单诊断工具对产妇进行访谈，了解她们的心理健康状况。如发现有患产后抑郁风险的产妇，社区可及时向她们提供一些心理自助知识。如果症状严重需要转介,则可向产妇提供咨询机构或治疗机构的相关情况,以促使其进行专业求助。三是心理救助方面。医院作为产妇产后健康的重要监控者,也应起到产后心理健康知识普及和疾病监控作用。

简而言之,对于产后抑郁患者而言,小问题在家庭中解决,大问题则应及时求助于专业人士。而在这一过程中,家庭—社区—医院三元救助格局应保证知识充分普及,患者从"家庭—自助"到"社区—互助"以及到"医院—他助"这一路径流动顺畅。

参考文献

[1]国家卫生健康委员会.心境障碍和焦虑障碍患病率呈上升趋势[EB/OL].(2017-04-07)[2018-09-26].http://www.chinanews.com/gn/2017/04-07/8193282.shtml.

[2]张巍,安力彬,刘媛,等.产后抑郁研究进展[J].中国妇幼保健,2011(26).

[3]肖水源.《社会支持评定量表》的理论基础与研究应用[J].临床精神医学杂志,1994,4(02).

[4]毕文香,孙向芹.产后抑郁症患者与人格、社会支持的相关研究[J].精神医学杂志,2011,24(04).

[5]郭秀静,王玉琼,刘樱,等.爱丁堡产后抑郁量表在孕晚期妇女产前抑郁筛查中的临界值研究[J].中华护理杂志,2009,44(09).

农村妇女角色定位、治理能力提升与乡村社会振兴*

沈费伟**

摘　要：如何提升农村妇女治理能力从而推进乡村振兴一直是基层社会治理研究中的热点话题。当前，在乡村振兴中，农村妇女扮演着农户家庭中妻子与母亲的角色、家庭农业生产者的角色、乡村治理的主要参与者角色以及城镇化的主要推动者角色，并且在产业兴旺、生态宜居、乡风文明、治理有效、生活富裕五大方面均发挥着重要作用。然而，历史因素、社会环境、自身素质、生理健康、占有资源和心理障碍等原因，造成了农村妇女参与乡村振兴治理能力弱化问题。因此，唯有加大教育培训力度、提高妇女综合素质，转变性别文化观念、培育妇女发展能力，拓宽农村就业渠道、提升妇女社会地位，提供社会保障服务、维护妇女合法权益，培育精英能人队伍、提高妇女组织程度，才能整合农村社会资源，壮大发展农村妇女的治理能力，提升乡村振兴绩效。

关键词：农村妇女；角色定位；治理能力；乡村振兴；治理策略

* 杭州市社科规划人才培育计划专项课题"乡村振兴理念引领的特色村镇重建逻辑与治理模式研究"（项目编号：2018RCZX18）；杭州师范大学科研启动经费项目"大数据驱动的特色村镇智慧治理研究"（项目编号：RWSK20181001）的研究成果。
** 沈费伟，杭州师范大学公共管理学院副教授、硕士生导师，研究方向为乡村治理与政府管理。

一、研究缘起与文献进路

党的十九大报告提出"实施乡村振兴战略"，强调按照"产业兴旺、生态宜居、乡风文明、治理有效、生活富裕"的总要求，加快推进农业农村现代化。其中乡村振兴战略在治理层面的最大亮点就是以治理有效取代管理民主，意味着乡村治理由民主追求转向有效性追求。而从治理主体角度出发，区别于以往过度强调发挥农村男性劳动力作用推进乡村振兴的观点，现阶段，充分挖掘农村女性劳动力资源、提升农村妇女治理能力成为实现乡村振兴治理有效性的新路径、新选择。

如何提升农村妇女治理能力从而推进乡村振兴一直是基层社会治理研究中的热点话题。早在20世纪80年代，许多国内学者从不同的研究角度出发，运用各种理论范式对农村妇女劳动力及其治理做了多种解释，代表性的研究成果主要有黄西谊的《中国当代社会变迁中农村妇女经济身份的转换》、高小贤的《女性人口迁移与城镇化》等。20世纪90年代，农村妇女与发展研究有了迅速的发展，主要集中在以下几个领域：一是引入社会性别概念和分析框架。以往人们在分析农村妇女地位时，习惯于纵向比较，只要妇女的今天比昨天好，就认为妇女的地位在改善。社会性别分析框架的引入把研究的注意力转向妇女相对于男性的社会位置，即不但要看到妇女的物质生活随着发展的进程而改善，还要看到在发展进程中妇女与男性相比的差距是否缩小和缩小多少[1]。这样就使得许多由于农业经济蓬勃发展隐藏起来的妇女问题突显了出来，如非农转移中妇女滞后的问题、农业女性化问题、农村妇女土地权属问题等。二是将国外妇女与发展领域的研究成果翻译、引入进来。代表性文献有《国际妇女与发展战略简介》《世界妇女研究概览》等。三是重点关注农村妇女产生的各类问题，聚焦农村妇女与贫困，农村妇女的非农转移，农村妇女、资源、环境与可持续发展，农村妇女与教育，农业女性化等五个方面。20世纪90年代末，治理（Governance）概念和治理理论引入中国后，学者开始转用治理理论研究农村妇女问题，逐渐形成了多中心治理、合作治理、整体性治理、地方治理、网络治理、参与式治理、协商治理等多种分析框架,提出了众多富有创新意义的学术观点。当前,学术界关于农村妇女与乡村振兴议题的研究主要集中于三方面:一是探寻农村妇女实现乡村振兴的有效治理形式;二是乡村振兴背景下农村妇女的治理发展;三是农村妇女治理的国外经验借鉴研究。

宏观地看,过去几十年的农村妇女与乡村振兴研究主要集中于以下视角:一是结构功能视角。认为农村妇女实现乡村振兴有赖于现代国家治理结构和治理体系中各级政府部门、村民自治组织、社区组织、家庭等具有明确的分工和清晰的边界,责、权、利的合理配置,畅通的信息沟通机制。现代国家的这些正式制度和治理体系既能激发农村妇女的自主发展,也能够对各级部门进行结构性限制[2]。二是治理过程视角。认为仅仅把农村妇女放在政府治理的制度框架中是不够的,还应该把农村妇女放在政府与市场、政府与社会的互动框架中,互动过程为考察农村妇女实现乡村振兴治理逻辑提供了切入点,也为研究国家在基层治理体系的重构和国家治理能力的提升提供了契机[3]。三是制度文化视角。认为农村妇女的职业及其家庭地位并无显著相关性,而妇女的家庭地位与社会地位主要取决于社会的文化背景[4];这些研究大都被纳入宗族、家族结构的框架之中来理解,如出一辙地强调"父系—父权原则",其实质是隐藏着性别和代际间严重不平等的政治结构[5]。四是民主发展视角。认为在社会转型过程中农村妇女参与乡村振兴面临着各项挑战与问题,除了需要实现乡村振兴的目标外,还需保障农村妇女民主价值的利益诉求[6]。以上这些成果对农村妇女与乡村振兴议题进行了深入分析,形成了多范式、多视角、多方法、多层面的研究格局,为本课题的研究提供了重要的理论基础和丰富的思想资料。

农村妇女实现乡村振兴是历时性的发展过程。改革开放以来,大量的农村男性剩余劳动力转移到城市和经济发达地区,妇女已经成为农村的主要劳动力,她们承担着以往由男女共同肩负的责任,例如农业生产、家庭照顾等。当前,随着经济体制的改革,农村妇女的经济地位、文化素质、职业结构、家庭收入和生活消费方式、自身价值观念等都发生了重大的变化,这对于当前乡村振兴背景下我国农村妇女与乡村振兴的有效治理无疑带来了重要的启示意义和实践借鉴。针对当前农村妇女参与乡村振兴的新情况、新问题,亟须拓展理论研究。现有的研究存在着以下值得进一步关注的理论空间:其一,在农村妇女实现乡村振兴过程中,农村妇女扮演着何种角色,有着怎样的价值诉求,存在怎样的治理逻辑;其二,当前农村妇女参与乡村振兴治理能力薄弱的原因有哪些,主要体现在哪些方面;其三,当前如何提升农村妇女能力,促进乡村社会振兴。本研究从农村妇女与乡村振兴议题出发,旨在对整合农村社会资源、提升乡村振兴绩效,进而实现国家治理体系和治理能力现代化等方面进行积极的探讨。

二、农村妇女:乡村振兴战略实施的实践主体解读

首先,农村妇女作为农户家庭中妻子与母亲的角色,不仅承载着人类再生产的重任,而且在家庭教育中发挥着更为突出的作用。目前,绝大多数农户是男人外出打工,妇女在家留守,承担起照顾老人、抚育孩子的重任。妇女从事家庭经营管理及其自身的生产和生存能力得到了很大的锻炼和提高,家庭地位有所提高。由中国(海南)改革发展研究院、四川大学、西北农林科技大学最近开展的一份调查显示,我国西部农村妇女在家庭中的地位越来越重要。在调查中有33.30%的女性已成为家庭的主要劳动力,男性种地、女性主要承担家庭劳务的只有12.80%[7]。女性作为母亲,担负着培育下一代的重任,是新生代劳动者的第一位启蒙教师,其言传身教会对孩子产生重大影响,甚至伴随他们的一生。尤其在我国中西部地区,农村社会服务体系不完善,男性劳动力大量外出,母亲的言传身教成为子女品行养成、知识获取、技能提高的重要途径。

其次,农村妇女作为家庭农业生产者的角色,不仅在养殖、种植业中真正挑起了大梁,不少妇女还利用本地资源发展多种经营,积极发展庭院经济。全国各地农村涌现出一大批妇女专业户、女能手、女状元。调查显示,80%以上的妇女劳动力在种植、养殖、农副产品加工和第三产业中,承担着比男性劳动力更多的工作量。由于妇女具有了相对独立的经济地位,70%以上的妇女因此拥有了生产经营的主动决策权、家庭消费权,并对社会事务有了一定的自主选择参与权。农村生产经营方式的变化,使妇女摆脱了"男尊女卑"的从属地位,成为家庭的"一把手",农村劳动力资源的合理分工,使

妇女摆脱了"男耕女织"的生活方式,成为生产建设的主力军。特别是在中西部地区,这种分工大量地表现为男性劳动力外出打工、经商,女性劳动力在家担负起农业劳动的重担。新的分工格局把农村妇女推向了农业生产主力军的位置,大大激发了她们的生产热情,使她们积极投入农业生产劳动,成为发展农业重要的人力资源。

再次,农村妇女作为乡村治理的主要参与者,积极参与村委会选举,为促进基层民主政治贡献自己的力量。当前农村妇女的民主意识、参与意识、法律意识日益增强,参与村民自治、村民管理的程度逐步提高。农村妇女可以通过民主选举进入村两委,发挥个人所长参与相关事务的管理,或者加入各种群团及社会组织,代表妇女或村民参与协商对话,直接或间接影响村里公共事务的决策过程。政府对已经进入村两委班子的妇女干部进行岗位职责教育培训,使她们敢于替妇女说话,真正把妇女的声音和妇女的利益带入村两委,从决策的高度保证妇女的权益不受侵害,实现妇女参政的目的,使妇女的群体意志在政治领域内得到体现。简言之,农村妇女在农村各项事务中能够更加积极主动地表达自己的思想和观念,在农村管理中发挥了重要作用,她们是新农村民主政治的重要参与者、决策者和监督者。

最后,农村妇女作为城镇化的主要推动者,积极参与城镇化建设。改革开放以来,随着市场机制的建立,城乡二元结构逐步打破,我国城乡要素交流的范围和规模得到扩大。特别是20世纪90年代末,农村剩余劳动力向外转移呈加速之势,由此大大推进了我国城镇化的进程。城镇化使农民获得了从事非农产业的机会,农村妇女在服装、玩具、皮具、电子等劳动密集型企业,发挥着积极作用,她们广泛涉足餐饮、美容美发、娱乐等服务性行业,为改善城市生活和工作条件做出了重要贡献。实践证明,农村妇女不仅成为目前我国城镇化进程的助推器,进城打工生涯也使她们自身的生产生活方式发生了重大变化,让她们成为具有新思想、新观念、新意识的新型农民,成为城市建设的重要推动者。在广大中西部地区,农村妇女成为乡镇企业发展的生力军。乡镇企业的异军突起,农村非农产业的迅猛发展,为农村妇女从业结构的改变提供了契机。

三、农村妇女参与乡村振兴能力薄弱的原因探析

(一)历史原因

在我国的传统文化中,对女性角色的塑造存在着两个明显的特征:第一,贬低女性价值,使之成为男性的附庸。传统的"男主外、女主内"的思想观念和分工模式,造成了妇女"男尊女卑"的潜意识,认为男性生来是为了读书、种田、做官的,处于主导地位;女性则生来是为了生儿育女、料理家务、照顾老幼的,处于从属地位,这样使得农村妇女把大量的时间和精力都放在料理家庭事务上,对于参与新农村建设望而却步,在担任新农村建设者角色时缺乏自信心。第二,将妇女排除在社会、政治领域之外。传统文化中的"男人为土地而生,女人为炉灶而生,男人为剑而生,女人为针而生"等观点,将妇女定位于"主于内"的角色。若她们参与到社会特别是政治领域,则会引起人们的嫉妒和不满。在农村,这些约束更为严格。最为严重的是,在传统"重男轻女"观念的束缚下,农村普遍存在着对女性的歧视和偏见,剥夺了女性受教育的权利,这在一定程度上使女性的文化水平和职业技能不能满足新农村建设的要求,使她们在工作、管理和竞选的过程中显示出巨大的劣势和不足。传统的社会性别观念在农村的长期存在降低了妇女对于改变自身状况的主观诉求,削弱了她们改变自己弱势地位的内在动力,阻碍了新农村建设中妇女主体作用的发挥。

(二)社会环境

近年来妇联在对基层妇女群众的组织、宣传、教育、服务等方面做了大量的工作,但是,社会对妇女参与新农村建设的宣传还有待加强。社会舆论对妇女新农村建设工作的正面报道还不够;在村级管理干部竞选中对于女性候选人的宣传也相对较少;在表彰建设业绩时对女性典型的宣传仍要加强。乡村社会振兴是社会全体成员共同的任务和使命,妇女也是乡村振兴的重要组成部分,只有尊重妇女,保护妇女,为妇女参与新农村建设营造良好的社会环境,才能够提高妇女参与新农村建设的积极性,有利于她们在乡

村振兴中实现自己的价值。

（三）自身素质

农村改革的深化、市场经济的迅猛发展，大大提高了农村妇女的素质。但从整体上看，农村妇女的整体素质仍然相对偏低。主要表现在：一是思想观念与形势发展不相适应，开拓意识不强。受旧思想观念的束缚，部分农村妇女缺乏理想和追求，开拓创新、竞争意识不强，默默地扮演着从属的角色，依附思想严重，在家庭中处于附属地位。二是文化素质相对偏低。妇女群体受教育程度主要集中在初中和小学水平，明显低于男性受教育水平。很多妇女未完成九年义务教育，有些女性即使完成了九年义务教育，由于受家庭条件、政治和传统价值观念等多种因素的影响，也终止了学业。三是农村妇女的科技水平不适应高速发展的新形势。现实中广大妇女只能从事简单的加工生产，对现代农业科技知识和市场经济发展规律领悟能力差，接受新鲜事物和新技术较慢，不能适应当前提高农产品科技含量、农业产业化经营的需要，阻碍了农业技术转化为农业生产力的过程。简言之，在我国的农村地区，由于受社会、经济发展的制约以及陈旧思想观念的束缚，农村妇女继续接受教育的机会明显少于男性，大部分没有受过系统的、正规的农业技术教育和职业培训，主要依靠长辈们言传身教来获得技术，对现代农业科技的领会能力和掌握能力比较差，不适应社会主义新农村的建设要求，因此制约了农村经济的发展。

（四）特殊的生理条件

由于男女两性存在着生理差异，而且这种差异不会随着生产模式和社会发展的改变而改变，因此女性特殊的生理状况成为阻碍农村妇女深度参与乡村振兴的一大因素。妇女因其特殊的生理功能，承担着男性不可替代的生育及哺乳的职责。农村妇女用于人口再生产及哺育的时间高于城镇妇女，同时承担了绝大部分繁重琐碎的家务劳动。如果把家务劳动与农业生产劳动合在一起计算，农村妇女的劳动时间比男子长得多。饮食结构和生活方式不够科学，肩负多重负担，增加了农村妇女流行病和妇科病的患病概率；而且由于农村公共卫生投入不足，医疗保健条件相对落后，以至于农村妇女劳动力健康状况未得到全面有效的保障,这些都在一定程度上制约了农村妇女参与从业活动范围的扩展及质量的提高,束缚了农村妇女的充分发展。

(五)占有资源

调查显示,农村妇女目前最缺乏的是技能、信息、项目和资金,农村妇女获得的技能培训与现实需要仍存在一定差距。绝大多数农村妇女既要从事农业生产劳动,又要照顾老人和孩子,家务负担重,闲暇时间少,决定了其获得培训的时间严重不足。而且,农村妇女对农业结构调整的深度、广度还不适应,85%以上农村妇女认为"农业结构调整不外乎是少种粮食多种经济作物",造成农产品加工层次低、市场竞争能力差。其中在种植业中,65%的决策权是由男性拥有的,有关种植技术方面信息的获得、参加培训班等也大部分由男性占先[8]。这就使得部分农村妇女缺乏参与乡村振兴的资源,不利于提升乡村振兴的治理绩效。

四、农村妇女在乡村振兴中治理能力弱化的现实表现

(一)不少农村妇女参政意识淡薄,处于边缘化状态

农村妇女参与意识主要指农村妇女作为一个整体自愿地、主动地参与当地公共事务管理的兴趣及对当地公共事务的关心程度。这种参与意识的表现形式多种多样,如积极参与村委会的选举,加入当地文化兴趣团体,成立或加入村民自发性的生产合作组织,等等。由于历史上妇女长期被排斥在村落的决策权力之外,没有发挥应有的作用,加上当前有些农村妇女在经济上处于从属地位、文化素质偏低影响政治参与、农村女性主体意识不强以及现行的选举方式不利于发挥妇女的积极性等因素的制约,所以农村妇女无法从社会参与的行为中获取相应的成就感。长此以往,农村妇女对社会权力容易产生漠然视之的态度,在面临竞争之际,要么缺乏主动争取的精神,期待别人的照顾和支持,要么成功的期望值较低,不敢担当重任,甘当副职和配角。总体而言,农村妇女在乡村社会管理中处于边缘化状态。目前农村妇女政治参与意识存在着以下特征:一是政治参与意识淡漠,政治效能

感较差;二是村委会选举过程中,妇女往往处于弱势;三是选举产生的村委会组织机构中,妇女大都居于配角的职位,一般承担计划生育、妇女工作等性别分工色彩较浓厚的工作;四是参与村委会决策的妇女由于种种原因,有时很难把妇女共同关注的议题纳入村委会决策的主流议事日程。

(二)部分农村妇女权利意识缺失,维权意识不强

权利意识是指公民对于一切权利以及为获取权利应尽义务的认知、主张和要求,尤其是指权利受到损害时,主观上维护自身权利的一种心理反应。具备权利意识是公民开展维权活动的前提。近年来,国家通过认真贯彻实施《中华人民共和国婚姻法》《中华人民共和国妇女权益保障法》和男女平等基本国策,有效保障了妇女的合法权益。但在少数农村地区,在政治、土地、婚姻等方面仍存在歧视妇女、侵害妇女权益的现象。一是妇女的政治权利实现得不够充分。在少数村里,村民代表中女性的比例较低,农村妇女的政治权利得不到充分保障。二是部分农村妇女的土地承包权等财产权利不能得到保障。一些出嫁女、离婚妇女及其子女在农村土地承包经营权和继承权上受到侵害。三是部分农村妇女的婚姻家庭权益未得到充分保护。在一些边远贫困山区仍存在包办婚姻的现象。有些农村女青年没有婚姻自主权。面对上述侵害时,有些农村妇女由于缺乏权利意识,她们在更多时候都不知道自己究竟拥有哪些权利,即便意识到权利被侵害,也只是忍气吞声,这些都不利于乡村振兴目标的实现。

(三)有的农村妇女经济地位低下,依附与服从男性

当前,农村妇女尽管相对独立地承担起了家庭和农业生产的重任,从而确立了自己的作用和地位,但这并不等于说农村妇女在农业生产中就占有了主导性地位,从而获得了经济独立。现实中农村妇女的经济地位依然低下,这是缘于:一是她们多以农业生产为主,收入来源单一,非农就业的机会很少。二是收入状况不稳定,很容易陷入贫困状态。三是生产技能低下,影响收入水平。四是农村妇女把大量的时间分配给了没有报酬的家务劳动,没有更多的时间从事有酬工作,缺乏独立的经济地位。由于收入不及男性,经济缺乏独立性,部分农村妇女不但在家庭资源的自主性和支配性上不及

男性,在家庭中的威望和权力也低于男性。农村男性和女性在劳动效益上存在的明显差距,使农村妇女在由劳动所获得收入的权利分配中明显处于劣势,导致她们在家庭和社会中的地位相对下降。

(四)许多农村妇女组织程度不高,滞后于现代农业发展

农村妇女合作组织处在起步阶段,与现代农业发展不相适应,具体表现在:一是农村妇女参与合作组织的比例不高。由于受传统观念和自身素质影响,农村妇女对合作组织的认知度、参与度不够。虽然也有农村妇女有参与愿望,但受到合作社不愿接受女社员等因素影响,难以加入;即使妇女参与经营,也依然选择由男性户主入社或领办。二是农村妇女资源占有量不足制约了合作组织的发展。农村妇女在资源占有上相对处于劣势,如在社会资源配置方面,妇女在村级自治组织中所占比重偏低,对农村经济发展重大决策缺少话语权。在资金方面,由于农村妇女合作组织自身缺少资金积累,加之缺少有效的抵押品以致无法满足金融部门贷款条件,从而制约了农村妇女合作组织的发展。在信息方面,妇女承担着农业生产和家务料理双重责任,走出家门参加各种培训及社会活动的机会少,信息占有量有限,等等,都在一定程度上影响和制约了农村妇女合作组织的发展。三是农村妇女合作组织粗放型管理与现代农业规模化、集约化发展的要求不相适应。农村妇女合作组织的负责人及其成员大都是土生土长的农村妇女,文化程度普遍不高,缺乏科学管理知识与技能,在一定程度上存在着凭感情联络、信用和经验管理的情况。部分合作组织虽然建立了相应的组织机构和内部机制,但作用发挥还不明显,在民主决策、财务公开等方面还存在不足。另外,妇联基层组织自身建设也需要进一步加强,比如在有的地方,基层妇联仍存在着干部队伍整体素质偏低、妇联干部待遇得不到有力保障的问题,从而影响了基层妇联日常工作的有效开展。

五、提升农村妇女能力、促进乡村社会振兴的治理策略

（一）加大教育培训力度，提高妇女综合素质

所谓综合素质，是指人的气质、能力、品质诸要素的总和。农村妇女的素质构成主要有四个方面，即思想政治素质、社会心理素质、科学文化素质、身体素质。首先，思想政治素质是指妇女关心集体、热爱祖国、遵纪守法、锐意进取、勇于承担责任等思想、政治、道德方面的综合素质。新时代的农村妇女，应具有较高的思想觉悟，关心集体，热爱祖国，了解和掌握党和国家有关"三农"政策，增强时代使命感和社会责任感，这样才能跟上时代的步伐。其次，社会心理素质是指妇女对客观事物的认识过程、情感过程、意志过程等心理过程和个人的理想、信念、人生观、世界观、能力、气质、态度等的综合素质。应培养农村妇女健康的社会心理素质，使她们掌握必要的社会知识和法律知识，能自尊、自信、自立、自强。再次，科学文化素质是指妇女对科学文化知识和劳动技能的掌握程度。农村妇女要发挥"半边天"的作用，必须掌握必要的科学文化知识，掌握市场经济知识和规律，不断提高自身素质。最后，身体素质是指妇女的身体健康状态、体能、耐力、灵敏度、记忆力等方面的总和。健康的体魄是生产、生活的必备条件。

在提升农村妇女综合素质上，应加大教育培训力度。一是加大对农村妇女职业培训的人力、财力、物力支持。政府要进一步增强对农村妇女职业培训的支持力度，给予人力、财力、物力上的保障。诸如，选派一些实用技术能力较强的技术人员，定期到农村驻扎，开展职业培训，为农村妇女及时解决农业生产中遇到的问题；国家每年固定拨款用于农村妇女职业培训，开展免费培训；加强村委会硬件设施建设，保证每村都有多媒体、投影仪等，努力为农村妇女参与职业培训创设一个良好的外部环境。二是结合当地实情，找准有利于农村妇女受教育的有效方式，比如在一些较贫瘠的农村地区，可以采取以农业技术知识教育为主、生活健康知识教育为辅，同时适当地给予思想教育和熏陶的教育方式。农业技术与农民利益息息相关，农业技术知识教育对农村妇女的帮助最大，带来的效益也最高。生活常识和卫生健康

知识最受农村妇女的欢迎,因为这些内容与她们自身是息息相关的。三是为农村妇女开辟多层次、多渠道的教育途径,充分利用农村现有的学校、村民活动室等活动阵地,充分发挥当地讲师及志愿人员的作用,举办不同类型的培训班、文化提高班,适应各层次农村妇女的需求。

(二)转变性别文化观念,培育妇女发展能力

妇女作为新农村建设的主体,担负着重要的使命和责任。要发挥妇女在新农村建设中的作用,首要前提就是转变观念、解放思想,逐步实现男女平等。女性只有具备主体意识,才能充分发挥其在新农村建设中的主体作用。妇女要实现自身的解放和发展,增强自身的主体意识,提高自身的社会地位,首先要摒弃落后的性别文化观念的束缚,正确认识自身的价值。其次,政府应利用广播、电视、报纸、杂志、宣传栏、小册子、致村民一封信等丰富多彩的形式宣传《中华人民共和国村民委员会组织法》《中华人民共和国妇女权益保障法》和其他相关法律法规,宣传女性参与乡村治理及村级自治组织的必要性和重要性。同时,对女强人、女精英进行大力宣传、扶持、鼓励,让百姓了解她们,信任她们,进而支持她们,激发女性的独立意识和自信、自强、自立精神,让更多的女性在榜样的带动下积极参与到乡村治理当中来。

农村妇女只有确立了主体意识,才能充分发挥其在新农村建设中的作用,自觉地进行自我激励、自我调控和自我评价,从而提升自己的发展能力。农村妇女主体意识包括自主意识、进取意识、创新意识等。自主意识是指农村妇女作为主体需要具有的不依赖外在力量、能自主地支配自身活动的意识。它体现为一种强烈的社会责任感,在适应社会的同时也要审视社会。对于农村妇女来说,进取意识意味着挣脱束缚、拒绝依赖、积极进取,它要求农村妇女不断进取和实现创造。而创新意识能够促进农村妇女获得新的发展,提高她们的整体素质,让她们成为有文化、懂技术、会经营的新型农民。

(三)拓宽农村就业渠道,提升妇女社会地位

目前,农村有大量的妇女富余劳动力,如何实现劳动力的转移就业,是推进农业现代化和实现乡村振兴的重要内容。有学者提出,在推动农村劳动力转移的过程中,可采取多种实现形式。对于"离土离乡"的进城务工农

民,特别是务工妇女,要加大有序转移的工作力度。对于"离土不离乡"的就地转移,可通过发展县域经济、第三产业等渠道,就地吸收农村富余劳动力。譬如,保姆的市场需求量越来越大,并呈现细分化、高端化、专业化的趋势。面临新的发展机遇,农村妇女可以借鉴浙江衢州常山的保姆、月嫂经验,积极拓展自身的发展空间。对于"不离土不离乡"的庭院经济和资源加工,要鼓励并推广。对于"返土返乡"立志创业的外出务工妇女,要提供服务帮助她们返乡创业。譬如,农村妇女可以借助全国妇联实施"乡村振兴巾帼行动"的契机,通过申请"小额担保贷款"等方式积极创业。这四种转移就业模式既符合大多数农村妇女的就业意愿,又兼顾农村生产、老人的赡养和子女的教育,是保持家庭和睦、维护农村稳定、促进乡村和谐的积极举措。

为了增加农村妇女经济收入、提高妇女家庭地位,需要强化创业意识,促使妇女致富增收。在新农村建设中,要积极鼓励、引导农村妇女解放思想,更新观念,树立创业意识。要善于依托县、乡的集贸市场、农产品超市、农业园区,选准致富项目,在高效农作物种植、畜禽饲养、农副产品加工上做好经营文章。这样,既可以使妇女照顾家中的孩子和老人,又可以增加她们的经济收入。此外,还可以通过引入劳动密集型企业入驻农村,为农村妇女带来新的就业机会。如可以建立公司与农户之间的合作,开展手工制作,发展种植、养殖、观光旅游等农副产业和第三产业,鼓励妇女学习新知识、新技术,进行自主经营。通过吸纳、带动广大农村妇女就地就近就业,让更多妇女留在乡村,促进自身发展,实现个人价值,提升乡村振兴绩效。

(四)提供社会保障服务,维护妇女合法权益

农村社会化服务是指为保障农民群体的切身利益而采取的一种社会性活动。从调研中发现,农村妇女最需要技术扶持、项目支持、资金帮助和村级治理四方面服务。因此,在技术扶持方面,需要有组织地为农村妇女创业发展提供各种技术服务。妇联组织要通过广泛开展送科技下乡、结对帮扶等活动,帮助妇女与专家建立起相对稳定的服务关系,为妇女创业发展提供强有力的智力支持。在项目支持方面,各级妇联组织要注重挖掘投资少、风险小、效益高、适合妇女创业的项目,建立妇女创业项目库,定期不定期地向妇女推介。鼓励采取"公司+协会+农户"的方式,依托妇女大户帮助初创

业妇女参与致富项目。在资金提供方面,各级妇联组织负责向农村信用社推介农村妇女创业项目,农村信用社要对符合条件的农村妇女创业项目提供信贷支持,并要在遵守有关信贷制度规定的基础上,简化贷款程序,提高办贷效率,鼓励、带动和帮助更多的农村妇女走上创业道路。

另外,在参与村级治理方面,应制定一些针对性、操作性强的政策,通过政策执行与监督机制促使广大农村妇女有效参与乡村治理。例如,为了保证妇女进村两委,在村两委换届选举时设立专门岗位,针对女性专职专选,可以由其他岗位的女性兼职,但不能由男性代替;针对妇女在家庭中的传统职责和地位,村委会、妇联等组织应制定关心、帮助妇女的相关制度,使她们毫无后顾之忧地投入工作当中。作为维护妇女合法权益的妇女组织,必须在乡村振兴进程中发挥应有的作用,引导农村妇女树立男女平等的观念,重视自己的权利,增强自主意识和参与意识。

(五)培育精英能人队伍,提高妇女组织程度

培养、树立、宣传各类先进妇女典型,宣传妇女在乡村振兴中的作用和地位,不仅能够更好地发挥农村妇女在新农村建设中的作用,而且能增强社会对于妇女参与新农村建设的理解和支持。现阶段,在培育农村妇女精英队伍上,一是致力于培养能够带领群众致富的女村官,使她们真正成为带领妇女群众科技致富的带头人,成为保护妇女群众合法权益的代言人,成为带领广大妇女建设社会主义新农村的引路人。二是积极培养致富有门路的女能人,鼓励、扶持女能人创办科技服务组织、龙头企业和示范基地,建成广大农村妇女学技术、学本领的"实习地",带领更多妇女共同走上致富路。三是大力培养适应发展的新型女农民,通过积极开展文化教育和实用技术等普及型培训,开展法律、法规、政策培训,让广大农村妇女会种田、会上网、会生活,成为有文化、懂技术、会经营的新型女农民。

马克思说过,人在本质上是社会关系的总和。组织能整合个人的力量,使集体的功能大于个体的功能,从而更好地满足人的需要。把农村妇女组织起来,就是要提高农村妇女的组织程度。把妇女组织起来,形成强大的群体力量,其弱势地位才有可能发生巨大改变。积极支持农村妇女发展新型专业合作经济组织,探索"龙头企业 + 妇联 + 基地 + 农户"等模式,加快新农

村建设和全面小康社会建设步伐,为和谐家庭建设奠定牢固的经济基础。同时,鼓励妇女建立或者参与女性社会组织,让妇女通过在组织中的锻炼,提升领导能力、合作能力及综合参与能力。此外,农村妇女社会组织作为乡村治理的重要主体,可以大大提高乡村治理的科学性和时效性,降低治理成本,提高治理效率。

总之,从农村妇女角色定位的宏观视角出发,剖析农村妇女在乡村振兴实践过程中治理能力弱化的原因和表现,并提出提升农村妇女能力、促进乡村社会振兴的策略和方法,是至关重要的。可以预见,伴随着乡村振兴战略的持续推进,通过提升农村妇女的治理能力从而推进乡村振兴这一研究课题,势必引起更多学者的关注与重视。因此,希望出现更多微观层面的案例研究来深入探讨农村妇女与乡村振兴课题,从而推动相关研究的深化,弥补宏观研究的不足。

参考文献

[1]秦珠.社会性别与发展的形成、特征及思考[J].中华女子学院山东分院学报,2010(05).

[2]马冬玲.在推动农村妇女参政中促进社会性别平等:政府和非政府组织的努力与挑战[J].妇女研究论丛,2005(01).

[3]王爱君.市场经济转型中的农村妇女贫困[J].中华女子学院学报,2013(04).

[4]刘启明.中国妇女家庭地位研究的理论框架及指标建构[J].中国人口科学,1994(06).

[5]龚继红,范成杰.农村妇女的家庭地位是如何逆转的:实践视角下的妇女家庭纵向地位变迁[J].华中科技大学学报(社会科学版),2016(03).

[6]任然.推动解决农村妇女儿童最关心、最直接、最现实的利益问题[N].中国妇女报,2007-01-06(03).

[7]汪力斌,李小云,肖艳.当前中国农村妇女状况透视[J].中国农业大学学报(社会科学版),2004(04).

[8]蒋唯恒.充分重视和发挥农村妇女在新农村建设中的作用[J].黑龙江科技信息,2008(30).

法学视角下的职业性别歧视探析

吴之欧　马　锐*

摘　要：近几年，随着国家顶层设计和相关的制度安排，女性发展取得了长足的进步。但是，女性在与社会的互动中，仍然会遭遇性别歧视和发展机会上的不平等，进入一个领域以及在该领域发展的契机远远少于同等能力的男性。虽然已经有大量关于妇女劳动权利保障性的条文规范存在，也有专门的妇女联合会等组织协助执行，但隐性歧视屡禁不止，主要原因是法律规定以及配套政策的可操作性还不够。因此，从消除隐性歧视的角度探讨妇女劳动权的保障制度，具有紧迫的现实意义。

关键词：职业性别歧视；行业隔离；职业隔离；隐性歧视

引　言

公民劳动权是我国宪法明确规定的公民核心权利之一，该权利没有也不应当设定性别门槛，不应该因为女性的生育功能就将其定性为单纯的生育者而弱化其劳动者的社会属性。相反，恰恰由于女性承担着繁衍和延续族群生命的重任，承担了更多的社会义务，按照权利和义务相匹配的原则，女性应当得到更多的权利保障。遗憾的是，在现实生活中，女性繁衍和延续

---

* 吴之欧，温州大学国际教育学院副教授、副院长，浙江省妇联妇女发展部副部长（兼职），研究方向为刑事政策、特殊群体保护法。马锐，温州大学本科生，研究方向为特殊群体保护法。

族群生命的社会义务却往往成为雇佣方侵害其劳动权益的主要借口。

从现状看,女性的劳动权和发展权难以得到充分保障。世界经济论坛发布的《2018年全球性别差距报告》显示,职场女性比例停滞不前,女性政治代表比例下降,而以当前的性别平等保障力度推算,需要足足花108年时间才能完全消除全球性别差距,而实现职场性别平等则需要再奋斗202年。[1]不难发现,职场领域的去性别化、去歧视化依旧是当今世界的一大难题。

当前法律的不完善也为女性职业性别歧视提供了一个"恰到好处"的借口,比如"不适合女性从事的工作"规定模糊使得这一原本要保护女性权益的规定反而成了某些用人单位存在性别歧视却能逃避处罚的保护伞,从而衍生出某些行业隔离与职业隔离。但是,寻求法律保护就要求公平公正,法律也恰恰应该是劳动争议最强有力的解决途径。因此,从法律完善的角度去研究如何消除职业性别歧视这一问题,有很强的现实性。

一、职业性别歧视类别及表现

1958年国际劳工组织颁布的《消除就业和职业歧视公约》认为,职业性别歧视是指基于性别的任何区别、排斥或特惠,其后果是取消或损害就业方面的机会平等或待遇平等。简单来说,职业性别歧视就是在以性别条件为非必要条件的领域内,因为性别这一因素对职员采取不同的就职限制和待遇。

职业性别歧视主要分为显性歧视和隐性歧视。第一种是非常明显且易于证明的显性职业歧视,比如说招聘单位在招聘广告上明显标注"本企业不招收女性员工"或者在女性入职时就要求签订含有"五年内不得生育,否则企业方可以无理由开除被雇佣人员或者降低薪资"条文的合同。这类因非职业特殊需求而拒绝招录女性和限制女性生育权的行为,在目前的法律保障与社会实践中,已经得到了有效的控制。例如,2016年最高人民法院发布了一个关于招聘广告的非必要性别要求案例的判决,极为有效地打击了显性性别歧视。

目前,更多的问题集中在隐性歧视上。例如,招聘要求上并未将性别明确规定为招录条件之一,但是最后选用的人员往往都是男性,从一开始就不考虑具有同等条件的女性;或者在入职后的晋升和培训环节,将更多的机遇直接给予男性职工。隐性歧视多来自领导的性别偏见,但因为用人单位不公开招录、晋升和培训的详细标准,甚至连女性员工自己都不知道遭遇到了职业性别歧视,也因此封禁了女性员工的申诉途径。可见,隐性歧视的难以预防和难以规制是造成女性行业隔离和职业隔离的主要原因。

二、职业性别歧视现状及原因分析

(一)行业隔离现象严重

1. 女性行业选择范围狭窄

除《中华人民共和国劳动法》(以下简称《劳动法》)第五十八条到六十三条明确规定的禁止女性从业的具有特殊高体力要求的行业之外,在一般的职业类型中也存在着针对女性的重重职业限制。社会有意无意地给女性群体划定了一个貌似符合她们职业性格的工作范围,比如教师、秘书、会计等行业,然后鼓励她们在圈定范围中寻找职业,但这种圈定范围现象在男性身上则没有明显体现。另外,同样是在社会习俗拟定的工作范围就业,对待男性跨范围就业会比对待女性要宽和得多。比如,护士行业特别需要诸如"细心""耐心"等性格要求,具有很强的女性特质,是一个典型的女性群体优势就业方向。根据国家卫生健康委员会2018年的统计数据,我国注册护士总量达218万人,其中男护士为2.1万人,约占护士总数的1%。据护理学校的教师介绍,尽管学习护理专业的男生很少,但在就业上却很"吃香",许多男生毕业前到医院实习时,就被一些大型医院直接预定了,有的还被直接分配到重点科室工作。[2]在舞蹈等传统的女性优势明显的行业,甚至出现了以男性为主流的趋势,尤其是在这类行业的管理层,大部分是以男性为主。女性的优势就业范围被步步蚕食,那些跨范围就业的女性又得不到社会像对待跨范围就业的男性那样宽容,这就导致女性的就业范围不断变得狭窄。

2. 同一行业女性准入门槛高

女性在从业时往往会面临着生理和心理方面的一些限制。比如,女性担负着生育后代的责任,那么势必会面临长达近一年的产假等生产停滞期,对于用人单位来说,它们要支付女性在生产停滞期的带薪休假工资,要支付熟练工空缺后训练新人的成本,甚至还要承担因缺少熟练工而造成的效率低下和经济损失。所以,很多用人单位更愿意招聘没有产假的男性。即使招录了女性员工,某些用人单位也会采取限制其生育权的方式来实现最大化的生产利益。比如,有的用人单位在高层之间达成不成文规定——女性员工在职期间不得怀孕,否则降职降薪甚至予以开除。

生育是社会存续乃至人类存续的根基。受制于现有的科技水平以及女性群体自身的社会属性,大部分女性是不可能从生育义务中解脱出来的,由此产生了一个悖论——女性为了群体需要承担着更多的性别义务,却因为承担更多的义务而遭受着社会的歧视与负面回馈,这是一种扭曲的价值回馈机制。长此以往,一直得不到正向反馈的女性很有可能就会为了职业选择而放下自己的生育责任,或者放弃职业选择而扮演单纯的生育者角色,这都是不利于家庭和社会的可持续发展的。

(二)职业隔离现象严重

2018年,智联招聘发布了《2018中国女性职场现状调查报告》(以下简称《报告》),调查涵盖全国31个省份,涉及不同行业、不同年龄层次的从业者。《报告》表明,在同一个行业中,某些女性也遭遇不公正的职业待遇。在就业的起步阶段,在同一个行业中,男性和女性的职业待遇并未表现出明显差异,但随着时间的推移,收入差距会逐渐扩大。以营运岗位为例,普通的营运岗位月平均收入女性为5746元,男性为5486元,女性不仅没有低于男性,反而在收入上还略占上风,差性为-5%;但是在整体运营岗位平均数上,女性为8391元,而男性却达到了10142元,差性扩大到了21%。从职级角度看,男性更容易跨入高级管理人员行列,而女性更容易停留在低收入的基层职级。

《2019中国女性职场现状调查报告》显示,在高层管理人员组成上,男性占比高达81.30%,女性仅占18.70%。而且,就升职概率而言,更多的男性高层管理人员在未来一年内有可能升职，高出女性将近13个百分点。这表明，随着职级的增高，女性在通向更高职级的路上遭遇到的"天花板效应"更明显。[3]

三、职业性别歧视的法律因素

（一）有关职业性别歧视的法律规定过于原则化，缺乏可操作性

与职业性别歧视相关的现行法律有《劳动法》《中华人民共和国就业促进法》（以下简称《就业促进法》）等。《劳动法》第十三条规定："妇女享有与男子平等的就业权利。在录用职工时，除国家规定的不适合妇女的工种或者岗位外，不得以性别为由拒绝录用妇女或者提高对妇女的录用标准。"《劳动法》第五十八条到六十三条对不得聘用女性的行业进行了详细的列举。2008年1月1日生效的《就业促进法》专章规定了公平就业，禁止性别歧视，还规定了当劳动者遭受歧视时，可以依法向人民法院提起诉讼，从而补充了救济途径。

但上述规定存在较为明显的几个问题。首先，在法律明文规定的禁止女性从业的范围之外，还有很多表述不清晰的地方。比如说高空作业，法律明文规定不得安排女职工在经期从事高空作业，这是一种典型的权益保护性条款，但用人单位往往会以女性不胜任高空作业为由而干脆否定其行业准入资格，使之演化为妨害女性权益的侵害条款。其背后的原因是现有的法律条文旨意不清晰：拒绝女性从事高空作业，是保护女性还是性别歧视？目前来看，在这一规定的具体实施上并没有像产品质量标准一样可参照的标准。

法律条文只是概括归纳大多数社会现象，因此决定了其不可避免地具有一定程度上的抽象性，缺乏可实施层面上的操作标准，使得反职业性别歧视常常流于原则性条款，难以在实践中落地。对行业例外的规定本意是对女性群体进行保护，倘若行业例外的判断标准、种类划分不明晰，反而会弱化原有的禁止歧视条款的效用，成为隐性性别歧视的保护伞。

(二)隐性歧视举证困难,惩戒疲软

女性职业性别歧视主要表现为隐性歧视,证明难度大。目前国内的法律制度设计并未将职业性别歧视纳入"举证责任倒置"的特殊举证范围内,适用的还是一般举证规则,即"谁主张,谁举证",由职工一方承担举证责任。但是,隐性歧视没有明确的硬性规定,这就给女性职工举证带来很大困难。毕竟,审查培训、选拔是否存在性别歧视,就像审查抽象行政行为的合法性一样,前提是都得有客观的文本可以证明其行为的存在以及存在的合法性;非客观的,或者尚未物质化固定下来的东西,是没有办法被证明的。隐性歧视让从业女性难以找到直接证据证明其非法性,这就给存在隐性性别歧视的用人单位预设了一个可以逃避处罚的借口。显然,现行的就业歧视救济的举证规则只适用于显性的职业性别歧视,对于隐性职业性别歧视则难以实现有效救济。

招聘方职业性别歧视的违法成本太低。根据《中华人民共和国妇女权益保障法》《中华人民共和国就业促进法》等法律文件的规定,存在职业性别歧视问题的雇主需要承担法律责任,主要是承担行政、刑事责任和赔偿责任,但没有具体的赔偿标准和实施细则,更未规定雇主在招聘过程中存在歧视行为所应承担的具体责任。针对职业性别歧视的案件,对违法劳动单位的惩戒力度仍显太小。此前的判例,大多数采取赔礼道歉的方式一笔带过。在2016年最高人民法院的一个指导案例中有了精神抚慰金的突破,但是现行法律没有予以确定下来,其推广和持续始终没有法律条文的续航。既然有了新的、良好的突破,那就应当尽早在制度层面将对职业性别歧视受害者的权益保护和赔偿方式固定下来。

(三)现行法律的保护范围有限

目前与职业性别歧视相关且运行程度和完善程度较高的法律主要还是《劳动法》,但是确定劳动关系前的反就业性别歧视并未纳入《劳动法》保护范围,而其他与反就业性别歧视相关的法律规定相对而言又比较原则化,难以落实。因此,针对尚未确定劳动关系时的反就业性别歧视的法律保护就出现了一个空白。尚未确定劳动关系时的就业性别歧视恰恰是职业性别歧

视中占比非常大的一部分，如果这一部分问题没有得到妥善解决，那么可以说，反就业性别歧视的法制措施已经输在了起跑线上。

四、职业性别歧视的解决措施

（一）借助劳动法抑制职业性别歧视

目前国内并没有反职业性别歧视法，但即使如此，当前的法律体系也有许多相关内容可以挖掘。该文提出的设想就是在反职业性别歧视法尚未出台的前提下，让反职业性别歧视搭上现行法律的顺风车。

比如，在完善《劳动法》关于反就业前遭遇性别歧视的问题上，可以参考和借鉴《俄罗斯劳动法典》第十六条的规定："禁止无理拒绝聘用劳动者。禁止在招聘时以性别、种族、民族、语言、出身、财产状况、宗教信仰、政治信仰、参加社会团体及其不属于职业素质方面的条件为由对劳动者的权利进行任何形式直接或间接的限制，规定直接或间接的优惠条件。在招工时因该类工作特点或由于国家对需要社会和法律进行特殊照顾和保护的人员而规定的差别、优先权和限制不属于歧视性规定。"[4]可以在《劳动法》中添加禁止职业歧视的条款，将反就业性别歧视纳入《劳动法》的保护范畴。如此，借助《劳动法》的高知晓率、高执行率，可以更好地推进反就业性别歧视。

一旦将反就业性别歧视纳入《劳动法》保护的范畴，就可以适用《劳动法》的纠纷解决机制，比如说劳动仲裁。这样，无形中会扩大职业性别歧视的救济途径。劳动仲裁的方式其实更加适合职业性别歧视问题的解决。首先，一般而言，女性遭遇到性别歧视时往往会因为"怕麻烦""诉讼成本高"等常见问题而选择忍气吞声，很少选择将遇到的每一次歧视都诉诸诉讼方式，因为这会消耗太多的金钱成本和精力成本。其次，在就业难以保障、生计无以维持的时候，很少有人会将更多的花销投入诉讼活动中，因为不确定是否能够得到自己想要的法律救济。最后，即使反就业性别歧视诉讼胜诉了，根据目前的判例来看，拿到的也只是填补性的赔偿，其性价比远不如直接寻找下一份工作来得高。综合多种因素来看，为了反职业性别歧视而花时间精力打官司，是非常不合算的，而借助现行法律采取劳动仲裁的方式则可以降低经济成本和精力成本,有效地缓解这一顾虑。所以,搭上有仲裁模式支撑的《劳动法》的顺风车,在当前的社会情况下,要比力推制定反就业性别歧视法的执行效果来得更快、更好一点。

(二)由存在隐性职业歧视的用人单位承担举证责任

当前的举证制度是非常不利于反隐性歧视的。该文认为,可以在一定程度上参考和借鉴英国的举证制度,即如果从雇主的行为可以推论出职业性别歧视行为的存在,那么应由被告举证推翻这种推论,证明自己采取的行动是出于其他原因。[5]这其实就是采用举证责任倒置的思维方式去归置举证责任。举证责任倒置在我国的法律制度中也有较为长期和稳定的适用,比如说《最高人民法院关于民事诉讼证据的若干规定》第六条明确规定,在劳动争议纠纷案件中,因用人单位做出解除劳动合同等决定而发生劳动争议的,由用人单位负举证责任。职业性别歧视本质上就是对女性劳动权的侵害,是用人单位单方做出的不利于女性劳动者的决定,借助劳动法已经有一定实践基础的举证责任倒置制度来反职业性别歧视,完全不会打破现行法律体系的内部和谐。

举证责任的确定有一个重要的依据,即谁对证据具有更强大的控制力以及谁更具有举证的可能性。在隐性职业性别歧视问题上,毫无疑问,用人单位占据着绝对的掌控权,应该承担举证责任。

(三)拟制针对职业性别歧视的具有可实施性的惩戒措施

此前在最高人民法院发布的邓某某起诉某速递公司、某劳务公司一般人格权纠纷案中,在填平其他损害的基础上,还连带赔偿了邓某某精神损害抚慰金等,这无疑是一个好的结局。但我国不是判例法国家,指导性案例具有的只是参考价值,因此,法律应当将这一好的发展变化以条文的形式固定下来,将反职业性别歧视的惩罚机制固定下来。比如,在规范性文件中要明确规定适用什么样的惩罚类型,是单纯地对劳动者进行赔偿还是需要同时对企业处以行政处罚,以及适用什么样的赔偿标准。如此明确规定,不仅可以收到更好的惩戒效果,还可以进一步提高女性的社会地位,促进两性的就业平等。

职业性别歧视的出现有多种原因,反职业性别歧视可谓任重道远,而法律是消除职业性别歧视的有力武器。所以,从法律体制的完善出发,从法律措施的可实施性上着手,严厉打击隐性职业性别歧视,给予女性公平且恰当的劳动地位,是保护女性正当权益、促进社会和谐发展所必需的,也是构建新时代中国特色社会主义国家所必需的。

参考文献

[1]世界经济论坛.2018年全球性别差距报告[EB/OL].(2018-12-18)[2019-03-15].https://www.useit.com.cn/thread-21631-1-1.html.

[2]佚名.男护士真的这么"吃香"吗[EB/OL].(2018-05-25)[2019-02-18].http://ylws.huatu.com/hszg_kskx/20180525/1640422.html.

[3]佚名.2019中国女性职场现状调查报告[EB/OL].(2019-03-08)[2019-05-31].http://zj.sina.com.cn/finance/xfgz/2019-03-08/detail_f-ihrfqzkc2301997.shtml.

[4]喻术红.反就业歧视法律问题之比较研究[J].中国法学,2005(1).

[5]谢增毅.英国反就业歧视法与我国立法之完善[J].法学杂志,2008(05).

浙江省女性社会工作人才队伍建设研究

童素娟*

摘　要：女性特质与社会工作具有天然的契合性，因而，女性在社会工作人才队伍中占据了很大的比重。进一步加强女性社会工作人才队伍建设，培养造就一支宏大的、具有较高专业化水平的女性社会工作人才队伍，既是社会和谐稳定的重要保证，也是提高党的执政能力的重要手段，更是创新社会治理体制的重要举措。该文在调查基础上对浙江省女性社会工作人才队伍建设的现状与问题进行分析，并针对问题提出相应的对策。

关键词：女性；社会工作；人才队伍；对策

一、女性社会工作人才队伍建设的重要意义

当前，创新、协调、绿色、开放、共享五大发展理念引领着中国的深刻变革。在党的十八届三中全会上，《中共中央关于全面深化改革若干重大问题的决定》首次正式使用了"社会治理"的概念，将"推进国家治理体系和治理能力的现代化"作为全面深化改革的总目标，并为"创新社会治理体制"专设一章。[1]由此可见，社会治理理念被推上了中国有史以来前所未有的高度，这标志着我国治理思维与模式的积极转变。

* 童素娟，浙江省人才开发协会副研究员，公共管理学博士，研究方向为社会工作、社会保障。

党的十八届五中全会强调,要加强和创新社会治理,推进社会治理精细化,构建全民共建共享的社会治理格局。作为社会建设重要组成部分的社会治理,是中国特色社会主义现代化总体布局的重要内容之一。在实现中华民族伟大复兴的历史进程中,提升社会治理水平,推进社会治理现代化,是推进国家治理体系和治理能力现代化的题中应有之义。根据习近平总书记关于社会治理的重要论述,并考虑到社会工作发展与共建共享社会治理的契合性,我们可以通过促进社会工作发展,提供精细化社会服务,来促进共建共享社会治理格局的形成。女性特质与社会工作有着天然的契合性,女性善良、温柔、细心、善解人意的特质正是社会工作的专业价值和助人理念所要求的品质。因此,促进女性社会工作者发展,可以更充分调动社会各方面力量参与社会治理,有助于把各种社会问题化解在基层、解决在萌芽阶段。女性社会工作人才将成为党和政府解决社会问题、缓解社会矛盾、增进社会团结、维护社会稳定的重要依靠力量。[2]进一步加强女性社会工作人才队伍建设,培养造就一支宏大的、具有较高专业化水平的女性社会工作人才队伍,既是促进社会和谐稳定、解决社会问题的重要保证,也是提高党的执政能力、优化党的群众工作方式的重要手段,更是创新社会治理体制、提高社会治理水平的重要举措。

二、女性社会工作人才队伍的现状

在我国,长期以来实践意义上的社会工作广泛存在,民政、妇联等相关部门承担了社会工作的大量内容。这类社会工作形成于计划经济体制之下,帮助有困难的社会成员解决其面临的生活问题,北京大学社会学系教授王思斌称之为"行政性、半专业化的社会工作"。[3]因此,该文涉及的社会工作者是广泛意义上的社会工作者,他们不仅仅包括具有社会工作资格证的社会工作者,还包括实际从事社会工作的在岗工作人员。由于女性社会工作者占社会工作人才的八成以上,因此,女性社会工作人才队伍状况基本反映了社会工作人才队伍的整体状况。

（一）岗位分布

浙江省现有各类政府社会服务机构6659个、工作人员58407人（见表1）。以杭州市和宁波市为例,杭州市在事业单位管理岗位就业的社工人员占社工人数的42%,在专业技术岗位就业的占25%,在工勤岗位就业的占33%,在民办非企业单位以上三类岗位就业的占比分别为22%、47%、31%;宁波市在管理岗位就业的社工占该市社工人数的45%,在专业技术岗位就业的占23%,在工勤岗位就业的占32%,在民办非企业单位上述岗位就业的比例分别为13%、52%、35%。

表1 各类政府社会服务机构概况

机构分类	机构数（个）	实有人数（人）
综合性文化站（馆）	1065	4220
青少年活动中心	71	724
民政卫生服务中心（卫生院）	1533	31323
计划生育技术指导中心	1208	4992
福利（收养）机构	1537	6862
残障康复机构	114	863
医疗保险经办机构	133	1269
社会保险经办机构	179	3517
劳动保障和社会救助站	267	1184
就业服务机构	400	2834
流动人口管理机构	101	379
民政服务机构	51	240
合计	6659	58407

（二）年龄分布

从杭州和宁波两地来看,社会工作人员的年龄分布主要在41—55岁这一档上,年龄主要集中在中年阶段。女性社工在事业单位和民办非企业单位不同岗位的年龄分布具体见表2和表3。

表2 杭州和宁波女性社工在事业单位不同岗位的年龄分布

岗位 年龄	管理岗位				专业技术岗位				工勤岗位			
	杭州		宁波		杭州		宁波		杭州		宁波	
	人数	占比	人数	占比	人数	占比	人数	占比	人数	占比	人数	占比
55岁以上	70	14%	45	11%	16	7%	14	5%	51	10%	119	20%
55—41岁	237	48%	163	41%	90	39%	80	29%	290	58%	288	50%
40—31岁	108	22%	133	34%	74	33%	121	44%	115	23%	134	23%
30岁及以下	78	16%	56	14%	47	21%	61	22%	47	9%	42	7%
合计	493	100%	397	100%	227	100%	276	100%	503	100%	583	100%

表3 杭州、宁波和温州女性社工在民办非企业单位不同岗位的年龄分布

岗位 年龄	管理岗位			专业技术岗位			工勤岗位		
	杭州	宁波	温州	杭州	宁波	温州	杭州	宁波	温州
55岁以上	19%	5%	18%	7%	0	5%	16%	75%	6%
55—41岁	43%	39%	45%	44%	17%	33%	50%	13%	42%
40—31岁	18%	38%	30%	27%	17%	59%	19%	8%	51%
30岁及以下	20%	18%	7%	22%	66%	3%	15%	4%	1%
合计	100%	100%	100%	100%	100%	100%	100%	100%	100%

(三)性别分布

根据美国一项统计调查,拥有学士、硕士、博士学历的女性社工比例分别为88%、85%、83%,女性社工占社工总职位的2/3。[4]而在中国,根据相关调

查数据,女性社工占80%以上,尤其社区工作者队伍中女性比例更高,且在社会工作职业化、专业化进程中,获得职业资格的女性社会工作人才职业认同度、职业忠诚度、职业满足感、职业成就感等均高于男性。[5]当前,女性社会工作人员大致可以分为三类:一是专职者队伍,包括居委会、福利院、老年公寓等服务机构的工作人员;二是兼职者队伍,分布在政府民政部门及工会、妇联、共青团等不同组织机构;三是志愿者队伍,包括参与互助性活动和助人活动的居民(居委会)、在职职工、在读学生等,他们虽有奉献精神,但大多未经过社会工作的专业培训。

(四)学历结构

在学历结构上,管理岗位并没有表现出明显的集中趋势,而专业技术岗位则主要集中在高中、中专和大专等学历层次,工勤岗位则主要集中在初中以下的学历层次。具体情况参看表4和表5。

表4 杭州和宁波女性社工在事业单位各类岗位就业的学历分布

岗位\学历	管理岗位				专业技术岗位				工勤岗位			
	杭州		宁波		杭州		宁波		杭州		宁波	
	人数	占比	人数	占比	人数	占比	人数	占比	人数	占比	人数	占比
本科以上	136	27%	100	26%	46	21%	57	22%	5	1%	7	1%
大专	165	33%	141	36%	67	31%	97	37%	64	13%	57	10%
高中或中专	107	21%	92	23%	56	26%	69	26%	104	21%	118	20%
初中以下	94	19%	59	15%	48	22%	40	15%	332	65%	413	69%
合计	502	100%	392	100%	217	100%	263	100%	505	100%	595	100%

表5　杭州、宁波和温州女性社工在民办非企业单位就业的学历分布

岗位 学历	管理岗位			专业技术岗位			工勤岗位		
	杭州	宁波	温州	杭州	宁波	温州	杭州	宁波	温州
本科以上	7%	26%	1%	14%	20%	2%	6%	0	3%
大专	27%	51%	22%	53%	59%	27%	16%	1%	1%
高中或中专	35%	21%	41%	20%	20%	35%	20%	14%	18%
初中以下	31%	2%	36%	13%	1%	31%	58%	85%	78%
合计	100%	100%	100%	100%	100%	100%	100%	100%	100%

（五）平均收入

在年平均收入上，无论管理岗位、专业技术岗位还是工勤岗位，编制人员基本保持在4万—6万元，而非编制人员在2万—3万元（具体见表6），这种差距在女性社工人员中也是如此。

表6　杭州和宁波编制人员与非编制人员年平均收入比较

岗位 类别	管理岗位		专业技术岗位		工勤岗位	
	杭州	宁波	杭州	宁波	杭州	宁波
编制人员	45776.27元	56760.00元	43105.88元	57751.52元	41545.56元	57474.07元
非编制人员	26420元	24778.00元	26666.67元	30883.33元	22233.33元	19130元

（六）专业素质

在社会工作专业素质上，各个岗位呈现出专业素质偏低的情况，尤其是拥有相关专业学历的人员所占比例偏低。具体情况见表7。

表7 杭州、宁波和温州女性社工拥有相关专业学历、接受专业训练情况

岗位 学历和培训情况	管理岗位						专业技术岗位						工勤岗位					
	杭州		宁波		温州		杭州		宁波		温州		杭州		宁波		温州	
	事业单位	民办非企业单位	事业单位	民办非企业单位	事业单位	民办非企业单位	事业单位	民办非企业单位	事业单位	民办非企业单位	事业单位	民办非企业单位	事业单位	民办非企业单位	事业单位	民办非企业单位	事业单位	民办非企业单位
拥有相关专业学历者	14人	23人	8人	82人	0	9人	5人	20人	48人	70人	0	24人	7人	3人	7人	0	0	4人
接受过专业训练者	17人	58人	20人	7人	0	29人	33人	78人	24人	23人	0	41人	23人	54人	17人	83人	0	36人
两者皆无	69人	19人	72人	11人	0	62人	62人	2人	28人	7人	0	35人	29人	43人	79人	17人	0	60人

三、女性社会工作人才队伍建设存在的问题

从女性社会工作人才队伍建设角度分析,既有整体社会工作人才队伍建设的共性问题,也有女性社会工作人才队伍建设的个性问题。共性问题有:社会工作人才配置比例低,专业化、职业化程度低,评价管理体系尚不完善,社会认同感较低。个性问题有:精力投入曲线的性别差异、家庭负担付出的性别差异、职业成就动机的性别差异。

(一)社会工作人才队伍建设存在的共性问题

1. 社会工作人才配置比例低

社会工作从业人员总量严重不足,仅就工作量而言,平均1个工作人员要为1000名民政重点帮扶对象提供服务,与社会发展和人们的需求极不适应。这与社会工作比较成熟的国家和地区相比,存在较大差距。浙江省妇联系统中社会工作人才队伍建设还比较薄弱。绍兴市全市有女性人口224.28万人,占全市总人口的49.73%,而全市妇联系统内设有专门的社工岗位仅为131个,专职从业人员也只有134人。市县两级7名维权干部每年接

待处理的信访均达3000多件,很难满足维护妇女权益的要求。由于机构改革,温州、嘉兴等市的镇(街道)、村级妇联干部都身兼数职,工作处于超负荷状态,加之基层妇女维权工作者素质能力不足、社会资源有限等因素,难以满足日益纷繁复杂的妇女维权工作需要。

2. 专业化、职业化程度低

目前社会工作从业人员总体上学历较低,实务技能较差,绝大多数没有接受过系统化、个性化、差异化服务的培训,无法满足多样化的社会需求。用专业化的标准考量,社会工作从业者中真正具有专业能力的寥寥无几。浙江省各类社会服务机构大多处于基层一线,总体上人员素质不高,加之在职培训制度尚未建立,全省社会工作者严重缺乏社会工作的专业知识和技能,文化程度普遍偏低,尤其是县一级,这样的人员素质很难适应现代社会工作的需要。[6]另外,由于缺乏行业自律和评估,无法有效应对和解决新的、复杂的社会问题。社会工作人才队伍建设任重道远。

3. 评价管理体系尚不完备

目前,社会工作人才评价认定标准还比较单一,以实绩论人才的氛围和机制尚未形成。专业社会工作人才职称及其相关待遇难以落实。没有形成职业化的岗位体系,专业社会工作岗位十分有限。社会工作人员的职业规范、职业资格证书、职业水平认证、注册管理、实务督导、服务评估、项目设计、岗位配置、职业级别、薪酬标准等一系列配套制度不健全,社工缺少足够的职业发展空间。政府财政对社会工作及其人才队伍建设的人力资本投入不足,相对于社工的付出以及发挥的作用,社工薪酬偏低,缺少职业吸引力。广大基层社工的薪酬待遇更低,社工整体薪酬待遇低于本市职工工资平均水平。这种薪酬条件难以吸引和留住比较优秀的社会工作人才。

4. 社会认同感较低

社会各界对社会工作和社会工作人才的作用普遍存在认识不清、宣传不够、支持不力等问题,社会工作人才的职业地位较低,严重影响其工作热情和社工队伍的稳定。全社会对社会工作的认知、认同程度不高,社会工作人才发展的软环境有待优化。由于现阶段社会工作的需求没得到有效的开发,加上社工自身作用发挥不够明显以及相关宣传不够,公众对社会工作和社工的认知率偏低,充分发挥社工潜能的工作机制有待进一步强化,对社会工作人才关爱、关心不够,爱才、惜才、用才的人才理念和社会氛围没有完全形成。

(二)女性社会工作人才队伍建设存在的个性问题

1. 精力投入曲线的性别差异

根据有关调查,男女两性在职业发展的各阶段精力投入曲线有显著差异:男性起点较低,但逐渐上升;女性起点较高,但相对曲折,受生命周期影响较大。对于女性社会工作者来说,25岁以前是彷徨期,作为刚毕业的女大学生,因为社会阅历或职业生涯规划缺乏,处于相对迷茫期;26—35岁则属于不稳定期,这个时期的女性面临结婚生子的各方面压力,疲于应付工作;[1]而36—45岁是黄金期,46岁以上是成熟期,不过因为社会工作职业上升空间比较小,很多女性社会工作者在50岁左右就选择了退休。由此可见,女性社会工作者真正发挥作用的黄金时期只有15年。

2. 家庭负担付出的性别差异

受传统思想的影响,相比男性社会工作者,女性社会工作者在结婚生子后,家庭负担和付出的时间更多。但是社会工作尤其是社区社会工作的性质又决定了其工作时间较长,例如下午5点到晚上9点必须有人值班,社区书记、主任更是需要每天24小时保持手机开机。女性社会工作者在兼顾事业和家庭上会存在一定矛盾,需要家庭的支持和理解。

3. 职业成就动机的性别差异

相对男性来说,女性有着追求安稳、贪图安逸、不喜欢冒险、不喜欢竞争的特点,因而在职业发展过程中成就动机比较弱。《2010中国职业女性生存状态报告》显示,将近35%的女性生活重心在家庭,这就导致女性社会工作者安于现状,不太注重学习提高,自我学习和自我提高的积极性不高,专业素质和专业能力停滞不前,专业化、职业化程度较低,难以适应社会工作日益发展的新形势。

四、女性社会工作人才队伍建设的对策措施

党的十八大以来,全面深化改革,坚持以人为本,把"增进人民福祉、促

进人的全面发展"作为出发点和落脚点，提出了人人享有、普遍受惠的共享发展理念。落实到社会治理领域，就是建立"加强和创新社会治理，推进社会治理精细化，构建全民共建共享"的社会治理格局。加强女性社会工作人才队伍建设，打造一支宏大的、具有较高专业化水平的女性社会工作人才队伍，应该大有作为。

（一）借鉴国外经验，提升社会工作专业化、职业化水平

现有民政、妇联系统的社会工作者是一个巨大的人力资源库，可以对他们进行社会工作专业理念、知识和技能的培训，提高现有社会工作人员的专业素质。[6]既要转变他们的思想观念，又要提高他们的知识水平和服务技能。现有的社会工作，存在着行政性色彩浓厚、专业化程度不高等诸多弊端，部分社会工作者是高高在上的管理者，而不是亲力亲为的服务者。因此，社会工作者必须转变思想观念，树立服务意识，从"管理者"的角色转变到"服务者"的角色上来。

（二）加强教育培训，完善社会工作者专业培训考核制度

专业社会工作者与医师、律师一样，必须有一个专业资格培训和导入的过程。[1]社会工作要职业化，就要加强教育培训。抓紧制订社会工作人才队伍培养规划，明确社会工作人才培养的规模结构、目标任务和方法步骤，有计划、分层次地对现有社会工作人员进行系统性的专业培训，尽快提高社工人才队伍的职业素质和专业水平。

（三）开发社会工作岗位，多渠道、多形式吸纳社会工作人才

鼓励兴办各类民办社会服务机构，积极培育专业性和综合性的社工服务组织，逐步完善现行的社工服务组织，引导其进一步"去行政化"。建立政府财政支付制度，实行政府公共服务的合同制外包。根据社会服务机构的实际情况，设置一定的社工岗位，将社工服务嵌入具体工作。在不改变现有机构设置、编制的情况下，让专业社会工作者逐步进入相关岗位。对非公有制企业单位、社会组织等体制外的社会机构，引导其设置社工岗位，使用社工人才。

(四)"志工 + 社工 + 义工"联动,积极培育民间组织和志愿者队伍

在发挥民间组织和志愿者队伍的作用上,可以推行"志工 + 社工 + 义工"模式。既要发挥专业社会工作者的作用,又要发动公众广泛参与,发挥义工的协助、参与作用。[1]充分发挥社工的专业优势,形成"社工引领义工服务、志工协助社工服务"三工联动发展机制。建立"志工 + 社工 + 义工"三工联动工作联席会议制度,统筹协调"志工 + 社工 + 义工"联动工作,合力解决工作中遇到的问题。

(五)增加时间统筹性,缓解女性社会工作者的事业、家庭矛盾

增加社会工作人才的数量,提高社会工作人才配置比例,采取 AB 角轮岗制,减轻女性社会工作者的工作压力,如减少社会工作者待岗时间,每名社工一天待岗时间不能超过 8 小时等。加强女性社会工作者职业生涯规划和培训,有效提高女性社工的社会工作服务水平和服务质量。此外,从体制机制上保障女性社工生育之后能够兼顾事业和家庭。

参考文献

[1]童素娟.促进志工、社工、义工发展与提高社会治理水平的研究[J].社会福利(理论版),2018(11).

[2]毛瑞福,童素娟,等.社区社会工作发展战略与人才队伍建设研究[M].杭州:浙江人民出版社,2008.

[3]王思斌.中国社会工作研究(第三辑)[C].北京:社会科学文献出版社,2005.

[4]姜然,曲雪娇.美国社会工作的发展及其对我国的启示[J].重庆城市管理职业学院学报,2016(01).

[5]刘建娥.社会工作的专业化探讨[J].社会发展研究,2005(22).

[6]叶兴华.社会工作职业化、专业化过程中的政策选择[J].华东理工大学学报(社会科学版),2003(03).

杭州市女性困难群体的现状及帮扶对策

雍　玥*

摘　要: 近年来,杭州市各级妇联响应中国妇女十二大提出的深化"巾帼脱贫行动"号召,开展了旨在改善困难女性的生活、提高其生活质量的"姐妹帮扶""来料加工""两癌免费筛查""美丽基金""维权帮扶"等项目活动。本调研考察了这些项目的开展情况与扶贫成效,总结了目前杭州市帮扶女性困难群体方面存在的问题,针对这些问题,为提升女性困难群体的帮扶效果提出了相应的建议与对策。

关键词: 女性;困难群体;现状;帮扶对策

近年来,杭州市妇联深入贯彻落实党的十九大精神和习近平总书记关于打赢脱贫攻坚战系列重要讲话精神,全市各级妇联组织齐心协力、发挥优势、广泛协调,通过开展"姐妹帮扶""来料加工""两癌免费筛查""美丽基金""维权帮扶"等系列项目活动,倾心倾力为困难女性解困济贫办实事,为改善困难女性生活、提高她们的生活质量起到助推作用。

为了充分发挥妇联组织在精准扶贫、帮扶女性困难群体中的作用,全面了解全市女性困难群体的现状,为市委有关决策提供依据,市妇联开展了杭州市女性困难群体现状调研。通过赴民政、农办等职能部门走访以及召开座谈会等途径,了解掌握各地妇联在女性困难群体帮扶工作中的做法、成效

---

* 雍玥,杭州市妇女联合会基层工作部部长,中央党校研究生,研究方向为女性问题。

及存在的困难。

一、杭州市女性困难群体的基本情况

该文中的女性困难群体,特指民政部门低收入群体库里的低保户和低保边缘户中的女性所组成的集合。

(一)杭州市女性困难群体的规模和比例

据有关部门统计,截至2018年9月,杭州市有低保户7.63万户,低保人数约10.54万,其中女性低保人数4.97万,占低保户总人数的47.19%;低保边缘户总人数5.72万余。低保户、低保边缘户总人数中女性占半数,2/3以上分布在农村地区。

(二)导致女性贫困的原因

女性困难群体是动态变化的群体,其困难状况受女性个体因素与家庭、职业和社会等诸多因素的制约。据调查,目前导致女性贫困的主要原因有以下几种情形:

1. 由病残等生理原因致困

在杭州市,目前由自身或家人生病、残疾致贫致困的女性占了女性困难群体的60%左右,这些女性所在的家庭由于一人或多人常年生病,医疗负担较重,从而贫困且短期内难以走出困境。部分困难家庭成员因病住院,其中进入医保范围的部分有限,不进医保的自费部分占比较高,自费的大部分无法获得救助,家庭成员不得不长期照顾病人,造成家庭收入低或者没有固定收入,生活举步维艰。

2. 由单亲收入低或失业致困

丧偶或离异使家庭结构残缺,中老年失独家庭没有家庭主要劳动力,收入锐减,特别是因重大疾病丧偶的女性家庭,妻子为给丈夫治病花光家庭积蓄,有的甚至债台高筑;部分离异家庭由于男方缺乏责任心,将孩子抚养责任推给女性,而这些单身母亲没有固定经济来源,从而生活陷入困境。萧山区因丧偶而步入贫困行列的女性，主要集中在30—50岁之间，仅仅依靠低保、打零工和亲戚资助过日子。

3. 受教育程度低，缺乏劳动能力

从统计数据看，大多数困难女性文化程度低、年龄偏大，从事传统农业是主要收入来源。桐庐县纳入低保救助范围的4800名女性中，60周岁以上女性2274名，40—60周岁女性1206名，两者占72.50%；建德市纳入低保救助范围的5323名女性中，因缺乏劳动能力，如年龄大丧失劳动能力、病虽治好了但仍不能从事体力劳动等而致贫的有2334名，占43.80%。部分困难女性思想保守落后，缺乏生活技能，安于现状，不善于学习，听天由命，有些享受政策资助后还存在"懒、靠、要"的思想。

4. 依赖土地生存，缺少致富项目

调查中发现，杭州市女性困难群众中，农村人口占比高。如建德市农村困难女性人口7961名，占该市困难人口的94.10%；富阳区农村困难女性占该区困难人口的97%。农村女性困难群体几乎完全依赖种地为生，收入来源单一，主要依靠第一产业，失地就意味着失业，不能实现劳动力转移，同时她们大多还要赡养老人，抚育子女，不少困难女性家庭为了让孩子上学，只好贷款或向他人借债，经济上陷入困境。

二、妇联帮扶女性困难群体的主要做法及成效

（一）实施产业帮扶，促进女性困难群体精准脱贫

1. 来料加工进低收入农户，增收一批

为促进低收入农户中的妇女脱贫增收，2009年起，杭州市妇联牵头开展了来料加工业进低收入农户工作，通过培育来料加工女经纪人队伍、广泛发动低收入女性参与、培育示范基地、开展技能比武等工作，帮助低收入农村困难女性在家门口从事来料加工，实现居家就业、脱贫增收。全市各级妇联，特别是淳安、建德、桐庐、富阳、临安等地妇联把发展来料加工助力低收入农户增收作为主责主业。经过近10年持之以恒的努力，杭州市妇联已在全市培育起5000人规模的来料加工经纪人队伍，带动从业人员25万人，实

现年加工费收入10亿元。其中,仅2016—2018年就有5万余人次低收入农户通过市妇联组织的来料加工,实现年人均增收7000元以上。

2. 发展乡村旅游,助力一批

近年来,杭州市各级妇联组织围绕乡村振兴战略,积极鼓励困难女性投身农家乐、民宿等旅游产业发展,发现并培育了一批民宿女领头人,成立民宿女主人"芳草地驿站"等,更好地发挥创业女性在民宿领域的示范带头作用,在助推民宿经济这一新型业态的同时帮扶困难女性增收。如建德市妇联打造"建德果蔬乐园"乡村旅游品牌,为困难女性就业牵线搭桥,2017年提供女性就业岗位290余个,带动979户低收入户增收。寿昌镇桂花村、钦堂乡葛塘村开展城乡互助养老试点,在发展养老民宿经济的同时,也给困难女性提供了家政服务等就业岗位。

(二)实施技能帮扶,助力女性困难群体就业创业

按照"政府主导、妇联参与、面向市场、妇女受益"的社会化培训工作方针,全市各级妇联整合资源,与社会组织合作,面向农村、城镇失业妇女特别是"4050"人员开展餐饮服务、电子商务、手工编织、家政服务等各类适合妇女灵活就业的技能培训,帮助贫困妇女敢创业、会创业、创成业;举办城乡妇女电商培训和来料加工经纪人骨干培训,提升经纪人的接单能力和从业人员的技能水平。如萧山区每年开展美丽课堂100余期,举办各类技能培训160余期,受惠妇女达万余名。建德大同镇每年组织家政服务员培训,在外从事月嫂工作的人员工资高的月收入达到1.5万元,低的也有6000元。

(三)实施"美丽基金",给予女性困难群体特殊关爱

成立于2013年的杭州市"美丽基金",是市妇联和省妇女儿童基金会合作设立的公募性专项基金,主要关注贫困家庭中妇女儿童的生存、生活和发展环境,为其提供温情的人文关怀。

1. 开展"扬帆起航——贫困女大学生助学行动"

市妇联联合浙商财智女人会的女企业家,连续6年共资助245名品学兼优的贫困女大学生,以"一对一"结对助学形式,给予她们如经济支持、职业规划、实习就业等全方位的指导帮助,为女大学生们走进社会、适应社会保

驾护航。

2. 开展"珍爱生命——贫困妇女'两癌'援助行动"

市妇联与市总工会、市春风办共同制定《杭州市"春风行动"患"两癌"贫困妇女医疗援助暂行办法》，针对全市患有子宫颈癌或乳腺癌的低收入家庭患病妇女开展"两癌"春风援助行动。截至目前，共资助500余名"两癌"贫困患病妇女，每人获得一次性医疗援助金3000元。

3. 开展"温暖晚秋——困难老年妇女关爱行动"

对具有杭州市户籍的、曾经担任过各级妇代会主任或妇女干部的城乡困难家庭、60岁以上的老年妇女，市妇联于每年春节前夕开展关爱帮扶行动，走访慰问。截至目前，共资助346名离任贫困妇女主任，每人获得一次性援助资金800元。

（四）实施项目帮扶，关注女性困难群体健康与发展

近年来，杭州市各级妇联组织通过社会化、专业化的项目运作模式，点对点精准帮扶辖区内困难女性、困难家庭。市妇联连续四年实施"两癌"免费筛查服务项目，借助专业医疗机构，每年为全市1000名30—64岁已婚妇女开展"两癌"免费筛查，为偏远地区困难女性和外来务工妇女开展送医下乡活动和预防"两癌"健康知识讲座。上城区女性社会组织"爱馨互助会"，帮助残疾儿童及其母亲通过技能培训、艺术疗法等重塑自信、融入社会；江干区妇联在社区培育扶持"巧字号"女性创业就业基地，每个基地给予一次性资助10000元，目前已扶持21家，有400余名困难女性获益。《中国妇女报》报道了余杭区巾帼帮扶中心依托创业项目定点帮扶，使聋哑女性王海雅从一名普通家庭妇女，通过参加花艺培训、开花店，成长为有勇气、有激情的女创客的案例。

（五）实施"姐妹帮扶"，解除女性困难群体燃眉之急

2002年11月，市妇联启动了以"千名女干部与千名困难妇女手拉手结对帮扶"为主要内容的"姐妹帮扶工程"。2016年市妇联又组织全市各级"巾帼文明岗"、来料加工女经纪人、女企业家及农村女致富带头人，以集体或个人结对的方式与2003名农村低收入家庭妇女及困难妇女结成帮扶对子，为期四

年,共送上慰问金和物资1040万元。各级妇联组织积极参与"1＋X"社会结对帮扶,以走访慰问送温暖、助学助医助业解困难为结对帮扶的主要内容,解决结对姐妹的生活困难。下城区成立女企业家协会公益志愿队,组织爱心义卖活动,为困难妇女儿童捐款2万余元;临安区每年举办"春风送岗位·助圆巾帼梦"女性就业专场招聘会,同时在政府性公益岗位上,积极建议安排困难女性从事绿化养护、治安巡逻、环境保洁等工作;淳安县联合县农商银行完善"巾帼创业"贷款政策,对困难妇女小额贷款予以贴息或低息放贷。

(六)实施维权帮扶,保障女性困难群体合法权益

针对妇联信访、"110"应急联动平台家暴案件中的困难女性,市妇联组建杭州市妇女维权与法律援助志愿团,招募170余名律师、心理咨询师等专业人才,联动各级妇联为她们及时提供法律咨询、法律援助、家事调解、心理咨询等各项公益帮扶。依托专业社会组织,实施"远离家暴,让爱回家"项目,由专业团队以数据分析和个案服务的方式跟进反家庭暴力工作。联合市民政局制定出台《杭州市反家暴庇护救助工作实施办法》,完善家暴庇护标准化工作流程,为家暴受害的困难女性提供庇护救助服务,全市目前共设有8个专门的家暴庇护场所。三年来仅市妇联本级针对信访接待及"110"应急联动家暴警情案件中的困难女性群体,开展深度法律援助、心理跟踪200余起,调解婚姻家庭纠纷案件40余起,其中一件市妇联法律援助案件被评为杭州市十大最具影响力案件之一。

三、存在的困难和问题

在女性困难群体帮扶方面,全市各级妇联组织做了大量的工作,也取得了一定的成效,但还存在不少困难和问题。

(一)帮扶精准度有待提高

女性困难群体的数据和信息分别掌握在民政、人社、卫计、残联、教育等部门,尤其是农办与民政部门的低收入农户信息不对称,按照省农办要求,

农办低收入农户信息库是"一年一调整",而民政部门则是"一月一动态",导致两个部门数量掌握不一致。妇联尚不能对女性困难群体的分布、致贫致困原因、生活需求等动态信息进行精准掌握,对女性困难群体对象的精准识别、精准施策的工作方法有待探索。

(二)女性困难群体帮扶政策有待出台

妇联不是政府职能部门,在扶贫问题上大多只能依靠政府相关部门共同推动,在推进女性困难群体帮扶工作中面临政策、资金、人员等诸多制约。如,新一轮来料加工进低收入农户政策尚不明晰;财政对女性困难群体帮扶覆盖面较窄,帮扶力度不够,主要帮扶对象限定于低保或低收入边缘人群,对遭遇重大疾病或重大意外的女性没有帮扶政策,对困难女性疾病补助种类较窄,只限定为"两癌";有效帮扶机制持续性与有效性不足。

(三)社会参与度、服务专业度有待提高

面临实体经济困难,就业择业形势严峻,特别是在各类福利企业减少、关停的背景下,如何帮助困难家庭人员、困难女性就业面临大形势考验。妇联对于女性困难群体的关心关爱,不仅要直接体现在强有力的物质资金帮扶和政策倾斜方面,还应在桥梁纽带作用发挥上建功立效。当前,基层妇联在激发和引入社会组织帮扶方面做得还不够,有待进一步加强。面向女性困难群体的救助政策品类繁多,涉及多个领域多个部门,对于直接服务困难女性的基层妇女干部来说,不仅要统筹掌握各项政策,而且要具备做好群众工作的综合素质,进一步提升专业化水平。

四、建议与对策

当前,杭州市扶贫开发工作已从消除绝对贫困阶段进入减缓相对贫困的新阶段,打赢低收入百姓增收攻坚战是当前及今后的一项重要任务。做好困难女性脱贫增收工作是精准扶贫的必然要求,也是妇联服务妇女的具体实践。全市各级妇联要以提高困难女性群体增收能力为中心,加大帮扶

力度,落实帮扶举措,促进转移就业,建立帮扶机制,不断提高她们的收入水平和生活品质。

(一)进一步摸清家底,精准掌握女性困难群体情况

实施"巾帼脱贫行动",既是一场攻坚战,又是持久战。全市各级妇联组织要开展女性困难群体的调查摸底工作,借助人力社保、民政、农办、残联等数据资源,建立全市女性困难群体数据库。将女性困难群体分为三类:一是保障型,指因大病、重病、残疾等而生活困难的家庭中的女性,只有在政府兜底保障下才能脱贫;二是扶持型,指因天灾人祸或突发事件而生活困难,但本身具有劳动能力或就业创业意愿的女性,需要政府及社会各界(包括妇联组织)在搭建就业平台、创业政策倾斜等方面给予支持;三是慰问型,指因孩子上大学或失独而生活困难的家庭中的女性,需要政府及社会各界(包括妇联组织)给予一定的资助,重点是精神上的扶志,鼓励自力更生、脱贫致富。

(二)进一步形成合力,发挥妇联组织"联"字作用

充分凸显妇联群团组织的优势,整合帮扶资源,熟悉掌握部门相关政策,联系社会组织、联系爱心企业,不断完善困难女性的政府求助和社会救助机制。开展多种形式的组团帮扶活动,强化帮扶成效。联合民政部门,争取各类服务女性、家庭的公益项目列入创投,多方向、多渠道为女性困难群体解决实际困难;联合农办、人力社保部门,开展困难女性技能提升培训班、实用人才培训班等,加强对女性困难群体人才的培养力度,实现精准脱贫。严格按照政策做到"应保尽保",力争不落下一个困难女性,让她们感受到党和政府的关怀。

(三)进一步加大力度,帮助女性困难群体创业就业

继续通过"姐妹帮扶""来料加工""两癌免费筛查""美丽基金""维权帮扶"等系列举措,加大对女性困难群体的扶持力度,同时推出"春风送岗位""公益性岗位"等,提高就业技能水平,聘请创业导师帮助困难女性创业,畅通就业创业渠道。在农村,加大来料加工进低收入农户的工作力度,在乡村振兴巾帼行动中,发展养老民宿经济,通过家政服务,解决农村困难女性增

收问题,实现在家门口就业;在城镇,加大"巧字号"女性就业创业基地建设力度,帮助有一技之长的女性实现居家就业创业,满足城镇困难女性的精神文化需求。

(四)进一步强化服务,构建女性困难群体关爱体系

增强服务意识,强化扶志与扶智并举,通过社会化、项目化运作方式,探索建立"1＋1＋X"关爱帮扶体系,即一名巾帼志愿者结对一名困难女性,了解困难女性需求,利用心理咨询师、律师、医生、教师、社工、理财师等,开展心理关爱、医疗服务、法律咨询、家务帮助、家庭关系调处、亲子教育、金融服务等帮扶,借助专业化力量提供个性化服务,使女性困难群体得到更实惠的帮助。同时树立女性就业创业典型,用身边的案例影响周边一群女性困难群体,培养她们劳动光荣、增收光荣的意识,增强自我发展能力,调动内生动力,让更多女性困难群众享有发展的获得感、生活的幸福感。

(五)注重智慧帮扶,引入性别统计理念,提高女性困难群体帮扶的针对性

近期,杭州提出了打造"全国数字经济第一城"概念,借鉴"智慧城市",全面小康社会进程中需要"智慧帮扶",打破政府部门间的信息壁垒,利用大数据云计算,建立一站式救助平台,统一认定标准和动态管理标准,分性别统计有关数据并进行分析,使妇联组织能精准识别帮扶对象,更有针对性地开展女性困难群体的精准帮扶工作。

(六)注重政策帮扶,加大统筹联动力度,保障女性困难群体帮扶的有效性

市委市政府应加大对女性困难群体的帮扶力度,研究出台鼓励她们自谋职业和自主创业的扶持政策,在助困、助业、助医、助学等方面提供一系列的咨询服务和救助政策。进一步明确新一轮来料加工进低收入农户三年专项补助政策,将其纳入农口系统资金通盘考虑,通过发展来料加工产业继续助推精准扶贫。在实施乡村振兴战略的大背景下,建议出台相关政策,鼓励女性困难群体从事家政服务、民宿、养生养老、乡村旅游等新兴产业,拓宽她

们的增收渠道。建立健全政府部门统筹联动工作机制,有效整合现有政策,克服政策碎片化现象,增强政策的系统性、协同性。

(七)分类帮扶,导入社会组织资源,提升女性困难群体帮扶的专业性

妇联组织应发挥自身特长,链接政府资源、部门资源、社会资源,尤其是借助社会组织力量,从搭平台、聚资源、融人力等角度当好娘家人,为困难女性、困难家庭提供分类分层、专业性帮扶措施。充分发挥财政资金的杠杆作用,推进政府购买岗位、购买服务,持续提升教育、医疗、社会保障等公共服务水平,确保做到"三个不让":不让女生因家庭贫困而上不起学,不让妇女群众因疾病而过不上温饱生活,不让老年妇女因老无所依而得不到基本保障。

女性文学与婚俗文化

展现浮华世界里的疯狂与苍凉

——跨媒介文本《金锁记》的女性主义探析

傅守祥　　陈晓青[*]

摘　要: 著名女作家张爱玲创作的小说《金锁记》发表于1944年,2004年被改编为同名电视剧,由导演穆德远将其搬上荧屏,引起新一轮的"张爱玲热"。充满欲望、隐忍、不甘、疯狂的小说《金锁记》,通过作家细腻的文字,展现的是女性的不幸以及对不幸的痛恨、反抗与合谋;而电视剧《金锁记》通过错落有致的光、影、声、色,刻画的是一个从天真无邪逐渐变得无奈、矛盾进而冷酷、疯狂的女性。两个同名文本虽然在艺术刻画上虚实有别,却在艺术内涵、思想深度等方面展现出惊人的相似性。曹七巧悲剧性的人生遭际以及女性生命的绽放与陨落,令人深思、发人深省。女性主义在反抗男权社会的同时,倡导女性自主与个体独立,无疑也是跨媒介文本《金锁记》对新时代民众的启发召唤。

关键词:《金锁记》;跨媒介文本;女性主义;曹七巧

张爱玲于1944年发表著名小说《金锁记》,著名文学评论家夏志清先生称其为"中国自古以来最伟大的中篇小说"。这部小说讲述了旧中国一个宗法父权家庭里姜家二奶奶曹七巧的悲剧人生与病态人格,文中的女性形象令人大跌眼镜,甫一问世就轰动了整个"孤岛"以及战时的上海。作家用细

---

* 傅守祥,浙江省"钱江学者",温州大学特聘教授、博导,文学博士,研究方向为文艺学、比较文学。陈晓青,温州大学文艺学专业硕士研究生,研究方向为文艺学。

腻、华丽的文字刻画出一个由天真烂漫变得心狠手辣的娇俏女子曹七巧,并通过这一女性形象,展现了女性个体生命的绚丽、无奈与苍凉。感受到张爱玲创作的敏锐视角,以及曹七巧之于当时、当下时代的不平凡意义,2004年中国导演穆德远将其搬上电视荧屏,展示光影交错下清末底层社会女性的心灵变迁历程。两位艺术家分别通过丰富、动人的文字与生动的影像画面这两种不同的艺术形式,叙述了一个充满爱欲、哀愁的故事,刻画出一个发生变异的疯狂母亲形象,令人五味杂陈、思绪万千。

《金锁记》是张爱玲的成名大作,著名翻译家傅雷也给予《金锁记》"文坛最美的收获之一"的评价。作家用尖锐的笔锋刺向人性中不为常人所熟知的一面,挑动人们原本麻木的神经,将女性的生命意志、女性不可抗拒的命运与女性明知不可为而为之的叛逆精神,披露于书页之上。时至今日,当我们再次捧起这本并不厚的著作时,却感到莫名的厚重,女性的不幸与男权世界的冷漠、冷酷使人绝望。当代导演穆德远捕捉到了小说中被命运折磨、抛弃的女性个体及其无奈又复杂的情感世界,将小说中的故事展露于光影之下,让人们用视觉来感受作家在底层女性个体生命中所寄寓的女性主义思考。

张爱玲细腻又不失平实的文字展露出一个女性曲折成长、变异的过程。同时,电视剧充分利用声、光、影,调动人们对卑微女性个体成长史的关注热情。在小说与电视剧这两种截然不同的艺术媒介之下,我们同样能感受到女性个体被压迫的苦痛与女性个体叛逆精神的深远意义。曹七巧的悲剧人生展示出平凡女性个体生命的绽放与陨落,多年来引起人们的不断思索。

一、天真烂漫的少女与男权世界的压迫

小说的最后与电视剧的开端部分,分别展示出身贫寒的曹七巧身为少女天真烂漫的一面,可谓异曲同工,殊途同归。曹七巧的模样十分灵动,当她"十八九岁做姑娘的时候,高高挽起大镶大滚的蓝夏布衫袖,露出一双雪白的手腕,上街买菜去。喜欢她的有肉店里的朝禄,她哥哥的结拜兄弟丁玉根、张少泉,还有沈裁缝家的儿子"[2]37。小说用精短的几句话、几行紧凑而丰富的文字,描绘出活泼可爱、招人疼爱、富有灵动之气的少女形象。与小说的简短、精要相比,电视剧对画面有着精确的标准,其内容也有极大的包容性,而适当的扩展与改编绝对必要,丰富了曹七巧性格之真实性、复杂性,可看之处不比小说文本少。2004 年版电视剧《金锁记》在开始部分聚焦于曹七巧身为少女时,服饰颜色之鲜艳、多彩。淡蓝色打底、领口衣角布满可爱、绚丽的小碎花,加上天天一副没心没肺的露齿笑容,俨然一个大大咧咧的开朗女子,是十八九岁少女该有的模样。正如法国著名思想家西蒙娜·德·波伏娃所说,这样的少女"不时梳头发,涂脂抹粉,穿上薄薄的蝉翼纱,乐意卖俏和吸引人;由于她是自为而不是仅仅为他而存在"[3]110。可以看出,曹七巧此时拥有生理上与心理上绝对的自由。她的魅力吸引了镇上卖猪肉的年轻小伙儿,令裁缝家的儿子惴惴不安又心驰神往。他们总是曹家麻油店的常客,总想喝上曹七巧亲手用长勺装好的麻油。与此同时,影视剧的光影打在少女曹七巧靓丽的面庞上,观众由此感受到的是一个自豪、满足、天真的少女形象,这样的生命活力正是女性主义所提倡与追求的。这时期的她"心高气傲",有着别样的女性魅力。

世上幸福的模样都极其相似,不幸之人却各自咀嚼着自己的哀伤。小说明确交代曹七巧少女后期的遭遇,给读者留下联想空间,别有用意的留白令读者回味无穷。不同的是,电视剧在此处则有适当填充,丰富了人物个性,加强了叙事的连贯性。穆德远版电视剧改编幅度最大的地方在于:纯真的少女在嫁进姜家之前,于机缘巧合之下爱上了俊俏的贵公子。少女曹七巧初见来自京城的阔少爷姜季泽,就毫无防备地对眼前这位与众不同的男子心生情愫,此时背景音乐舒缓而动听,映衬着两人之间的爱意越发绵延,视觉与听觉上的刺激引人入胜。而她对面的贵公子也对眼前这位淳朴、美丽、大方的女子念念不忘。他们顺理成章地在乡下小镇互许终身,承诺未来。但现实总是不留情面,越美好的事物越容易经受各种折磨而消隐。这位姜家三少爷事实上是来替他家中二哥相亲的,对象正是懵懂无知的曹七巧。虽然出乎预料的是姜季泽与曹七巧相爱,但封建家长制与男权的威严不可能为了一位女子的终生幸福所动摇。连曹七巧本人也对此深信不疑,当姜季泽对她保证要说服自家母亲,让曹七巧做姜家三少奶奶之时,她绝望地说出"你们姜家规矩严,谁都知道,长辈定的事情,没有人敢违抗的",透露出绝望与哀伤之情。姜家是清朝时期备受皇帝重用的官宦之家，姜家老夫人有着皇帝亲封的"诰命夫人"之称，她时常凭此夸耀，无疑是男权社会的象征性存在。"父母之命，媒妁之言"展示了男权社会的难以反抗。同时"门当户对"也成为男权社会的一项婚姻标准，不可逾越。这使得曹七巧与姜季泽喜结连理的期盼变得遥遥无期。也就是在这样的压抑环境中，曹家女儿强忍委屈进入姜家，嫁给先天不足的姜家二少爷。

尼采在《查拉图斯特拉如是说》中提出"精神三变"，他以"骆驼""狮子""小孩"象征生命的过程，其中以"小孩"象征生命的新生，表明尼采对生命的肯定。生命本就至高至上，亦包括女性个体的生命，然而女性宝贵的生命却在男权社会中被无情践踏，令人极其愤慨。马克思主义的女性主义认为导致妇女受压迫、受剥削的根本原因是资本主义与男权的结合，提倡女性经济自由。英国女作家弗吉尼亚·伍尔夫发表的《一间自己的房间》认为，一间500英镑一年的房间正需要女性经济上的独立。无论是小说中，还是2004年版电视剧中的曹七巧，都一直声称自己被亲哥哥"卖"给了曹家当所谓的儿媳妇，她清楚知道自己只是金钱交易背后的牺牲品。她不幸的婚姻是男权社会对女子压迫的证明，是女子在男权社会中权利缺失的体现。

文本与电视剧的表现形式的确不同，但不同艺术形式所表现的中心、意蕴、内涵却也可以相连、相通。艺术之间的界限明显存在，但这样的差异也造就了艺术作品的不同魅力，给受众带来别样的体验。张爱玲的小说文本给读者留下充分发挥想象力的艺术空间，天真活泼的可爱女子跃然纸上，而电视剧的声、光给观众带来视觉上的愉悦和冲击，给观众留下深刻印象。这两种不同的艺术媒介都清晰地描摹出冷漠、可怕的男权世界与女性痛苦的生活遭遇，尤其是情感世界的崩塌过程，令人深思。女性原有的、自然的魅力令人惊叹，她们在男权社会遭受的压迫和伤害却令人愤慨。

二、艺术沟通的手段与女性作恶的展示

"电影、电视首先是一门视听艺术，通过画面讲述故事、表达意图。画面是影视艺术中最基本的表现手段，每部影片的内容和意蕴首先是通过画面造型来表现。"[4]电视媒介中画面造型的构造需要通过运用色彩、光线等手段来完成。在电视剧当中,色彩运用比现实生活更加丰富,富有意蕴,以此增加影视画面本身的艺术感,引导观众感受艺术家所指的深意。2004年版电视剧《金锁记》中,少女曹七巧总是穿着白色、淡蓝色的服装,姜家二少奶奶曹七巧总是一身火红,母亲曹七巧总是身着黑色、灰褐色绫罗绸缎。色彩的改变显示着人物性格之变异、心灵之变迁,是电视剧重要的艺术特征。光线也是影视创作中刻画人物个性、表达人物情感所必不可少的元素。在这部电视剧当中,摄影师灵活调度光线,讲述人物成长的曲折历程。白色的清透亮光与黄光的大量采用,加之偏光、阴影在镜头中若有若无的存在,使得人物特征给观众留下深刻印象。

无论是色彩元素还是光线元素,其用意主要在于表现曹七巧身为人妻、身为人母之恶。在小说中她对丈夫毫不尊重,公然说"横竖我们那位眼看着是活不长的,我们净等着做孤儿寡母了"[2]10,破坏了封建家长制家庭的"文明"与"体面"。身为人妻,她对丈夫不忠,无论是肉体上还是精神上。如果说张爱玲紧实的文字对此进行了隐晦地表达,电视剧导演穆德远则更多正面地呈现,电视剧对叙事内容的包容性也在此得到充分体现。小说用言语上你来我往的调情来表现曹七巧的不忠,电视剧则将这一切表现在昏黄光线下、轻纱绸布中的缠绵中。由此可见,曹七巧枉为人妻,她对丈夫没有基本的尊重,更没有忠诚可言。

同时,身为人母的曹七巧已经到达癫狂的地步,她是子女婚姻路上踢不开的绊脚石,她把恶发挥得淋漓尽致。波伏娃在《第二性》一书中写道,对于女性而言,母亲的身份"这是一个奇迹和一个游戏"[3]314。母亲这一形象代表的是美好与幸福,而曹七巧将母亲这一身份变为子女的噩梦。"她用那沉重的枷角劈杀了几个人,没死的也送了半条命。"[2]30在小说中,曹七巧将女儿姜长安的表兄从家中赶走,以免她被男人"拐骗"。因看不得女儿过分自由,加上一时心血来潮,她强制命令女儿裹脚。她在女儿学校为小事大吵大闹,逼得女儿退学。在女儿眼中,她显然是一位刻薄的母亲。这一切从里到外影响着姜长安,眼看姜长安变得如母亲那般敏感、易怒,而童世舫的出现将她拉回纯真少女的世界,她开始相信幸福是可以把握的,人生由此出现转机。然而,曹七巧向童世舫暗示女儿有抽鸦片的恶习,再次亲手断送女儿的幸

福,把她推入不见底的深渊。曹七巧之恶由此可见一斑。2004年版电视剧
《金锁记》对此进行了更多的细节展示。昏黄灯光下,她对女儿姜长安在音
乐上的热情龇牙咧嘴、猛翻白眼,嘴脸极其丑恶。女儿视为珍宝的口琴就是
她的眼中钉、肉中刺。她对女儿施以各式各样精神上的压迫直到女儿妥协,
她深知如何摧毁一个身处花季的明媚少女。对于儿子姜长白,无论在小说
文本中还是电视剧中,曹七巧都肆意散播儿子与儿媳的隐私生活,致使儿子
的婚姻发生畸变,儿媳抑郁而终。在电视剧中,曹七巧总对儿子维护小妾的
行为骂骂咧咧、嚷嚷个不停。在子女眼里,她已然是洪水猛兽,令人望而生
畏。这与传统文化中无欲无求、无私奉献、忘我牺牲的母亲形象截然相反。
她毫无传统母亲该有的品质,给子女带来了不可估量的伤害。当今社会提
倡母慈子孝之风,一位女性无法成为合格的母亲,也是女性魅力丧失的体
现。从这个意义来说,曹七巧可谓枉为女子,恶得彻底,病态人格展露无遗。

值得一提的是,2004年版电视剧《金锁记》对曹七巧这一人物个性有着
创造性的展现。身为人妻、人母的曹七巧时常被导演安排的暗黄色光线所
笼罩,有时她的脸一边浸润于阴影,一边又特别明亮。此时的她总是心事重
重、情绪复杂而矛盾,或单手扶额,或来回踱着沉重的脚步。她担心姜家兄
弟坑害自己拥有的钱财,又对所爱之人身陷水火有着几分担忧。她不希望
女儿嫁作人妻,也不愿意看到儿子与儿媳举案齐眉,但是看到女儿越发泼
辣,儿子陷入丧妻之痛,又开始捶胸自责。这是对人性复归的渴望,这是小
说未正面触及的真实人性所在,也是女性受男权社会坑害后痛苦不堪的体
现。电视剧对小说文本的创造性改编使得大众的观剧体会更加多面化、立
体化。

三、造就不幸女性的外因与扭曲抗争的困境

夏志清先生认为张爱玲是一个彻底的悲剧主义者,她的笔端总是塑造
出许许多多不幸的女性个体,披露出家庭、社会的失格,揭露一个时代的弊
病。因此,张爱玲的作品被认为源于时代又高于时代。曹七巧就是这样富
有内涵的女性,虽说她恶贯满盈,但许多读者和观众对曹七巧的不幸也深表

同情。她的恶是她抗争不幸命运的方式,极度残忍又情有可原。她的悲剧反映的不仅是个体的不端,还有社会的残缺,促使当下社会大众不断反思。

曹七巧出身于市井街巷,社会地位低下。在战乱年代,她被力求果腹的兄嫂无情"贩卖"给官宦之家,做姜家天生残缺的二少爷之妻。她的婚姻只是金钱下的一场交易,再无其他。无论是在小说文本还是电视剧版《金锁记》中,她对爱情寄予的希望,无奈都没有回报,只有失望与痛苦。即使是姜家二少奶奶的身份,也从未给她脸上添彩,因为她出身卑微,丈夫又无能,有的只是姜家上下——甚至是佣人——对她的轻视、嘲讽与敌意,就连她在姜家大宅住的房间都比其他人要昏暗几分,而她只能对此念叨几句,更多的是隐忍。女性一生该有的幸福她不曾有过。曹七巧是不幸的存在,是姜家表面风光的囚徒。这也是为何电视剧版《金锁记》总是用凄怆的音乐将人物包围,令人非常动容。虽然她被广大读者和电视剧观众所诟病,但不得不承认,曹七巧是戴着金锁的囚徒[5],是一位不幸的女性。

这样不幸的人生使得曹七巧心灵变得扭曲。无论是小说读者还是电视剧的观众都对此唏嘘不已。难道她生来如此?思索这个问题的同时我们将目光瞥向她周遭的环境,答案立刻清晰明了。张爱玲说:"对于大多数女人,'爱'的意思是'被爱'。"[6]在封建社会中,女人与男人的地位长久以来是不对等的,而这正是曹七巧所处男权社会的恶劣根性之所在。在传统的宗法制社会,"男性成为'天''君''父'的中心象征,女性则被贬为他者,既没有独立的经济能力,也没有独立的人格"[1]。再者,在男权社会当中,女性欲望得不到尊重,社会权威认为女性没有欲望,甚至视而不见。在小说中,曹七巧对姜季泽的爱没有得到回应,在电视剧中她更无法跟心爱之人共结连理之好。男权世界的"三纲五常"使得女性沦为被"贩卖"的商品,无法遵照自主意识而活,女性地位低下,各方面都需要依附于男性活下去。曹七巧唯一渴望的爱情生活也只能是奢望,只能是过眼云烟。受到传统的妻性与母性所禁锢的曹七巧,无疑没有自由可言,饱受各方压迫。

如此不幸的曹七巧在这样的世界当中,吃了亏,遭了罪,得不到纯粹的爱,注定做不得贤妻良母。她开始疯狂报复,并以这样的方式来反抗身处的男权世界,撕破这个世界用自由与文明来伪装的假面。她将她的委屈、怨恨,冷酷地发泄在了儿女身上,颠覆了传统母亲形象。她训诫女儿姜长安不要与男性交往，干涉女儿恋爱的自由，用鸦片断送女儿的终身幸福。她令儿子姜长白彻夜陪伴自己，破坏儿子与儿媳之间的情感生活，一心要让子女为自己的悲剧人生陪葬，完全背离了传统的、寻常的母亲本来被设定好的模样。慈爱母亲的身份是男权社会所需要的角色，是男权社会对女性的他者身份的建构，在一定程度上否定了女性自身的主体性。女性被认为"应该永久地呆在厨房里，呆在家里，呆在孩子身边"[7]。而曹七巧偏不顺从，偏要以自己的方式活着，不惜造成惨绝人寰的局面，是一种疯狂的抗争。捷克著名作家米兰·昆德拉在《生命不能承受之轻》中不断质问，人生难道就一定要"非如此不可"吗？对于曹七巧而言，人生就非要活成贤妻良母的模样吗？事实证明，曹七巧背离了男权社会所规定的女性"非如此不可"的贤妻良母形象。曹七巧的疯狂明显是对男权社会的叛逆，是在对自以为是的权威说不。从这个角度看，曹七巧是在以扭曲的方式去抗争男权社会的不公。她意识到女性力量微弱，但她坚决捍卫自己对于金钱的权利，她是男权世界当中家长们交换利益的筹码，反过来她手中却死死攥着自己该有的利益。这是一种不折不扣的疯狂的抗争。

小说文本凭借人物的能言善道来表现曹七巧在姜家的"叛逆"、与男权社会格格不入，电视剧则运用色彩与光影展示曹七巧的悲惨遭遇。电视剧一帧帧的画面透露出人物的无奈，与小说的思想内核大体相近，但人物形象更加立体。这两种截然不同的艺术媒介，或多或少地、多角度地展示了底层女性的不幸与对不幸的抗争。无论是小说中的，还是2004年版电视剧中的曹七巧，都丧失了女性原有的韵味、魅力，面目变得丑陋无比。这样的丑恶绝对为世俗所不容，我们当下也接受不了这样的母亲。但是这一切又并非不可理解，男权世界的各方压力使得曹七巧心灵受到禁锢，难以逃离被压迫的境遇，唯有扭曲性地抗争，可悲、可叹。

四、结语：对女性不幸的摆脱与深省

有学者提出："女性主义文学不是女权主义者同情和关注妇女命运的文学，也非一般妇女题材的创作。女性主义文学是女性世界主体意识觉醒的产物,即现代女性观及其所规定的女性主体意识在文学中的体现。"[8]小说与电视剧形式的《金锁记》无疑就是这样的女性主义文学,分别反映了艺术家张爱玲与导演穆德远阅览浮华之后的女性主义思考。跨媒介艺术《金锁记》反思的是曹七巧苍凉的悲剧性人生背后更深层次的原因,也是女性主义的思考重点所在,对当今社会也具有启发性。

男权社会以表面上的文明包装自身,暗地里却不断迫害女性,使得不少女性失去花一般灿烂的生命,堕入黑暗的深渊。在男权社会中,女性大多被视为妻子、母亲而存在,是男性的附属品,毫无自主、自由可言,处于完全失语的状态,女性的欲望被理所应当地忽略,逐渐变得无欲无求。同时,中国长期处于封建社会,男尊女卑的思想根深蒂固,女性的自由无疑是一种奢侈品,这造成了女性精神上的畸变,历史的积弊难以根除,悲剧的出现在所难免。

从小说创作到电视剧的拍摄,《金锁记》的价值越发得到大众的肯定。细腻的文风激发人们无限的想象力,错落有致的光、影、声、乐则丰富人们的感官体验,一个具有现实丰富性的不幸女子呈现在人们面前,而并非是一个平面化的、活在纸上的角色。这位女性身上所体现的女性主义思考是深刻的,具有很强的现实意义。通过跨媒介艺术的品析可知,曹七巧身处女性失语的时代,其悲剧命运源于男权社会长期处于统治地位的家长制,尤其是"三纲五常"观念的至高地位与"男尊女卑"观念的深入人心。《金锁记》是一个时代的烙印,曹七巧的悲剧是社会的悲剧。由此可见,男女平等、两性和谐的追求是多么必要。女性乃至全体大众通过艺术性的反思直面惨痛的过去,有利于促进产生更加公平合理的两性关系,有利于建设更加和谐美好的未来社会。

参考文献

[1] 刘开源,李宁. 枷锁镣铐下的苍凉人生:浅析《金锁记》中的曹七巧形象 [J]. 西部学刊,2018(04).

[2] 张爱玲. 金锁记[M]. 哈尔滨:哈尔滨出版社,2005.

[3] 西蒙娜·德·波伏娃. 第二性[M]. 郑克鲁,译. 上海:上海译文出版社, 2011.

[4]曲瑞洁. 浅析影视美学中动与静的结合[J]. 戏剧之家,2017(14).

[5]刘畅. 恶魔的"恨"与凡人的"怨":从《金锁记》和《怨女》看张爱玲对经典的重塑[J]. 名作欣赏,2018(35).

[6]张爱玲. 谈女人[J]. 天地,1944(06).

[7]傅守祥,李馨. 跨媒介流传的艺术沟通与女性光芒:《戴珍珠耳环的少女》的女性主义探析[J]. 妇女研究论丛,2011(06).

[8]韩立群. 现代女性的精神历程[M]. 北京:中国人民大学出版社,2013.

"新女性"形象的悖论：
权力视域下的淑·布莱德赫

姚晴晴*

摘　要：淑·布莱德赫是托马斯·哈代最后一部小说《无名的裘德》中令人印象深刻的女性角色。她行为不羁，思想反叛，被认为是颠覆性的新女性。但是淑的不羁行为和反叛思想并未产生真正的颠覆效果，她的"新"里含有无法摆脱的"旧"，新旧交织构成淑"新女性"形象的悖论。这一悖论不仅展示了《无名的裘德》的丰富内涵，也揭示了性别政治的复杂性和多维性。

关键词：托马斯·哈代；《无名的裘德》；淑·布莱德赫；颠覆与遏制；权力话语

托马斯·哈代最后一部小说《无名的裘德》备受争议，哈代甚至为此而不再写小说。百年后的今天，它已成经典，但是关于它的争议仍延续不断。争议之一便是小说女主人公——淑·布莱德赫。淑，因其反复无常的性格、大胆前卫的思想以及同男性不同流俗的关系而被誉为维多利亚时期的"新女性"。研究者们对如何看待淑也有分歧，观点大致可以分为三类[①]：认为淑是

---

* 姚晴晴，北京外国语大学博士，研究方向为英美文学、性别研究。

[①] 例如穆罕默德（Mohammada）在其文章《淑·布莱德赫：女权运动的代表》中指出淑·布莱德赫的反叛性；范一亭的《阿诺德的文化观与〈无名的裘德〉的资本主义批判》以及刘雪琪的《〈无名的裘德〉中对基督教的批判》等也提到淑·布莱德赫对社会的反抗和她的批判精神；海尔曼（Heilman）在其文章《哈代的淑·布莱德赫》中说，淑是一个自由的灵魂，强调淑的"精神性（Spirituality）"，同时强调这一精神性本身的矛盾性。

维多利亚时期的新女性[①];把淑看成性格矛盾的叛逆者;视淑为人格分裂的病态女性。淑的行为貌似反复无常,细查之下可以发现她的行为不过是达到同一目的的不同手段。淑的形象表面"新"而"复杂",内里却"旧"而"单一"。淑这一形象中蕴含的"新"与"旧"的矛盾最终导致淑"新女性"形象的崩塌。

一、淑·布莱德赫的矛盾——反叛中的平凡

托马斯·哈代在他的书信集中提到,很多年来他都在试图刻画淑这样一个女性形象。他认为,这样一种女性普遍存在,并日益触及社会的各个角落,而如此常见的形象竟然长久没有被诉诸笔端,委实令人惊奇。这在一定程度上说明,淑并非是奇异难得的怪胎,而是普通女性中的一员。哈代写道:"对于淑,没有什么变态或卑污的。她的异于常人只是程度上的,而非本质上的。就她的性本能而言并无不健全之处,只不过极弱,极难取悦。同时,她又极敏感,此类女子本质大多如此"[1]。哈代通过这段话重述自己的意图和观点,字里行间都在为淑"辩护",强调她的正常,否认她的异常。

哈代的观点不无道理,淑确实可以被归为寻常女性,这"寻常"可以从两个方面来加以说明:淑性格中的依赖性和淑性格的矛盾性。淑依赖于男性的爱与关注,即以男性的爱与关注作为自我认同的基础,精神上缺乏真正的独立性。其次,淑的性格充满矛盾。淑的矛盾性格因为小说高超的艺术手法而具有迷惑性和欺骗性,使淑这一人物形象"表里不一":表面"单纯,自然"[2]118,大胆前卫,不墨守成规,内里极度渴求男性的爱与关注。如此一来,淑对她生命中的三个男人表现出的欲拒还迎,突破常规就不是她所谓的对男女两性关系的自由追求,而是女性试图获得男性爱与关注的手段。所以淑性格的矛盾性背后也是对男女两性关系的依赖。这是一种略带神经质的,依赖于男性的爱慕和关注的貌似特立独行的女性,它不是对真实女性形

---

① 参见瓦特(Cedric Watts)的《哈代的淑·布莱德赫和新女性》和戴维斯(William A. Davis)的相关著作。

象的确切描述,而是对想象的女性形象的片面建构。

无论小说本身对淑·布莱德赫是极度赞扬还是鄙视践踏,两个极端之下都是一以贯之的维多利亚晚期的常规意识形态。淑对男人爱的渴求和她在此基础上的身份建构表现出小说对女性形象的陈旧刻画。这种男性视角下女性印象的片面刻画把女性简化为自私冷酷的文字框架和极度渴求男性关怀和爱慕的寄生品,同时小说又试图批判这种形象建构。小说所提供的这种阐释的可能性,不仅丰富了小说本身的内涵,也展现出小说本身对主流意识形态的多维反应。

二、"新女性"之新与旧:
淑·布莱德赫的狂欢式反叛

在追求自我欲望满足的探险中,淑就像在进行一场个人的狂欢①。她横冲直撞,蔑视权威话语,并任性地将社会规约弃之不顾,展现出"新女性"的反叛特质,然而这反叛并未产生真正的颠覆性效果,反而进一步巩固了旧有的社会秩序。如斯蒂芬·格林布拉特指出的那样,貌似反叛的个人言语或行动本身并不能简单地被认为是一种解放性力量,因为异己他者的存在是权威话语建立的必需,在这一过程中,通过对异己他者的容忍、压抑、排斥和惩罚,反抗性的成分被整合进对权威话语的肯定中去,从而"加强了那种看来他们将要提出疑问的权力"[3]639,这一过程即"遏制"。刚开始时淑的不羁行为并未受到实质性惩罚,以至于她总是认为自己是自由而独立的个体,并试图保持这样一种状态。事实上,对异己行为的无视可以成为权威话语表示自己开明的方式,"先纵容后惩罚之是为了显示自己的强大"[3]639,最终都是为了巩固权威话语本身,淑就在这"先纵容后惩罚"的过程中被遏制,成为权威话语借以自我塑造的异己"他者"。

淑的反叛主要表现在三个方面:对宗教的态度;对婚姻的看法;与身边

---

① "狂欢"一词最初指的是中世纪时"仪式场景"的实践展现,人们对此是积极参与的。他们的目的是对抗权威定义的真理——一种先验的,支配性的,被认为是永恒的、无可辩驳的真理。

男人的关系。

　　淑在小说中第一次真正出现是在她购买两个异教雕像的时候（此前她已被提及）。"她紧紧拥着它们，像抱着稀世的宝贝"[2]111。这件事暗示淑对当时主流宗教的态度。虽然工作在一个"圣洁的，制作与出售宗教物品"的店里，淑对正统宗教却相当反感。正如她自己所说："任何东西都比那陈腐不变的宗教花哨强！"[2]105-112这样反传统的言语和行为导致她与房东太太发生冲突，只得离开自己工作的店铺。淑丝毫没有注意到这一事件背后社会对异于常规的宗教思想的压制和仇视，并将此事作为笑谈讲给裘德听。在梅尔彻斯特，淑从师范学校的禁闭室里逃跑，她去裘德住的住处找他。在他们的对话中，淑再次表露出对宗教的反感。她说："我的朋友已经使我完全脱离了那种想法，他是我见过的最没有宗教信仰的人。"然后她引用一些亵渎宗教的诗文对正统宗教加以嘲讽："啊，圣徒们惨败的荣耀，绞刑架上上帝冰冷的肢体！"[2]180她向裘德建议，将《圣经》中的使徒书和福音书分成不同的小册子，重新排列组合，为裘德作一本新的新约圣经。言语间明确透露出她对正统宗教传统的反叛以及对主流观点的不以为然。由于淑此类言行只是在有限的私人空间流传，因此它并没有被外力强行干预，而是被暂时宽让和容忍。事实上，淑对正统信仰的反应同样是虚假而富有欺骗性的，因为她不过是用一种精神崇拜代替了另外一种。"她依然处于崇拜物的影响之下：只不过她壁炉上的崇拜物由基督圣徒换成了希腊神祇"[4]65。

　　淑对婚姻的态度同样非同寻常。她不以婚姻为束缚，离开自己的丈夫去和裘德在一起。在劝说她的合法丈夫菲洛特桑顺从她的意愿的时候，她直接抒发了对婚姻约束的不满，并以身试法，对婚姻法律发出挑战。她说："法律应当根据各人的脾性而定，应该分而别之。人以群分，品性各异。"[2]266淑的话貌似有理，其实漏洞百出。若法律因人而异，那么法律又有何用处呢？淑引用约翰·穆勒的话来支持自己的观点。她不知道爱德华·吉本和约翰·穆勒的观点虽然广为流传，但并不意味着可以对他们的所说所写进行实践。约翰·穆勒与哈里特·哈代相恋多年，但二人在哈里特·哈代的丈夫逝世两年之后才在一起的。淑自以为可以不受限制，其实不过是她在四处碰壁之前自我建构的天真幻觉。淑的大胆言辞是"常规语言范围外的另一个界域"[5]，但是仍处于社会建构之内，不可能超越。淑对社会建构的无知和缺乏洞察力,可以看作是社会常规设定的陷阱。社会常规需要异己者,以显示海纳百川的包容,然后通过对异己者的排斥和惩罚来进一步确立权威。只有弱者才会任由自己被捕捉,成为权威话语祭台上的祭品。

淑的反叛还体现在她和身边男人的关系中。淑的第一个情人,是基督寺的大学生。淑与他建立了友好而亲密的关系。在大学生毕业后,淑同意和他在伦敦"同居"。男方的用意昭然若揭,但淑却坚持同居而不同室,基督寺的大学毕业生伤心而死,临死前对淑试图主导两性之间的关系,对男性"欲拒还迎"的态度做出评价,说"淑这样的伎俩用得太多了"[2]178。这个故事本身是由淑转述给裘德听的。乍看之下,它似乎说明了淑的单纯无私,毫不隐瞒,但是正如基督寺的大学毕业生所说的那样,这样的伎俩她也许用得太多了。尽管基督寺的大学生和淑的故事以前者的死亡终结,淑依然试图在裘德和菲洛特桑身上重复同样的策略。最终裘德英年早逝,菲洛特桑的事业一败涂地。淑的个人情感的狂欢释放满足着淑的内心欲望,她我行我素,几乎为所欲为,这种莽撞和洒脱不仅是对社会常规的颠覆和逃离,也包含着对他人感受的漠然和忽视。

宗教、婚姻和两性关系,是淑叛逆言行的三个方面。她施展自己的魅力,试图在小范围内操纵权力以满足自己的渴求,创建一场个人的狂欢。但是,我们同时可以看到社会规训权力之网虽未收紧但也时刻笼罩着她。淑对宗教的态度不虔诚,房东太太与她发生冲突。淑在伦敦与基督寺大学毕业生同居,她的父亲将她扫地出门。这处处显示出社会规约对淑的谴责。对于她逃离和菲洛特桑的婚姻,社会权力回击得更为激烈,虽然不是直接惩罚淑,而是毁掉了菲洛特桑的人生和事业。事实上,对于淑,规训权力"无形实施"[6]187;它作用于菲洛特桑,也通过菲洛特桑传输,虽然还没有直接到达淑的身上,它巨大的羽翼却无处不在。最终,规训权力羽翼收拢,用四具小小的尸体(淑和裘德的四个死去的孩子)和疲惫不堪的生活彻底击垮了淑·布莱德赫,小说中孩子们的死亡不仅为淑任性的追求画上句号,作者也通过"小时光老人"这一角色借命运之手对裘德和淑徒劳的努力进行嘲弄,最后淑脆弱的灵魂支离破碎,在"责任的祭台上"[2]412匍匐低头。

三、"新女性"的悖论:淑·布莱德赫的被遏制

对于淑对社会常规的僭越,权威话语并非听之任之,规训和遏制的过程从未停止,淑的反叛最终变成了屈从,她的"新"被"旧"腐蚀,而她作为"新女性"的形象也在权力话语的场域中被遏制。

米歇尔·福柯说,"权力操作是吸引力般的系列机制;它引出异己他者,对之监控和注视"[7]45。规训力量在无形之时最为有效,"异己他者"越是无知,权力系统运作也就越有效。就像淑,她的多重僭越行为被引出、展示、孤立、激化,最后被多重权力机制含纳和吸收。权力运作的成功"是与它隐藏自己的运作机制的能力相称的"[7]86,这就要求我们应"能够在它最不可见,最被误认的地方发现它的存在"[8]163,它藏匿于社会关系、思想或道德中。简而言之,即使主体可以逃离社会压制,他也"必须屈服于他内心的思想体系"[9],淑就是被内心的思想体系压制的例子。比如在小说结尾,看到菲洛特桑准备好的结婚证书,"淑的表情像被判刑的罪人看到了自己的死亡之棺一样",淑还是迫使自己服从内心的准则,和菲洛特桑结婚,"这是我的责任",她这样告诫自己。最后心灵同身体一样,"疲惫苍老"[2]436-489。

对淑的规训与惩罚可以分为两个层次:社会层次和自我层次。两个层次的规训与惩罚由外向内渗透,同时二者相互交织。在社会层面上,对言语的控制,即话语权的掌控,是对社会主体进行规训的有效方式。根据福柯的说法,社会控制话语的策略有四:第一,排斥;第二,对话语的解释进行控制;第三,对话语使用者施加限制;第四,以社会推行话语。[3]495在淑被社会常规逐步遏制的过程中,四种策略都发挥作用,建构起摧毁淑的权力之网。

首先,排斥。在持有异端言行的淑周围,总有与她持不同意见、排斥她言行的人。在小说的第一部分,排斥淑的是裘德的姑姑,德卢西拉·福利。淑第一次被提及就是在福利姑姑的斥责中,"和他的表妹淑一个德性"[2]9。福利姑姑得知淑的职业后对她更加不喜。在小说的第二部分,排斥淑的是淑的雇主。她打碎了淑的异教雕像,很明显,她对淑的偏好毫无好感,干脆毁而灭之。更严酷的拒斥来自小说的第五部分,在奥尔德布里克汉,淑为裘

德描绘教堂里两个需要修整刻印的表,被众人拒绝。虽然淑感到很痛苦但她仍然有余力发泄她的不满,"我无法忍受那些人,还有别的人,竟然认为按自己的意愿生活的人们是不道德的"[2]360。淑口中"按自己的意愿生活的人们"指的是她和裘德。福柯说:"对某种行为需做出解释的先行条件是已被定义。他们被'安全措施'惩罚(禁止进入某些领域)。"[6]18这里淑试图解释自己并非不道德,只是想按自己的意愿生活,但这一解释行为本身说明她已经被定义为"不道德",因此她被禁止在神圣的教堂做工。在小说的最后一部分,房东太太拒斥淑和裘德,即拒绝他们留宿一周,成了三个孩子死亡、淑流产和淑最终崩溃的导火线。

第二种策略,对话语的解释进行控制。这在小说的第二部分和第五部分都有提及。首先,在小说第二部分,关于对《圣经》的阐释,淑说:"人们没有权力歪曲《圣经》! 我讨厌这些骗子,假道学用抽象的教义涂抹篡改流淌在这伟大而热烈的曲子中自然、包容的人类之爱"[2]182。但是事实上,阐释《圣经》的权力确实在"骗子,假道学"所在的教会手中。如福柯所说,权力产生知识,真理与权力共生,而话语权力也掌握在"合法的言辞和有权言说它们的人手中","话语本身并不能产生此种效力"[8]170。淑·布莱德赫并不是"有权言说"的人,她对《圣经》的阐释也只有她自己和裘德在听,甚至裘德也未表示赞同。在小说第五部分,淑因为和裘德的不合法婚姻,被不断排斥。对于她行为的社会影响和阐释,淑个人并不能控制。也就是说,淑的个人阐释是在社会控制的话语中被沉默化了的。

第三种策略,对话语使用者施加限制。在教堂被拒斥之后,淑开始怀疑自己,她说:"这些流言和指指点点,使最善良的人也不安,从而真的变得不道德了。"[2]360社会观点和话语确实对社会主体施加限制,并以此对社会主体进行规训和控制。淑被拒斥,被评判,本身已被限制,因为社会构建的真实是唯一可用并被社会整体接受的真实。

第四种策略,以社会推行话语。这在一般意义上是就体制而言,比如通过教育等推行主流话语,在无形压力下对某一种话语的靠拢,也是社会对话语进行推进的方式。这一策略常和前三种策略重叠。首先,在奥尔德布里克汉的春季集贸会上,当淑被阿拉贝娜问及婚姻状态时,淑撒谎,说自己已经和裘德结婚,由此向社会常规话语靠拢。淑在婚姻话题上撒谎,其中不免有对阿拉贝娜的警戒，说明多年漂泊之后，淑开始感受到周围环境的压力。在被问及是否结婚这一问题时，淑想说实话，但在社会压力下又不免吞吞吐吐。埃利斯（Ellis）在《关于〈无名的裘德〉》中说，"当淑精神崩溃时，她会感染周围人的话语"[10]。实际上在淑崩溃之前，在她对阿拉贝娜说谎时，她就已经开始感染周围人的话语并以此进行自我规训了。她试图使生活容易一些，但是又无法完全妥协，众人的排斥令她痛苦，但她又不得不为"自由"而僭越。淑缺乏对社会运作机制的深刻洞察，最终导致自我和他人的悲剧。

凯特·萧邦说："想要飞越传统与偏见的荒野，必须有强有力的翅膀。有时候看到那些弱者伤痕累累，疲惫不堪，颤抖着落回原地，实在是令人悲伤。"[11]淑·布莱德赫想要飞越传统和偏见的荒原，但是她是弱者，也没有强有力的翅膀，更可悲的是，有些人在飞跃受挫之后并没有落回原地，而是匍匐得更低，甚至视曾经飞翔的想法和尝试为无法饶恕的罪恶。淑就是这样。她最后也渴望死去，却选择了比死亡更痛苦的结局——忏悔而卑微地活着，作为一种赎罪。可以想见，她所面临的第一次也是最后一次命运的重大打击是怎样撕裂了她本就软弱的翅膀。她从此不敢仰头看天空，只能紧紧拥抱住她曾经深深拒绝的正统思想和观念，以此进行严酷的自虐。特里·伊格尔顿说，"社会没有必要去摧毁那些为自由而奋力一搏的人；它死亡一般的意识形态已深深根植于个体自身的脑海中变成自身行为的审查员，焦急地期待着自我的毁灭"[4]70，这也是对淑的情况的恰当描述。在小说末尾，淑已经完全内化了社会规约，变得比普通保守的女子更加保守。这改变表现在三个方面：首先，在宗教方面，淑抛弃了对正统宗教的敌意，以一种令人吃惊的狂热和顺从，严格遵守教义，"我们应当在责任的祭台上奉献和牺牲"[2]412，她对裘德如是说，几天以后，裘德发现她匍匐在圣·塞拉斯教堂的甬道上祈祷。正如一些评论者所说，"狂欢""只能提供暂时的释放和颠覆，而最终也将会被纳入它所反抗的体系"[12]，淑就是一个例子。其次，淑对婚姻的态度也变得极为保守，完全接受了她曾经强烈拒绝的观念。淑曾告诉菲洛特桑，法律应根据每个人的脾性而灵活制定，夫妻有权利取消他们之间的契约，彼此自由。但是现在她告诉裘德他们之间非法结合的唯一可取之处是他们没有缔结婚约，没有亵渎他们各自第一次婚约的神圣性，淑对婚姻的态度从契约自由转成了对契约的偏执。再次，淑断绝了同裘德的关系，并重新与菲洛特桑结合。裘德病重之际,在一所教堂中见淑并亲吻她,淑认为这是不可饶恕的过错,为了弥补过错,淑强迫自己把身体献给菲洛特桑。此时惩罚"作用于心灵、思想、意志,甚至偏好"[6]16,淑不仅放弃抵抗,自己也已成为权威社会的共谋,对自己的僭越行为和想法进行无情压制。与身体相比,惩罚"作用于心灵时更为有效"[6]16,但是此处,淑却是灵与肉的双重折磨。在小说的最后一部分,淑说,"无论我们的敌人是谁,我都匍匐屈从。我被打败了,我们是俗世、天使和世人眼中的笑话"[2]410。

淑从来不是真正有勇气的人,她高谈阔论,不断地引用约翰·穆勒的话,对宗教的态度模棱两可,同时不断调侃和挑战社会既定的价值和规则,但是她的反叛停留在言语层面,在行动上她并没有清醒地认知现实,而是像一个孩童一样任性莽撞。她生命中的三个男人的宽容和她的任性坚执使她可以如此妄为,并且她没有因此受到严厉的处罚,所以,当重大灾难袭来时,她无力承受,只能在巨大的痛苦面前分崩离析。

四、结语

总而言之,淑是一个极度敏感、自我、貌似反复无常实则单一普通的女性。哈代对淑的刻画用心良苦,借裘德之口表达了对她的爱慕,同时又流露出揶揄、挖苦、无奈等复杂情绪。在小说中,裘德不断强调,他和淑早出生了五十年。小说试图超越陈规,跳出时代的局限,但历史的痕迹无法摆脱,正如没有人能抓着自己的头发把自己提起来。

哈代对淑的反复无常的复杂性格及其背后的单一主导性特征——对男性爱的渴求——的刻画本身,并未脱离传统男性对女性的常规建构。淑的形象,正是以这一主导性特质为基础所建构的女性形象。淑的行为被展示、被拒绝和被惩罚,展现了淑被规训和遏制的过程。权威话语总是需要异己他者来确立和巩固自我权威,在这里,淑就变成了这个需要被压制、拒斥、惩罚的他者之一。所以貌似反叛的女性角色很多时候并不是真正意义上的反叛,她们的言行"所构建的权力影响并未改变制约她的社会结构本身;反而进一步加强和复制了这种结构"[13]。从这一意义说,她们是同那些貌似保守的女人一样甚至更加保守，她们并不是真正的"新女性"。有心或无意，哈代用淑的命运为此做出诠释，这也从另一方面说明了淑的言行和真正的反叛之间有着无法跨越的生死距离。

参考文献

［1］HARDYF E. The life of Thomas Hardy［C］// HARDY T. The tragic novels. London:Macmillan Education LTD, 1987.

［2］HARDY T. Jude the obscure［M］. London:Penguin Popular Classics,1994.

［3］马新国. 西方文论史［M］. 北京:高等教育出版社,2011.

［4］EAGLETON T. Thomas Hardy's Jude the Obscure［M］. New York: Chelsea House Publishers. 1987.

［5］BAKHTIN M. The Bakhtin reader［M］. New York: Routledge,ChaPman and Hall,Inc., 1994.

［6］FOUCAULT M. Discipline and punish［M］. New York: Random House,Inc., 1995.

［7］FOUCAULT M. The history of sexuality［M］. New York: Penguin Books Ltd., 1984.

［8］BOURDIEU P. Language and symbolic power［M］. Cambridge,Mass: Harvard University Press, 1991.

［9］LAWRENCE D H. The real tragedy［M］// HARDY T. The tragic novels. London: Macmillan Education LTD, 1987.

［10］ELLIS H. Concerning Jude the Obscure［C］//HARDY T. The critical heritage. London and New York: Routledge, 2001.

［11］CHOPIN K. The awaking［M］. New York: W. W. Norton&ComPany, Inc., 1976.

［12］RENFREW A. Mikhail Bakhtin［M］. New York: Routledge, 2015.

［13］CVETKOVICH A. Mixed feelings［M］. New Jersey: Rutgers University Press, 1992.

湖湘文化视域中江永女书的传承研究*

周红金**

摘　要:基于湖湘文化视域,将具有特定历史积淀、文化习俗、宗教信仰、利益观念的女书女性与其他女性区别研究。同时,把女性教育置于女书文本、社会变迁以及女性文化自觉这一语境中,选取江永女书为研究切入点,展示女书传承过程中对女书流传地——江永——女性教育的影响。通过女书与女校教育传承的空间重构,湖湘女校与女书社群教化的差异比较,女书与女校人文素养的文化接力,对湖湘文化视域中的江永女书与女校进行研究,提炼湖湘女性文化精神特质。从优秀传统文化中汲取实现中国梦的精神力量,为真正做好非物质文化遗产的传承与保护,尽力探寻切实可行的措施与方法。

关键词:女书;湖湘文化;传承

一个民族通常将自己的历史,将自己对于环境做出反应的种种经验即文化都凝聚、积淀在自己的语言中,而这种语言的传承又会形成一整套的民俗体系。"女书,是当今世界上发现的唯一的系统女性文字,主要流传在湘、桂、粤边界的湖南省江永县,所以又名江永女书。"[1]1。从狭义上说,女书是指至今流传在江永潇水流域的一种为女性所专用的语言文字。从广义上说,则是泛指以这种语言文字为媒介,在其传承过程中由传承模式、女书作

---

* 2018年湖南省教育厅科学研究优秀青年项目:女性人类学视域中的女书文化研究(湘教通〔2019〕90号)。

** 周红金,湖南女子学院副教授,硕士,研究方向为女书和性别社会学研究。

品、赶庙会、做歌堂和女红等习俗建构而成的女书文化。无论是作为语言文字的女书,还是由女书构建的女书文化,都与女性这一社会性别角色的特征息息相关。[2]研读以女书为媒介传授女书文化的女书社群和以汉语传承湖湘文化的"湖湘女校",两者貌似各异,却又实质一致,尽管它们所借用的语言媒介不同,但是湖湘女性文化精神特质是相同的:在女性文化的传承中始终不渝地对平等、独立和自尊的吁求和践行。湖湘女校与女书社群都秉持了敢为人先、心怀天下的湖湘女性精神和对女性主体意识的诉求,充分展现了湘女外柔内刚的坚毅性格和政治情怀。当代女书传承不仅有女性教育价值,而且还充分发挥着女性性别意识的教化功能。

一、空间重构:女书的教育与文化传承

女书的主要流传地为江永县上江圩乡及其附近地区,亦称潇水流域。江永县位于湘南,靠近广西,在萌诸、都庞二岭之间,地属南岭山脉的山地丘陵区,四周皆为高山峻岭,自古以来处于楚文化和越文化的夹缝地带,独处一隅。湖湘女性文化的精髓在女书与女校的女性教育中得以传承,这种传承来源于文化的"空间重构",而空间重构的三个基本要素——物质特征、象征意义和社会效用——使空间成为一种特殊的"物",它既是一种可以感知的物质性存在,也是一种经过想象和阅读的精神产物[3]。女书与女校作为不同时代的产物,都具有一定的物质特征和象征意义,在社会效用上都是女性教育传承载体。湖湘女校重视女性创新人才培养,而通过女书传承的应用教育对女性创新性人文素养的提升极具重要意义。通过对女性创新性人文素养的内涵进行分析,对女书的当代社会功能进行剖析,可以发现,女书文化所秉持的优秀传统文化精髓对培育当代女性创新性人文素养具有非常显著的促进作用。从女书文化的内涵传承到湖湘女性创新性人文素养的提升,我们不难发现两者有着惊人的相似:都有对平等、独立和自由的吁求和践行。女性教育的目标是充分发挥女性的主体意识,使女性成为优秀传统文化的继承者,当代文化的积极创造者。女书及其作品反映和继承了中国传统教育中的礼教、乐教、诗教的思想,并将其完美统一地结合起来,集中展现中国传统文化的精髓和主体内容,是对孔子提出"兴于诗,立于礼,成于乐"的教育纲领和教育内容的贯彻落实。女书作为一种交流沟通的媒介,一般只在女性中传播和习得。女书成为对女性进行礼教、乐教和诗教的媒介。在这种特殊的女性教育环境下,江永县潇水流域的女性"通过女书歌堂和女红活动,享受教育的乐趣和生活的精彩,把女性的日常生活实践、社会生活经验的积累与学习女书这种女性文字有机结合,构成一个三位一体的学习方式,使女性的学习更生活化,更能满足各种女性的学习需求,在中国女性教育史上勾勒了一幅美丽的图景"[4]。

(一)女性教育形式多元化的人文行为建构

女书文化传承是通过女书作品、做女红、家传、赶庙会、做歌堂和结老同习俗等多元化的载体实现的。一方面,在女书传承的过程中,以女书为媒介的女书社群的学生经过这种独特的女性教育接受社会的价值观和道德规范,从而能被社会接纳,这种个体可以从中找到合适角色的过程人类学称为濡化(Enculturation)。经过濡化,女书文化得以从一代人传递到下一代。另一方面,女书作品的习得增强了性别角色的濡化。在大学期间,湖湘女性不仅要涉猎艺术、文学等形象思维的作品,更要关注政治、体育等新闻作品,从而建立自己的知识结构。丰富多元化的大学人文行为教育,如对茶道、礼仪、儒行和古典诗词习得和传承的方式、方法创新,不仅能提升女性多方面的人文素养,还可以培育健全人格。为了全面提升女性人文素养,促使她们在传统文化的传承中真正蕴涵"懿德睿智、笃行臻美"的人文情怀,我们不妨借鉴女书文化的传承模式,即生活取向、兴趣使然和知识融汇三位一体的学习体系,把学习女书这种女性文字、社会生活经验的积累与女性的日常生活实践有机结合。

(二)女书文化中的人文精神主体意识鲜明

女书是以男性为中心的旧制度主流文化的亚文化,其边缘性和流传范围的狭小制约了女书的发展。随着旧制度的终结,女书理应回归和融入主流社会,传承女书文化的女书社群也应该从边缘化走向城市化,从亚文化回归主流文化,让更多人了解女书文化。中华传统文化历史悠久,凝结着丰富的文化底蕴和人文精神,这些人文素养的培育与传承是确保中华民族日渐强盛与壮大的基石。传承和弘扬优秀的女书文化是历史赋予女性的特殊历史使命。湖湘女性在全面培育和提升创新性人文素养的过程中,不仅要对社会、人文与女性三者关系有充分理解,而且还要不断吸收人文知识、强化人文行为和提炼人文精神,促使女性主体人文素养不断内化与提升。[5]充分有效利用好江永女书文化资源,结合女性教育的特质,切实做好扎实的理论研究与多元性的实践探索,从多方面多层次地培育女性创新性人文素养,这对建构积极向上的良性大学氛围和全面推进女性的发展都极具重大意义。

二、差异比较:湖湘女校与女书社群的教化

何谓传统? 传者,递也;统者,续也。传统即是指历史的连续性,传统文化就是指中国历史延续中所形成的社会文化体系。[6]湖湘女校传承女性文化的传统源远流长。自从1903年龙绂瑞等人开始创办湖南第一女学堂时起,兴女学就成了近代湖南女子教育发展的主要特征。近代湖湘女校兴起于清末,发达于民国时期,曾在全国处于领先地位,对于新式教育在湖南的传播和推广,以及三湘杰出人才的培育,对于推动湖南乃至全国的近现代文明和社会进步,产生了极大影响,涌现出腾氏女塾、周南女中、明宪女中、艺芳女中、稻田女中和福湘女中等一大批近代湖湘女子学校。湖南近代女子教育的发生与发展,是在中国面临着“数千年未有之大变局”中逐步展开的。近代以来女子教育取得重大发展,女校也经历了产生、发展、繁荣、衰落等阶段,中华人民共和国成立后,由于种种原因,女校数量锐减。中华女子学院、湖南女子学院和山东女子学院三所普通高等院校则是现代女校的翘楚。

进入21世纪以来,湖湘女性文化发展也面临着新的机遇与挑战。之前享誉海内外的周南女中、省立第一女子师范和艺芳女中等一大批近代湖湘女子学校,在历史发展的进程中,因诸多因素演变成周南中学、稻田中学、田家炳实验中学。这些中学自新中国成立后均已面向社会男女招生,实施男女同校教育。目前,湖南女子学院作为中华人民共和国成立后第一所公办全日制女子普通高校逐渐成为传承和弘扬女性文化的主阵地。湖南女子学

院的前身是成立于1985年的湖南女子职业大学,2010年3月18日经教育部批准升格为全日制普通本科院校。学校是新中国成立后第一所公办全日制女子普通高校,是全国妇联与湖南省人民政府共建的一所女子学院,是世界女子教育联盟成员。学校秉承"懿德睿智、笃行臻美"的校训,致力于培养具有自尊、自信、自立、自强精神的高素质女性人才,办学特色明显。学校重视学生创新精神和实践能力培养,重视女性气质的培育。学校怀着对女性教育的热爱和梦想,坚持自力更生、艰苦奋斗、勤俭治校的办学传统,克服了建设资金短缺、基础条件薄弱等许多困难,抓住高等教育大众化、区域化、特色化发展的机遇,以质量求生存,以特色求发展。经过20多年的努力,学校成为全国首批妇女/性别研究与培训基地、湖南省公民礼仪素质研究基地、湖南省湖湘女性文化研究基地、湖南省高等教育(女性教育)学科研究基地、湖南省教育科学现代家政教育研究基地。学校重视对外交流与国际合作,与美国、俄罗斯、日本、马来西亚、韩国等国的高校建立了长期的友好合作关系,成了我国女性高等教育国际交流与合作的重要平台。

社会的发展、男女平等基本国策的实施,是湖湘女校产生的天时;素质教育的实施、人性化的教学,是湖湘女校铸就的人和。在近代的湖南乃至中国,湖湘女校不乏开放性、时代性,在传承湖湘女性文化和推动女性平等发展的今天,湖湘女校发展的经验仍然具有启迪性与借鉴意义。女书开创了女性自己教育自己的历史,创造了中国女性教育史上的奇迹。她们通过女书歌堂和女红活动,享受教育的乐趣和生活的精彩,把日常生活实践、社会生活经验的积累与学习女书这种女性文字有机结合,构成一个三位一体的学习方式,使学习更生活化,在中国女性教育史上勾勒了一幅美丽的图景。同时,从它的衰落中吸取经验,为我国今天的教育特别是女性教育提供一定的启示和借鉴。[7]湖湘女校与女书社群的教化有很多相似之处,不过也还存在一些差异。

(一)女书社群与湖湘女校实施教化的场所不同

旧时女书社群的教化是在女性社群、阁楼和村落里进行的,而湖湘女校则主要是在固定的教学场所进行教育和训练。这种差异主要是由人的社会关系决定的。旧时女书社群里女性的社会关系主要是家庭关系、邻里关系和亲属关系,人的存在首先属于家族和村落,然后才属于国家和社会。女书的传承不像汉字一样在私塾或官办学校学习推广,而是通过家中母女相传或民间坐歌堂等方式传承,是在无组织状态中自然成长、传承的。具体有五种形式:"其一,家传是指家庭内长辈女性教晚辈女性学习女书。其二,拜师是指花钱向水平较高的专职妇女学习女书或者通过结拜姊妹拜师学习。其三,自学则是指利用赠送得来的或买来、借来的女书回家自己学习。其四,坐歌堂是女书流传地区非常盛行的婚俗,可分为愁屋、小歌堂和大歌堂,主体活动是唱嫁歌、哭嫁歌。回三朝时新娘的女性亲人和姊妹都会倾情赠送"贺三朝书"给新娘,也是姊妹女伴研习女书的吉日良辰。其五,赶庙会是指每年农历五月初十,当地妇女们就手拿写有女书的巾帕纸扇在庙会上高声朗诵歌唱,交流和学习女书作品。最典型的庙会有江永华山庙会和道县龙母塘庙会。"[8]由此得出,尽管传承模式具有差异性,但却没有变更女性教育的朴素本质,女性教育女性,艺高者为师。

(二)女书社群与湖湘女校教化的内容不同

女书社群的教化首先是女书文化的习得,包括女书文字和女书吟唱的学习;其次是学习纺纱、编织、扎染和剪纸以及"三朝书"等女红;此外还有一些伦理道德观念的传授。女书在传承过程中,吸纳了主流文化中的一些因素,如用女书文字记载的历史和社会变迁、哭嫁和祭祀等社会行为,同时将一些传统的汉文经典故事译成女书,如《祝英台》。这种再创作是社会传统文化的移植,但是,值得赞扬的是,更多的女书作品丢弃了传统父权制下以男性为中心的价值标准,她们性情率真,敢爱敢恨,痛诉吃人的礼教,这些批判现实的意义和境界超越了同时代士绅家庭中的女性写作,具有极强的开拓性。而现代湖湘女校的重点是从整个社会关系及其职业伦理精神进行教育的,强调科学理论和生产技术、知识的培养和训练,如组织观念、时间观念、艺术观念和价值观念等。

(三)旧时女书社群和现代湖湘女校教化的方法和手段不同

首先,旧时女书社群的教化主要是感性的,而现代湖湘女校的教化主要是理性的。其次,旧时女书社群的教化是经验的,而现代湖湘女校的教化则主要是理论的、概念的。由于教化的承担者不同,教化的内容不同,教化的方法和手段不同,女性在两种环境中接受社会教化的程度和两种环境对人的社会化的强度也不同。1907年,清政府颁布《女子小学堂章程》和《女子师范学堂章程》,女子享有受教育的权利。江永县于1912年创办县立女子小学,招收女性读书,促进了女性自我意识的觉醒。但事实上只有富家女才有钱读书,没钱的农村女孩仍然无缘进学堂。因此,大部分江永潇水流域的女孩子仍然只能运用女书这一书面文字媒介传承她们对平等、独立、自尊的呼求。作为女性语言,虽然长期遭受封建制度的压迫与束缚,女书不但没有萎缩反而根植甚广、流传甚远。因此,在独处一隅的边缘文化中构造的"女书社群"充分发挥了女书的交际凝聚功能、娱乐调适功能、习俗礼仪功能、教化传授功能和存储物化功能,这正诠释了女书无穷魅力之所在。

以上对旧时女书社群教化与现代湖湘女校教化比较,只是就两种社会教化的一般特征而言的。尽管现代湖湘女校与旧时女书社群的教化有诸多差异,但是它们共同承担了女性人文素养培育的文化接力。

三、文化接力:女书与女校的人文素养

湖湘女性文化的接力依托于女书与女校的文化土壤(物质特征和象征意义),充分发挥其社会效用,培育湖湘女性的创新性人文素养,在促进妇女发展、男女平等、构建和谐社会中发挥着不可或缺的作用。

(一)女书文化所蕴含的人文底蕴独特而厚重

女书作品主要有三类:一是代表女书主体自身文化的"贺三朝书"与"婚嫁歌"、"自传诉苦歌"和"结交老同书"等;二是具有相对开放性,反映江永女性精神生活的纪事往来书信、叙事歌和祭祀祈神歌等;三是来自主流社会,实现了地方与国家的连接,翻译改写的传统汉文故事和民谣等。这些女书作品所承载的女书文化不仅具有地域和性别的独特性,而且还具有民族融合的多元性。中国优秀传统文化不仅包含了博大精深的人文精神,而且还蕴涵了一个人安身立命所必备的生活智慧。对于女书这一传统文化,女性肩负着承载者和弘扬者的使命。"一个民族要立于不败之地，既要积极努力吸取外来经验，更要吸收植根于本民族土壤的本民族的文化和传统营养，并使之发扬光大，成为社会进步的内在推动力量。"[9]回望过去，女性的发展道路曲折不平，女性没有话语权，不被父权制的主流文化接纳。大至国家历史，小至姓氏族谱，主笔大都是男性，女性常常缺位。较之传统主流社会的女性作品，女书作品却是以女性为主体，真实地表达女性的心声，它逾越了男权社会的栅栏，勇于开拓，深入挖掘女性经历和感受，引发女性的共鸣与共情，有较强的凝聚力和感染力。"事实上，我们应该看到文明并没有什么内在的和绝对的价值。如果它有价值，那就是满足了特定的需要。"[10]人文精神崇尚以人为本的精神，关注人类自身的生存意义和自身价值，它是一种为人处世的基本方法。以人为本就是要求对人尊重，把人作为评价价值的尺度和标准。[11]女书文化秉承儒家文化以"仁"为核心的伦理文化，它同样关心现实中的人怎样通过各种修养达到"仁"的境界，成为女君子，进而实现女性社交圈的人生理想和价值。但是，女书是在以男性为中心的旧制度主流文化的亚文化中产生，其传承的边缘性和局限性制约了女书文化的传播与推广。对于女书这一非物质文化遗产的抢救和保护，目前有两种通行做法：一种是"记忆"，即用现代化的科技手段，如录音、录像、摄影、摄像、文字记录等方式，把那些难以延续发展以及濒危的项目保存下来，记入历史档案，融入历史教育，写入民族记忆；另一种是"延续"的方式，即创造和提供适宜的环境，让文化遗产以人为载体得以活态延续。如何培养年轻的接班人、实现非物质文化的可持续性传播？亲近校园成了不二选择。[12]

（二）"湖湘女校"旨在培养高素质创新型女性人才

湖湘女校秉承了湖湘女性文化精髓：敢为人先、心怀天下和女性意识鲜明，具备培育女书和女书文化的"天然土壤"。以女书为媒介传授女书文化的女书社群和以汉语传承湖湘文化的"湖湘女校"，两者貌似各异，却又实质一致，尽管它们所借用的语言媒介不同，但是其湖湘女性文化精神特质是相同的：在女性文化的传承中始终不渝地对平等、独立和自尊呼求和践行。我们"应该站在时代的高度，大力传承女性教育优良传统，深入探讨和研究女性创新人才的培养模式和规律，加快女性高等教育的发展与湖南女子学院的建设,把培养高素质创新型女性人才作为一个重要理论与现实问题来探讨和实践,将两性和谐、'四自'精神等先进性别文化观念,全方位地渗入到大学教育的全过程。并且,构建大学良好的学术文化,大力培养女性的批判思维与创新思维,促进高素质创新型女性人才的培养,为建设创新型湖南更好地发挥湖湘女性的智慧和力量"[13]。

(三)将女书文化和女性发展协同推进

湖南女子学院一直致力于将女书文化的教育普及、保护传承、创新发展、传播交流与女性人文素养的提升协同推进。2012年6月,湖南女子学院成立女书文化研究所,研究所团结同道开展学术活动,指导女大学生聚焦女书文化开展创新创业活动。2014年9月,学校开设了全校公选课《女书文化概论》,成立"女书发展与保护协会",除了系统地介绍女书缘起和发展外,还特意邀请女书传人蒲丽娟、胡欣和女书宣传大使陈立新老师来校设坛开讲,掀起一股持续高温的"女书"学习热。同时,在"产教融合"和"协同创新"上也有所突破:依托女校特色,以女书和女性创业为切入点,兴办"女书韵·女书咖啡"和"女书坊"女性创业项目。2015年4月,"女书韵·女书咖啡"试运营,成为湖南省首家聚合非物质文化遗产"女书"的青年众创空间。该模式聚焦当下、展望未来,是在传承女书文化和湖湘女性精神特质的基础上,扩充大学生创业所需具备的基本素质、胜任能力与创业发展等方面的知识,激发女大学生的创业激情,培养她们的创业意识。2016年6月,"女书坊"创业项目在长沙市德思勤城市广场开业,将传统的女书元素融入现代服饰中,打造锦绣生活。2017年4月,湖南女子学院与江永县政府签订校地战略合作协议,双方积极整合资源和力量,进一步加强在文化、教育、产业融合等方面的合作,共同推动女书的传承、保护、开发和利用。2017年10月28日,女书坊旗舰店在古都西安盛大开业。2018年5月,学校举办"女书文化研究的多元视角国际学术研讨会",旨在及时把握女书研究的最新动态,对女书研究进行理论提升、实践总结,为女书的理论建设、女书在实践中的应用提供借鉴,从而为地方的经济发展和文化建设提供对策建议。

推进女书文化保护与传承,这是湖湘女校践行科学研究、服务社会生活的重要方面。为探索构建具有女校特色和特点的国家非物质文化遗产"女书"传承发展体系,湖南女子学院在课程教学、社团建设、工作坊建设、科学研究、辐射带动、展示交流等方面做了一些卓有成效的工作。总之,随着"后女书时代"的开启,湖湘文化视域中江永女书的传承与创新性研究是湖湘女校在新时期面临的新使命和新挑战。如何从优秀传统文化中汲取实现中国梦的精神力量,真正做好女书这一非物质文化遗产的传承与保护,是我们要深入研究的课题。

参考文献

[1]赵丽明. 传奇女书[M]. 北京:清华大学出版社,2015.

[2]周红金. 女性主义视角下的江永女书文化研究[J]. 船山学刊,2011(07).

[3]叶涯剑. 空间重构的社会学解释:黔灵山的历程与言说[M]. 北京:中国社会科学出版社,2013.

[4]乐伶俐. 教育学视域下的女书及其传承[M]. 长沙:湖南大学出版社,2009.

[5]周红金. "女书"传承与女大学生创新性人文素养的培育[J]. 创新与创业教育,2014(04).

[6]司马云杰. 文化社会学[M]. 北京:华夏出版社,2011.

[7]乐伶俐. 女书:教育学的审视[D]. 长沙:湖南师范大学,2006.

[8]李庆福. 永州女书[M]. 武汉:湖北教育出版社,2010.

[9]刘兴林. 司马迁的生命意识与《史记》的悲剧精神[J]. 武汉大学学报,1999(06).

[10]埃米尔·涂尔干. 社会分工论[M]. 渠东,译. 北京:生活·读书·新知三联书店,2000.

[11]谢宗全. 人文素养在科学创新中的作用[D]. 南宁:广西师范大学,2008.

[12]何湘华. 非物质文化遗产的传播研究:以女书为例[D]. 上海:华东师范大学,2010.

[13]罗婷. 湖湘女性文化与创新型湖南建设[N]. 中国艺术报,2012-05-16(8).

现代喜娘在婚礼中的独特作用研究

——以福州喜娘为例

陈祖英[*]

摘　要：喜娘是旧时婚礼中的重要角色，是婚姻礼仪全过程的主持人。现代福州喜娘不仅是优秀传统婚礼文化的积极传承人，而且为新娘尽快转变角色起到指导示范的作用。现代喜娘通过迎亲前与东家充分沟通、婚礼进行时通过言传身教和喝诗的方式主持婚礼。由于福州现代喜娘多是"散兵游勇"且良莠不齐，要想充分发挥喜娘在婚礼中的独特作用，需要政府、学者、喜娘等多方面的长期共同努力，特别是喜娘本人要明确主持传统婚礼的意义，自觉弘扬优秀传统文化。

关键词：福州喜娘；婚礼；独特作用

中华传统文化源远流长，作为占人口半数的女性，在传承传统文化方面的作用，已有刘增芝、周颖、薛洁、林盛明等学者在《女性在培育和弘扬优良家风中的独特作用探析》《新疆少数民族妇女在节庆民俗文化传承中的地位和作用》等文章中做了相关的论述。不过，这些论述或从理论上论证女性在传承优秀传统文化中的作用，或概述女性在文化传承中的地位和作用，或从宏观角度提出女性需要传承优秀的传统文化，但是很少涉及女性到底是如何进行传承的。当然，中华传统文化博大精深，丰富多彩，这给全面探讨女性如何传承优秀传统文化增加了难度。就喜娘文化而言，最近几年在山西

---

* 陈祖英，福建省委党校、福建行政学院副教授，研究方向为女性文化。

和福州都有欣欣向荣的势头。笔者拟以福州现代喜娘为例,分析喜娘在婚礼中所起的独特作用以及在新的时代背景下如何传承优秀的传统文化。

一、现代喜娘在婚礼中的独特作用

喜娘是传统婚庆中与媒婆不同的一个旧行当,是旧时婚礼中的重要角色。喜娘亦称"伴娘""喜婆""陪妈""喜嫔",因为旧时"女子出嫁时,娘家须择请两位熟悉婚嫁礼仪、善于辞令的妇女护送陪伴,故称。伴娘既要给新娘指点各项礼仪,亦要在亲友闹房时从中斡旋,使新娘少受谐谑之苦"[1]。可见,古代伴娘与现如今伴娘的角色内涵是不同的。如今的伴娘是指举行婚礼时陪伴新娘的闺密,通常由新娘熟识的没有结婚的女性朋友或姐妹充当。喜娘在各地有不同的称谓,北京称为"迎亲太太""送亲太太",浙江称为"喜阿妈""老嫚",广东称为"大妗姐",福州则称为"伴房嬷"。在传统婚礼中,喜娘是必不可少的重要人物,她们服侍新人、操持婚礼、招待客人,既推进婚礼仪式的顺利进行,也成为新家庭的见证人。

根据福州民俗专家的描述和刘传标对闽江流域疍民文化习俗形态考证,福州喜娘早期通常由能说会唱的疍民充当,这与浙江宁绍地区的喜娘由女性堕民(老嫚)担当具有同源性。[2]福州喜娘习俗有着2000多年的历史。近年来随着我国对传统文化的重新评价和非物质文化遗产保护工作的推动,福州喜娘得以复兴并有了蒸蒸日上的发展势头。与旧时喜娘相比,现如今的喜娘有较大的变化,笔者称之为现代喜娘。称其现代,不只是考虑到时间维度,更是基于喜娘的身份地位和职能方面的改变。

福州现代喜娘的社会地位提高了。在中国传统社会中,喜娘作为一种与"三姑六婆"类似的行当,需抛头露面,与传统文化中"男主外女主内"的两性分工模式不符,因此旧时的福州喜娘一般由社会地位低下的中年女性疍民担当。疍民长期受到陆地人的歧视。后来政府立法废除了对疍民的歧视政策,绝大多数疍民也在陆地上安居了,但对于喜娘这一职业的偏见并未随着歧视政策的废除而消失。2004年,福建新闻频道《现场全追踪》栏目中,喜娘程莲妹在接受记者采访时,非常清晰地表达了对喜娘社会地位低下的感受。但在2010年,喜娘行当迎来转机,福州电视台和福州市民间文艺家协会联合举办的福州首届喜娘电视大赛,不仅集中展示了福州现代喜娘的崭新形象,而且精彩展现了福州深厚的婚庆民俗文化。经过一些有远见、有担当的优秀喜娘的努力,伴随着新闻媒体的有力推动,短短几年间,喜娘习俗由闽侯县级非物质文化遗产逐步升级为福州市非物质文化遗产(2015年)和福建省非物质文化遗产(2017年)。加入喜娘行业的人越来越多,除了传统的个人传帮带的教学形式外,更有了闽都喜娘文化传习所、福州市喜娘协会这样有规模有组织的喜娘培训班。据报道,如今在福州从事喜娘行当的有3000多人,有些"80后""90后"的女大学生也加入其中,大大提升了喜娘行业的综合素质。

其次,现代喜娘的职能发生了变化。以前男女适婚年龄比较早,婚前男女双方都未曾谋面,姑娘出嫁时难免担心害怕、心神不宁;成亲这天,初进夫家,人生地疏,且旧时家族成员多、礼数多,所以女方要雇请喜娘,不仅是全程寸步不离地照顾新娘、引导拜见公婆及亲戚,而且进行夫妻生活方面的指导。可见,旧时的喜娘不单是陪伴新娘、主持婚礼,推进仪式顺利进行和渲染喜庆气氛,还负有照顾新娘生活、帮助新娘熟悉环境和人事的使命。因此有些福州老人认为,喜娘在婚礼中十分重要,她要引领新娘完成从女儿到媳妇的身份转变。如今,喜娘的职能主要是主持婚礼,引导新娘拜见长辈。由于新时代的婚礼大都在酒店举行,许多传统仪式渐渐简化。福州民俗专家方炳桂先生发出了这样的感慨:"如今的喜娘不像从前那么'地道'了。过去的喜娘可不像现在这样,到了婚礼当天才出现在场面上;也不是'能说会道'耍嘴皮子就行。"[3]

尽管福州喜娘这一职业发展到现在已经有了很大的变化,但帮助新娘完成婚嫁仪礼的传统没有变,在主持婚礼的过程中演绎传统婚礼文化的功能没有变。就此而言,福州现代喜娘对传统婚礼的弘扬起着独特的作用。

首先,现代喜娘是福州传统婚礼的积极传承人。熟悉福州传统婚俗礼规仍是成为喜娘的一个基本条件。由于对福州传统婚俗礼节程序了然于心,喜娘不知不觉成了传统婚俗的传承人。福州传统婚礼烦琐复杂,从迎亲前的准备、登门迎亲、新娘出阁到拜堂、见厅、婚宴等环节都有大量的程式和仪式,不仅作为新人的年轻人,甚至新人的父母,对于婚俗礼节的具体程序也不是很清楚。称职的喜娘不仅将婚礼组织得井井有条,在整场婚礼中淋漓尽致地展演传统礼俗的精髓和魅力,而且能明察秋毫发现仪式过程中不当的细节或规矩,及时提醒人们注意或更正。总之,现代喜娘总是尽其所能、因地制宜地将传统婚礼引领到位,将每一个婚礼现场变成优秀传统婚俗文化的表演场。

其次,现代喜娘作为女性对于优秀传统婚礼文化传承的独特性。自古以来,喜娘的角色通常由女性充当,而且一般是由"全福人"担当。虽然历史上也有男性做婚礼主持的工作,但不可与喜娘的工作等量齐观。自父系制时代始,从夫居一直是主要的婚姻居住形式,结婚吉日的迎亲即意味着女性到夫方居住的伊始。不管是古代女性还是现代女性,婚后孤身一人突然进入另一陌生的家庭环境生活,紧张、不适在所难免。作为"全福人"的喜娘,以过来人的身份教导新娘如何为人妻、为人媳以及与妯娌、邻居的相处之道,不仅是对于优秀家风和传统文化的传承,更是让新娘直接在喜娘身上看到了学习的榜样。现代喜娘虽呈现年轻化趋势,但喜娘展演礼仪时得体端庄的形象,同样给新娘以实际的示范作用,这是即便做现代喜娘工作的男性也无法比拟的。

二、现代喜娘主持婚礼的方式

自古以来,我国人民就极为重视婚礼。大约肇始于周代的婚礼"六礼",在当今社会也都大体保留了下来。其中的"亲迎",既是新娘获得丈夫之妻、公婆之媳身份的重要时刻,也是喜娘工作的重心。虽然现代喜娘的工作较旧时伴房嬷更倾向于婚礼主持,但与同样做主持工作的婚礼司仪是有明显区别的。相比较而言,司仪多以新人为中心,以新人的爱情故事展开见证。喜娘主持则以家族为中心,以接亲、拜堂、婚宴敬茶等传统民俗展开见证。仅就结婚宴席上的主持而言,喜娘的主持侧重于对长辈的尊重,围绕着传统婚礼帮助新婚夫妇确认与亲戚的关系以适应新的社会角色和要求,明确夫妻应承担的社会责任。而司仪侧重于新人的终成眷属,不论是新人宣读结婚誓言还是男女双方的亲戚代表或特邀嘉宾向新人致贺词,都在传递着一个信息:这一对新人结婚了。正如喜娘陈秀兰对笔者所说:"所谓婚礼,不仅有婚还要有礼,而且关键在礼,作为喜娘,要把孝敬长辈、夫妻和睦、家庭和谐的传统礼仪传承给新人,所以我们喜娘的责任比司仪要重大。"(访谈对象:陈秀兰,女,39岁,金牌喜娘。访谈时间:2013年9月25日)可见,司仪侧重婚礼之婚,喜娘侧重婚礼之礼。

通观福州传统婚嫁之礼,其程序是极为烦琐的。尤其是迎亲这天,不仅要祭祀天地神灵和祖先,中午12点前将新娘接到新郎家中,新娘进门后,更有诸如拜堂成亲、拜见亲戚长辈(俗称见厅)、喜童滚床、添丁开桶等一系列仪式。因此,作为迎亲这天的主持,喜娘的工作非常繁杂和紧凑,来不得半点马虎。那么,在如此紧张的一天里,现代喜娘是如何主持福州传统婚礼的呢?

首先,在迎亲前,喜娘会与新人及其家长充分沟通,以确保传统婚礼的有序进行。现代喜娘从事的是综合性服务工作,面对的是各不相同的家庭(俗称东家),虽说福州各地婚俗大同小异,但仍会有些细节上的差异,再加上每个家庭还各有自己的需求和生活习惯,工作难度可想而知。因此,为确保迎亲这天婚姻礼仪的顺利进行,喜娘除了常规性地交代东家准备好完成传统礼仪所需物件外,更重要的是提前了解东家的一些基本情况和要求,与东家充分沟通。

喜娘陈秀兰还告诉笔者,在条件允许的情况下,喜娘最好能在正式婚礼的前一两天到东家家里,与新人及其家人面对面地商谈有关婚礼的具体细节。她自豪地谈起2012年,通过与东家的沟通,她成功说服父亲背新娘上花轿,主持了一场独具一格的复古婚礼。在《福州市志》上就有"由其父或长兄背入花轿"[4]的记载,可长期以来很少见父亲背新娘上花轿,所以当喜娘提出让父亲背女儿时,父亲是不理解的。喜娘陈秀兰向这位父亲解释了这个婚俗的意义:父亲以背女儿上轿的方式,把女儿转交给新郎,是用行为语言告诉新郎以后要像父亲待女儿一样好好地疼爱新娘。听了喜娘对这个礼仪的解释后,父亲欣然同意背女儿上花轿。于是当时在福州市南后街的古式婚礼上,就出现了父亲蹲下身背着女儿走向花轿的感人场景,当日福州的各大新闻媒体也用摄像机和文字记录下这一动人时刻。

其次,在婚礼进行过程中,喜娘言传身教弘扬古礼。迎亲是传统婚礼中最为重要也最为繁缛的仪式,正是通过迎亲这个过渡仪式,确立新娘在夫家的身份和地位,完成新人及与新人有关系的所有亲戚身份的转变。比如从单身女性过渡为有夫之妇;新人的夫妻关系将得到父母、族群等长辈的确认,新人父母及亲戚的角色地位也将有所升级和变动等。在如此庄重的时刻,现代喜娘借助仪礼帮助新人及其家人进行身份和关系的过渡和转变。

喜娘在迎亲这天传承展演的礼仪,"敬茶"是其中不可或缺的一个重要环节,由新人行"见厅之礼"时的系列言语和动作组成。新人拜堂仪式结束后,紧接着按"先里亲,后外戚"的顺序拜见长辈。喜娘一一向新娘介绍被拜见长辈的称呼,引导新娘行礼并敬上喜茶。这杯"喜茶"也是"改口茶",是新娘聚合到这个新的家族群体的开始。这时,喜娘不仅手把手地教新娘双手恭敬地奉上福州婚礼特有的茉莉花茶,而且大大方方地示范新娘如何称呼长辈。确实,称呼在我国并不是一句话、几个字的小事,而具有"定亲疏,决嫌疑,别同异,明是非"[5]2的作用,正确得体的称呼更表示对人的尊重。喜娘正是通过言传身教的方式,将迎新婚礼中一系列的动作礼仪、称呼礼仪和仪式礼仪进行展示和弘扬。

再次,喜娘借助喝诗表达传统婚礼对婚姻的重视,对礼的崇尚。福州喜娘主持婚礼的一大特色是出口成章的唱诗。在整个迎亲婚礼的任何仪式环节,喜娘总会流利地应景唱诵。因为每个场景都有代代相承的喝诗,全场绝不重复。传统喝诗吟唱的重心是传统婚姻"以合二姓之好,上以事宗庙,而下以继后世也"[5]491的强调,故以祝福新人夫妻恩爱、早生贵子、光宗耀祖的诗句为多,兼有感恩父母、祝福家族等内容。可见,传统喝诗不仅强化了传统文化,而且反映了普通民众的人生观和价值观,表达了对美好幸福生活的祈盼和祝福。

传统婚礼喝诗都是用福州方言唱诵,句句押韵,朗朗上口,但现在有些年轻人已经听不懂福州方言,有些口口相传的喝诗内容陈旧,无法反映时代的变化和年轻人的心理。于是,现代喜娘在传统喝诗的基础上推陈出新,与时俱进。福建省"喜娘习俗"非物质文化遗产的传承人陈夏玉指出:"做喜娘最忌讳吃老本,要不断创造出贴近时代的新歌谣、新段子,才不会落伍。"[6]因此,现代喜娘的唱诗中,在传承传统唱词祝福新人早生贵子的基础上,加重了对感恩、孝顺、为人处世等内容的宣教,同时融入了新时代的文化元素和时尚用语,社会主义核心价值观也被巧妙编入喝诗。此外,喜娘的喝诗不仅关注新人及其家族,对婚礼的参与者也有不少内容健康、吉祥喜庆的喝诗。其实,人同此心,心同此理,对新人的祝福教育也是对在场所有人的积极引导。再加上喜娘每唱一句,在场的人都会喝彩应和,"好呀!""是啊!"互相唱和的声浪此起彼伏,整个婚礼现场充满了喜庆的祥瑞和欢乐。在喜娘这个总指挥的带动下,婚礼现场成了福州婚俗文化的展示场。可以说,有关福州特色的传统婚礼,就是在喜娘与婚礼现场人"好啊"的合作中传承下来的。

三、发挥现代喜娘独特作用的路径研究

旧时喜娘由中年已婚妇女充当,喜娘行当主要靠口口相传的师徒制来维系,福州喜娘良莠不齐,整体素质不高。2010年后,喜娘电视大赛兴起,不少喜娘脱颖而出,喜娘文化通过新闻媒介的宣传,也渐渐吸引了更多关注的目光。但笔者通过对个别喜娘的访谈、参与喜娘主持的婚礼和与其他相关人员的交流,发现福州现代喜娘多数仍是散兵游勇,存在诸如有些喜娘互不买账、不诚信等不利于喜娘文化发展的情形。近几年,在政府、新闻媒体、有识之士的极力倡导和共同努力下,以福州闽侯"陈氏三姐妹"为主干,喜娘习俗已被列入福建省非物质文化遗产名录,中国民间文艺家协会也于2017年授予闽侯县"中国喜娘文化之乡"的殊荣。"陈氏三姐妹"更是牵头成立了福州喜娘协会、闽都喜娘文化传习所等行业组织,致力于培训喜娘,传承和发展喜娘文化。但想更好地发挥喜娘在传承传统婚礼中的作用,需要喜娘、学者、政府等多方面的长期共同努力。

第一,喜娘本人应明确主持传统婚礼的意义,并有意识地传承优秀传统文化。在日常聊天中,笔者曾就"为什么结婚要请喜娘"询问过福州本地人,也专门请教过喜娘。很多访谈对象,包括喜娘的回答多是"因为有喜娘的婚礼更热闹更喜庆"。确实,喜娘一出场,不管什么场合都会时不时喝上几句诗,说上一连串的好话、吉利话,并调动在场的亲朋互动应和。有的喜娘为营造喜庆热闹气氛,除了传统的喝诗和说吉利话外,还会进行一些灵活的才艺表演。2015年5月20日,笔者曾到福州南屿拜访一位婚庆摄影从业者,他

热情地让我观看刚制作完成的一片光碟。那是他5天前刚拍的一场婚礼,喜娘在整个仪式过程中十分卖力地工作着,嘴上不停地说着好话、送着祝福,还时不时唱上一段情歌,手上或是甩手帕或是快板,还用上了红绸、红盖头和小秤等道具。在喜娘欢天喜地表演的时候,笔者注意到作为主角的新郎略显无奈的表情。于是便问摄影师,为什么喜娘手上要挥手帕,他回答说:"好看呀!这个喜娘很跑火,很多人喜欢看她的表演。"这也许是拍过太多婚礼盛典、太熟悉喜娘工作流程的摄影师个人的看法。但也说明有些人(包括有的喜娘)更看重婚庆的热闹,没有明了现代喜娘主持传统婚礼的意义。

在中国传统文化中,婚礼是"万世之始"[5]179;正是因为新娘进入一个新的家庭后,将会产生一些新的关系,于是通过举行隆重的婚礼,让新娘、新人及家人顺利完成身份的过渡。随着时代的发展,福州传统婚礼中繁冗复杂的仪式程序已经简化了不少,但拜堂成亲、拜见里亲外戚、喜童滚床、添丁开桶等体现古代婚姻核心的礼仪仍得以保留。不管是古代还是现代,喜娘的一项主要职责并没有改变,即借助于婚姻仪礼,帮助新人及其家人完成人生中一次重大的身份转变,确立新的人伦关系。喜娘主持指导的婚礼仪式绝不仅仅是形式,更是在一种程序过程中的思想文化演示。好的婚礼仪式应是可以让人获得一种庄重感和代入感,能感化人的精神,指引人的行动的。因此,笔者认为,现代喜娘主持的婚礼,在热闹喜庆之余,仍须以"礼"为重,有意识地让结婚喜堂成为弘扬我国优秀传统文化的重要场所。

第二,传统婚俗知识及礼仪文化的意义需广泛普及。我国传统礼仪常是礼、俗不分,亲迎环节由一系列的礼节仪式组成,包含大量的民间俗信。现代很多人,包括有的喜娘,对于传统婚姻礼仪的文化意义和象征意义并不是很清楚。自福州喜娘电视大赛后,福州喜娘呈现出来的一个良好趋势是积极主动地学习婚俗文化和礼仪文化,努力提升自身的文化修养和专业能力。一方面,经过比赛,有些喜娘意识到,要想在竞争日益激烈的婚礼市场获得好的发展,传承弘扬优秀传统文化,需要不断提高自身的文化素养。于是一些喜娘或喜娘协会不仅邀请民俗专家、大学教授等讲解婚俗文化、国学知识、诗歌创作等,而且还请声乐、形体、礼仪等方面的专家对喜娘进行具体指导,希望通过学习全面提升自身素质。另一方面,截至2019年5月,通过四届的喜娘电视大赛,促使更多的喜娘积极学习,不断充实民俗知识,提高才艺水平。现在有一些年轻的大学生通过组织培训或是个人带徒的方式加入喜娘行业,使福州现代喜娘的素质较旧时喜娘有了大幅度的提高。

但若想更好地传承传统婚礼文化,仅有喜娘学习还是不够的,新人及其家人也要适当知晓婚礼文化的内涵和意义。喜娘只是指导新人去履行婚姻礼仪,并不能代替新人行礼。只有真正懂得行礼的意义,新人才可能态度恭敬地用心去践行,也才能更好地配合喜娘的指引完成婚礼。同时更希望新人不仅在婚礼这天践行礼,在以后日常生活中也施行礼,传承礼,共同推动优秀传统文化的传承和发展。

总之,现代喜娘不仅主持婚礼的有序进行,而且引导、指导及示范传统礼仪,对于传统婚礼的弘扬有着独特的作用,为我国优秀传统文化的发展贡献着女性经验和智慧。在丰富多彩的社会生活中,还有许多类似喜娘这样的女性群体,在传承中华优秀传统文化方面发挥着女性独有的作用。笔者希望通过研究这些普通女性弘扬优秀传统文化的鲜活实例,来促进女性的自强和文化自觉,共建男女平等的和谐社会。

参考文献

[1]叶大兵,乌丙安.中国风俗辞典[M].上海:上海辞书出版社,1990.

[2]俞婉君.绍兴的喜娘:老嫚[Z].浙江档案,2004(06).

[3]佚名.喜娘到底是何角色[N].东南快报,2012-01-13(A35).

[4]福州地方志编纂委员会.福州市志(第8册)[M].北京:方志出版社,1999.

[5]陈戌国.礼记校注[M].长沙:岳麓书社,2004.

[6]王杨林.闽侯喜娘三姐妹会说英文[EB/OL].(2008-03-31)[2019-05-28].http://news.fznews.com.cn/xwrw/2008-3-31/200833160K+ZN6bWW222855.shtml.

乡村婚礼中礼物交换的传播学解读

——以福州市L村为例

谢彤华*

摘　要：婚礼是我国传统习俗中对婚姻的一种认可形式,是新家庭组建的开始。在这一具有重要转折意义的仪式中,礼物交换贯穿始终。通过参与观察与深度访谈,并借助霍尔的"编码/解码"理论,从传播学视角对婚礼中的礼物交换进行微观解读,是一次较有意义的尝试。在传统话语占主导地位的编码阶段、作为有意义的话语形态的礼物传递阶段以及收礼者对礼物的意义再建构阶段,无不交织着意义的生产与文化的共享。传播是意义共享的过程。传播过程中,传统价值观念与新的文化观念在共同的文化空间中彼此碰撞与交融,进而促成了文化的再生产。

关键词：乡村婚礼;礼物交换;意义共享;文化再生产

　　婚礼是我国传统习俗中对婚姻的一种认可形式,是新家庭组建的开始。在这一具有重要转折意义的仪式中,礼物交换贯穿始终,既有男女双方家庭之间以彩礼和嫁妆为主要形式的交换,也有婚宴主人与宾客间的随礼交换,特殊的礼物交换如亲家舅的礼钱、伴娘置办的娃娃喜糖等也是婚礼礼物交换的重要组成部分。传统婚礼仪式中的礼物交换重构了以血缘、亲缘和地缘为先赋的社会关系,并起着为新家庭积累"第一桶金"的经济作用。对于交际双方来说,礼物交换的意义不单在礼物的物质内容,更在于礼物所附着

＊　谢彤华,福州市社会科学院研究实习员,研究方向为农村社会学、文化社会学。

的文化意义。作为一种文化现象的礼物交换,其本身便是一种传播行为。

该文选取福州市L村为田野调查点,通过对L村婚礼仪式的参与式观察以及与多位村民的访谈,借助霍尔的"编码/解码"理论,深入分析了乡村婚礼仪式中的礼物交换现象,从传播学的视角解读仪式的变迁及仪式互动中文化的再生产。

一、文献综述和理论依据

(一)文献综述

礼物的研究一直是人类学与社会学的经典课题。莫斯对礼物的研究回答了涂尔干宗教社会学中所关注的"人性/社会如何可能"的问题。在《礼物》一书中,涂尔干指出,礼物交换虽说表面上看是自愿的,但实质上却是义务性的(Obligatoire),是"强制与自发参半的"[1]186。虽然呈献(Prestation)与回献(Contre-prestation)——礼物交换的抽象形式——"根本就是一种严格的义务,甚至极易引发私下或公开的冲突,但是,它们却往往透过馈赠礼物这样自愿的形式完成"[1]7。阎云翔的《礼物的流动——一个中国村庄中的互惠原则与社会网络》一书中探讨了礼物和关系/人情之间的关系,其认为"礼物可以被视为一种符号,或一种依靠关系这一社会基础传达人情的工具"以及"礼物关系的意义发端于地方道德世界中更为广阔的关系和人情背景"[2]。除人类学、社会学外,经济学也对礼物进行了深入的研究,形成"礼物经济学"的子领域。有意思的是,除部分文章强调礼物的互惠性[3]外,建立在理性人假设上的经济学,也有不少研究支持礼物的非货币性及送礼中的情感。反观传播学,虽然社会交换同样是传播学关注的焦点之一,但传播学视角的礼物交换研究却并未得到展开。因此,从传播学视角出发,运用传播学理论,来探讨乡村仪式性场合中的礼物交换,将是一次较有意义的尝试。

(二)理论依据——"编码/解码"理论

"编码/解码"理论最早由英国文化研究学者斯图亚特·霍尔在《电视话语中的编码/解码》一文中提出。区别于传统美国式的"发送者—信息—接收者"模式,"编码/解码"这一新的大众传播模式强调传播过程中意义的转换以及转换过程中的理解和误解。斯图亚特·霍尔把电视话语"意义"的生产与传播分为三个阶段。首先是"编码"阶段,电视工作者对原材料进行加工,实现电视话语"意义"的生产。在这一过程中起主导作用的是加工者的世界观、意识形态等。第二阶段是"成品"阶段。霍尔提出,电视作品一旦完成后,赋予电视作品意义的语言和话语规则便占据主导地位。此时,电视作品变成了一个多义的、开放的话语系统。最重要的是第三个阶段,即观众的"解码"阶段。"编码/解码"的三个阶段如图1所示:

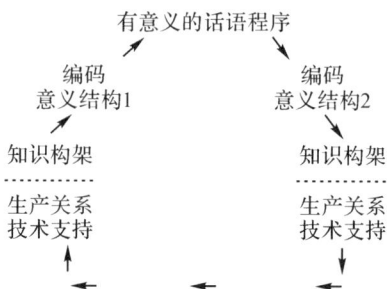

有意义的话语程序

编码
意义结构1

编码
意义结构2

知识构架

生产关系
技术支持

知识构架

生产关系
技术支持

图1　编码/解码流程图

霍尔认为:"我们标以'意义结构1'和'意义结构2'的部分也许并不相同,它们没有构成'直接的同一性'。编码和解码的符码也许并不是完全对称的。对称的程度——即在传达交流中'理解'和'误解'的程度——依赖'人格化'、编码者——生产者和解码者——接收者所处的位置之间对称/不对称(对等关系)的程度。但是,这转而又依赖于符码间的同一性/非同一性的程度,这些符码完全或不完全地传达、中断或系统地扭曲所传达的一切。"[4]

虽然"编码/解码"理论是针对电视话语提出的,但将这一理论运用于其他话语生产的分析也是可行的。在传播学的诸多领域,尤其是受众研究领域,这一理论已经受到颇多关注。乡村婚礼中的礼物交换,受众的参与程度也是极为明显与重要的,因此,对于婚礼中礼物交换的微观解读,同样适用于霍尔的"编码/解码"理论。

二、乡村婚礼中礼物交换的微观解读

(一)编码——传统话语占主导地位的"意义生产"

礼物交换过程中,送出礼物这一行为便包含了信息生产的第一阶段,即送礼者对于礼物的编码阶段。送礼时,送礼者(即编码者)实际上已完成了第一次意义的生产。在这一阶段,对意义的生产起主导作用的是已经内化于社会成员深层意识之中的旧有的文化价值观念。

1. 传统话语对家族子嗣繁衍的期待

在旧有的文化价值观念里,缔结婚姻最要紧的任务便是生儿育女,延续家族香火。在宗族观念较为盛行的华南地区,这种思想更是根深蒂固。因此,在这种价值观主导下产生的"意义结构1"(见图1)中,便渗透着送礼者(尤指父母)对于家族子嗣繁衍的期待。

婆婆"添花"中的"四季花"每朵上有一双婴孩形象,红色衣着。一对"四季花"便有四个男婴形象,象征"百子千孙"。当婆婆给新娘添花时,伴房妈[1]在旁喝彩并当众唱诗:"添花添在左,添子添孙早!添花添在右,发财长长有!添花添长春,福寿喜宁康!添花添得显(高),起厝(盖屋)又置田!添花添得矮,明年当娘奶(添养)!"她唱一句,众人呼应一句:"好啊!"或"发啊!"热闹的场面中,婆婆作为男方家庭的代表,送出蕴涵着对新人生子添丁美好期盼的礼物,并通过伴房妈的唱诗达到对这一期盼的明示,完成了"意义结构1"——对新人生子的期待——的生产并使其顺利进入流通环节。

2. 传统话语对家族共同体的认同

"对于家族子嗣繁衍的期待"的意义编码主要发生在新人双方家庭之间以及家庭与新人之间的礼物交换关系中,在新人及其家庭与酒宴宾客们所发生的礼物交换中,起支配作用的传统话语更多的是对彼此同属一个共同体的认同。

---

① 伴房妈是传统福州婚礼中不可缺少的角色,多以容貌端正、口齿伶俐、熟悉礼规、和气风趣的妇女为佳。婚礼上,她一面引导新人礼规,一面用俏皮的福州吉祥话活跃婚礼气氛。

女方家庭亲友赠送给新娘的添箱①之礼,多是首饰金器,新娘在婚礼当天会佩戴上这部分首饰。亲友通过赠送添箱之礼的方式,尽自己作为家族共同体的责任与义务,同时也维持了送礼者本身与共同体内成员的联系,尤其是与新娘父母的联系,并由此进一步获得群体的认同。对于共同体内的各成员来说,添箱之礼的赠送是大家同属于一个共同体的标志,也是宾客与主人关系的见证。"共同体""关系"是此刻"意义结构1"中的关键词。

婚礼中礼物的赠送既可以是对共同体内关系的维持,也是关系再生产的表征,这层表意从男方亲友赠予新娘的"拜见礼"中可见。新娘在酒宴上,要游桌敬酒,拜见尚未谋面的家族长辈以及男方家庭的朋友,后者通过赠送见面礼这一方式,认可了新娘作为其所属的家族共同体的新成员身份,同时,他们本身在实践这一行为的过程中,也再次确认了自己作为家族成员的角色并履行了送礼的义务。

这种"对彼此同属于一个共同体的认同"需求,是人们产生送礼行为的驱动力。这种"共同体认同感"的文化价值观念深深嵌入了宾客们对新人及新人家庭的送礼行为中,送礼者试图通过这种送礼行为向收礼者传达他们同属于一个共同体或者"我是你的××"的意义讯息。

3. 现代话语的入侵

据考察,在乡村婚礼中,送礼阶段的意义编码虽然仍被传统文化价值观念所主导,但在某些礼物的编码阶段,我们仍然能感受到来自现代话语的冲击。

来自现代话语的冲击,最突出地体现在"拜见礼"上。在传统话语中,送礼者试图通过"拜见礼"表达对新娘作为本家族新成员的认可。近年来,在L地区,父母的亲密朋友也被纳入到"拜见礼"圈中。拜见礼既遵循着经济理性的法则,同时还包含着亲友们对这对新婚夫妻的经济支持与资助。这种意义的建构随着扩大的"见礼圈"逐步处于显要的地位,特别是加入"见礼圈"的父母的亲密朋友,并没有作为家族成员的那份对新娘的认同权利,他们的"拜见礼"编码则更突出地表现为其他的功利性动机和对新人的经济支持。

---

① "添箱",指女子的嫁妆必有一副箱子,亲属将礼品送来"添箱",应在箱子未锁之前送到。如今,这份"添箱"一般都在女方喜宴上送给新娘,意为帮助新娘父母为新娘结婚准备嫁妆。

（二）有意义的话语形态

礼物作为话语形态进行传递时，不单携带着送礼者编码出的那一层意义，其本身也是具有意义的话语形态。礼物的种类、礼金的数额等这些礼物的属性都是一种意义话语。

1. 礼物的种类

在L村的婚礼中，礼物大致可分为礼金、金饰与实物三大类。

L村的婚礼一向流行送金饰。男方的彩礼中除了带"三"尾数的礼金外，还要有一定重量的金，多是金饰，偶有金条；女方亲属给新娘的"添箱"之礼也是金饰，新娘出嫁时会穿戴上彩礼以及"添箱"中的部分金饰；男方婚宴上辈分较高、关系较密的亲友戚属也会添上一些金饰作为"见礼"，新娘多数情况下当场戴上，以示感激；此外，新郎新娘在新娘出嫁前以及出嫁后拜见家中长辈时，长辈们也会赠予新人金饰。

除了金饰本身具有的属性之外，金饰的展示功能更让送金饰的传统赢得众多L村民的青睐。金饰不仅被新人所直接接收到，新娘还会现场戴起金饰，这份送礼的心思会随着新娘的游桌行为，被更多参加酒宴的亲友注意到。

2. 礼金的数额

礼金的数额根据送礼者的身份及其与收礼者的关系而有所区别。笔者对2017年福州市L地区乡村婚礼中人情礼金的数额进行统计，根据"送礼方"与新郎的关系做了亲缘关系、地缘关系、业缘关系的划分，具体金额如表1[①]所示。

表1　2017年福州市L地区婚礼人情礼金金额

关系类型		送礼礼金（单位：元）	
亲缘关系	父系血缘姻亲	伯叔	2000—3000
		姑母	2000—3000
		表亲	1000—2000

---

① 该表统计的是2017年福州市L地区一般情况下的人情礼金（份子钱）金额，通过访谈并结合实际婚礼的调查情况得知。表格的绘制和分析参考黄鹏进的《对鄂东南农村婚礼"送礼"的人类学考察》。

续表

关系类型		送礼礼金(单位:元)	
亲缘关系	母系血缘姻亲	舅家	1000—2000
		姨家	1000—2000
地缘关系	村内一般村民	1000	
业缘关系	新人父母亲的朋友	1000—2000	
	新郎的朋友	500—1000	
	新娘的朋友	500—1000	
	生意伙伴	1000—5000	

在表1中,礼金的数额反映出的礼物意义话语颇值得关注:

①根据亲疏远近的不同,具有亲缘关系的送礼者礼金轻重亦不同,关系愈亲礼金愈重。例如,在父系血缘姻亲中,表亲的礼金就较直系亲属(伯叔、姑母)的礼金数额来得少,这契合了费孝通所描述的乡土社会中"差序格局"这一概念。

②同一类型亲戚的礼金金额基本相同,一般情况下,他们会先行沟通以图达成一致。

③地缘关系下的礼金金额,以村庄为界,礼金数额按照约定,基本不存在特例。这表明在地缘关系层次上,礼金的多少是不受或较少受各户家庭经济地位的制约。

④在业缘关系的送礼行为中,礼金数额则有较大的差距,存在"工具性差序格局"[①]。尤其是生意伙伴的加入,使送礼行为增加了功利性的动机。工具性的送礼遵循着经济理性的法则。

当然,在实际婚礼的礼物交换中,人们并不完全按照"规定"来送人情礼金。由于每个家庭的经济条件不同,处于同一梯队的亲戚也会送出不同的礼金。经济条件较为优渥的亲戚一般礼金较高,一来可以展示他们的经济

---

① 这一概念由李沛良先生在《论中国式社会学研究的关联概念与命题》中提出。

实力,二来也是众人对其"无声"的要求。熟人社会中,大家对各自的经济情况不说知根知底,但也有大概的印象。

(三)解码——意义的再生产

送礼者将编码成的"意义结构1"注入到有意义的话语形态——礼物之中,进而被收礼者所接收,在收到礼物的同时,收礼者基于自己的立场以及对编码者和传播话语形态本身意义的解读,进行了自己的意义编码,这个意义建构过程即整个传播过程中的解码阶段。在这一阶段,占主导地位的是解码者的世界观和意识形态"译本"下的"意义"。由于送礼者与收礼者存在不同的生活背景、文化背景、社会地位等,他们对于礼物可能会进行不同意义的建构,因此,送礼者送出礼物和收礼者接收礼物,都是具有主动性的。收礼者对礼物的解码可大致分为以下三种情况:主导——霸权立场、协商立场和对抗立场。[5]

1. 主导——霸权立场

乡村婚礼这一仪式展演的场合,其中交织的传统文化意蕴深厚,仪式中的诸多事项共同编织着一个巨大的文化意义之网。婚礼中的礼物交换也是这个意义之网中的一环。许多融杂着仪式性规约的礼物交换行为营造出的文化话语成为占主要支配地位的意识形态,不论是解码者还是编码者,他们在这些"约定俗成"的礼物交换中,立场几乎完全对等(或是在经过伴房妈的指点后实现的对等),编码解码也是和谐一致的。例如对婆婆"添花"中"四季花"的解读,这些编码解码的意义结构产生于自古传袭下来的文化规约,产生于旧有的文化价值观念,故而导致了生活在同样文化背景中的编码解码意义结构的一致。说到底,这是被"礼"这一意识形态所主导的传播行为。

在这种传播行为中,伴房妈的存在起着至关重要的作用。伴房妈对礼物解读的效用范围主要集中在具有传统仪式规约的礼物交换环节。在乡村婚礼中,伴房妈引导大家进行传统的礼物交换,通过吟唱吉祥话,实现礼物所蕴含的传统话语在送礼者与收礼者之间的传递,达到了双方在礼物认知上的对称性。如今的乡村年轻人,大多远离了乡土社会,经营着一种城市化的生活方式,他们对亲属关系甚至都不甚明了,对于传统文化的认知水平更是极其有限,代际导致了旧有价值观的脱节,仪式性场合中的这类礼物交换活动,大都需要在伴房妈明示礼物及礼物交换仪式所蕴含意义的基础上,使部分的传统习俗、旧有文化价值得以传承。主导——霸权立场,为传统在代际架起了一座传承的桥梁。

2. 协商立场

在另外的一些礼物交换场合中,"意义结构1"和"意义结构2"的部分并没有构成"直接的同一性",大多数情况下,收礼者——解码者只是部分从属于送礼者——编码者的意义话语之下,他们在接收编码者的意义话语及礼物本身的意义话语的同时,仍强调和保留着自己的独立性。而这种独立性的保留,可能是对编码意义语言理解的缺失,也可能是自我强势话语的意识支配。

由上文对编码的意义解读中可以看出,婚礼仪式中的送礼传统话语之一便是长辈或者家族对新人结婚后孕育新生命的期待,但是,这样的编码意义并不总是能够顺利地通过礼物传到收礼者那儿并被其接受的。随着个体主义的兴起,如今的青年夫妻并不完全认可他们父辈们的那些"老观点"——把结婚当成延续后代的一种手段,他们对于婚姻有着自己的见解与安排。因此,收受饱含着生育期待的礼物时,解码和编码处于一种充满矛盾而又相互妥协的商议过程,收礼者部分接收了送礼者对于子嗣期待的意义话语,同时却把它置于一个不那么显著的位置上,进而以礼物的经济话语来掩盖。

3. 对抗立场

当解码者站在与编码者相冲突的立场来看待礼物时,往往会把送礼双方的关系置于一种紧张的环境中,两者意义建构的差异,使得文化的传播受到阻滞,但进而也会促成一种新的文化话语的产生,这是一场文化的博弈之战。在礼物交换过程中,对抗立场最突出的表现就是"送礼送出不愉快来"。

L地区的习俗,婚宴中有随礼的,主人家都要退红包给随礼者,由收礼者退回红包,这是一种现时的偿还。在一次婚礼上,谢月作为新郎父母的朋友参加婚宴,随礼2000元钱,然后收到以新郎父母的名义退回的两个红包,每个红包100元。谢月的女儿作为新娘的朋友参加婚宴,随礼500元,然后收到以新娘的名义退回的一个红包,只有50元。作为解码者的收礼方谢月得知这种差别待遇后,很是生气。

在谢月的解码系统中,她的"意义结构2"是"传统"这一高度概括的词汇。她认为,依照习俗规约,不论是谁包的红包,不论对象是谁,都应该退回一样数额的红包钱。但在编码的"意义结构1"中,退还红包的新郎父母是根据宾客随礼金额的多少来决定退还红包的数额,他们是基于经济理性的考量。谢月是完全明白包/发红包的人通过"红包"这一话语中所给出的内涵隐义。

尽管她清楚地明白编码者的编码意义,但是她最终选择站在自己的解码立场上,以"传统"来挑战所谓的经济偿还,并加入了与"面子"有关的考量,建构出一份"不愉快的礼物"。这份"不愉快的礼物"所引发的抱怨在乡村场域中传播,有的村民站在谢月的立场,指责新人一家的"区别对待"与"小气",有的村民则对此不置可否,而在之后的婚礼退礼中,参照了这一"区别对待"的做法。

经济理性对礼物交换过程的意义渗透,已经悄然开始,对抗立场上的两方在不断角逐的过程中互相改写着对方,一种"新"的礼物交换惯习在此基础上得以形成。这种"新"的惯习有可能是现代化的,例如将父母的朋友纳入到"拜见礼"圈中;也有可能是传统的,强势的旧有礼物交换习俗在角逐的过程中得以继续传承,亲友们添箱、见礼的礼物交换习俗便是如此;也有可能是一个"杂交品种",融合了现代与传统的元素,聘礼中"三"这一传统数字的保留便是对生育期待意义的再次认可,但礼金数额随着经济发展而水涨船高,则是出于经济理性的诉求,两者的结合,构成了现在聘礼交换的基本形式。

三、传播学视角下的礼物交换

该文运用"编码/解码"理论对礼物交换这一传播行为进行微观解读,正是试图从传播学视角来探寻仪式互动中的文化运行逻辑。根据英国学者雷蒙德·威廉斯的观点,传播是一种基本的社会组织方式。人们不仅可以用政治和经济的术语描述社会生活,还可以从传播的视角来理解社会,把社会视为人类经验得以描述、共享、改变和保存的一个传播领域。传播学视角下的文化运行逻辑,主要表现在意义的共享与文化的再生产中。

(一)仪式空间内的意义共享

乡村婚礼的仪式性场合是一个动态互动的民间文化场域,"编码/解码"的三个阶段均发生在这一"物质性实体空间"中,它通过一组文化要素(人、群体)和文化设置(仪式和话语)实现意义的呈现与共享。礼物交换中包含的"对家族子嗣繁衍期待"的传统话语,正是借助伴房妈的"唱诗"这一外在辅助手段才得以为场域内的人们更好地接收。而礼物以金饰形式戴在新娘身上,随着新娘的游桌行为,也让金饰本身所具有的"财富""家族荣誉"的话语意义得到了充分的呈现。在这种共享的过程中,不仅是送礼者与收礼者,所有处于婚礼仪式这个共有文化场域的人,都处在一张"意义之网"下,共享着同一意义话语。

送礼者编码的意义结构1、礼物本身所带有的意义话语以及收礼者在前两者基础上解码产生的意义结构2,所有这些意义话语都在婚礼仪式这一文化展演的动态实践空间中被包括送礼者、收礼者、旁观者的参与对象所共享着。这种意义话语所编织的"意义之网",在传达着彼此同属一个共同文化空间的信念之外,也进行着个体与个体、个体与群体、群体与群体之间的交流。尤其是主导——霸权立场下的传播,由于送礼者所编织的意义话语占据首要支配地位,收礼者几乎是完全接收了送礼者对于礼物的意义编码,实现了意义的"流畅共享";但即使是在协商立场或对抗立场下的传播,意义的共享仍是存在的,收礼者在收到礼物的时候,不论最终选择的解读立场如何,他/她都成功地接收到了来自送礼者以及礼物本身所传递的意义话语,进而根据这些意义话语以及自我意识形态选择解码立场,实现下一个意义的生产。这个阶段生产的意义又会通过人的行为加入"意义之网"的编织中,对所收到的礼物不屑的神态或欣喜的言辞等,都是这一阶段的意义在仪式文化场域内的表现形式。

(二)现代话语入侵下的文化再生产

文化是可再生产的,而传播则促成了文化的再生产。这种文化的再生产主要发生在解码阶段对意义的重新建构。John Storey 对"解码"阶段意义的再生产做了如下解释:"通过话语的流通,'生产'成为'再生产'然后又成为'生产'。这个周期从'社会的'开始,结束到'社会的',结束又成为新的起点。换言之,意义和信息不是简单被'传递',而是被生产出来的:首先产生于编码者对日常生活原材料的编码,其次产生于观众与其他话语的关系之中。每一阶段都举足轻重,运行于自身的生产条件之中。"[6]这种意义"再生产"后,转而又进入传播环节中,实现人们对"再生产"出的意义的共享。便是在这一循环往复的过程中,新的传统得以形成。

在"再生产"文化的传播过程中,不断交织的是旧有的传统与新出的价值观念之间的艰难博弈。现代话语对传统文化的入侵是文化再生产的一大触发机制。近年来,随着城镇化的进一步推进,乡村经济的发展,城市生活方式及其观念的侵袭,对乡村社会产生了巨大的冲击,引发了乡村社会日常生活仪式、交往方式等的变迁。乡村婚礼仪式也逐渐走向"简化方便"的路上来,婚礼中的礼物交换也难逃"厄运"。在20世纪90年代,每次喜宴结束后,宾客会领回一袋装着各色水果、各种罐头、各类糖果的红喜袋,这些东西多是主人家在开席前摆上桌,开席后由宾客自主装入事先发放的小袋中,这是主人对宾客出席酒宴的感激之礼。但现如今,原先的红喜袋已经被一箱花生牛奶、核桃露或者一桶油代替了,因为这样更省事方便,不用摆桌装袋。一箱花生牛奶、一箱核桃露、一桶油的价值是远高于当年红喜袋中所有物品的总价值的,既然如此,主人家为什么要做这么亏本的事呢?答案或许就在那省下来的"便利"上。当年的农村不缺人力,像婚礼酒宴这样的场合,大都是由亲友来帮忙操办,但随着近几年农村人口向城镇迁移,能在婚礼喜宴上"搭把手"的人力已然不足,因此主人家便省下了这道摆桌的程序。这一安排,实际上也减少了宾客们自己装袋的麻烦。这种于送礼方、收礼方都便利的礼仪形式变化,通过礼物这个意义话语基本形态的演变,被大家接受了下来,成了一种新的传统。

上述转变是一种较为顺利的"传统"再生产,此外还有许多旧有传统与新价值观念的争锋,仍处在不断博弈的过程之中。这种博弈使两种文化处于一种既相互对抗又相互交融的状态中,两者既对立又统一。研究这一过渡性的时期和过渡性的状态,运用"编码/解码"理论,从传播学视角对其进行分析解读,对于文化社会学研究具有重要的意义。实际上,博弈的话语主要产生于编码与解码的过程中,尤其是两者对意义的建构处于对抗立场时,这种博弈更显激烈。关于退回的红包的意义解读就是一个典型事例,送礼者的"经济理性"与收礼者对于传统习俗的坚守引发了激烈的交锋,而正是这种交锋的形成以及交锋双方所呈现的意义在文化空间内的共享,使得群体成员有所选择,并自觉站队。而群体成员的选择延续到下一次的送礼行为中,使得所支持的文化意义得到进一步的加强,如此周而复始的"再生产"机制,终将促成新传统的形成或旧有传统的巩固。

文化是人类的确定性所在,这张"意义之网"构成了人类栖居的背景。传播促成文化的再生产,为文化注入新鲜的血液。这种"换血"必然会造成部分传统文化的消失,但这是在一种开放的空间内所实现的"优胜劣汰",传统话语或许有被强势经济话语裹挟的危险,但文化的生产机制一向如此,所谓传统就是以这样一种机制形成并被传承下来。因此,只要是处于正常的文化代谢机制下,传播所促成的文化再生产过程,未尝不可被看作对旧有文化的"去其糟粕,取其精华"。

参考文献

[1]马塞尔·莫斯. 礼物[M]. 汲哲,译. 上海:上海人民出版社,2002.

[2]阎云翔. 礼物的流动:一个中国村庄中的互惠原则与社会网络[M]. 李放春,刘瑜,译. 上海:上海人民出版社,2000.

[3]HEIJDEN E D, NELISSEN J H M, POTTERS J J M, et al. The poverty game and the pension game: the role of reciprocity[J]. Journal of economic psychology, 1998, 19(01).

[4]斯图亚特·霍尔. 编码解码[M]. 罗钢,刘象愚,译. 文化研究读本[M]. 北京:中国社会科学出版社,2000.

[5]HALL S. Encoding/decoding[M]. London: Hatchinson, 1980.

[6]STOREY J. An introduction to cultual theory and popular culture[M]. Edinburgh: Edinburgh University Press, 1996.

妇女工作改革与创新

妇联组织助力乡村振兴
的经验与启示

——基于对浙江省部分乡村的调查与思考

浙江省妇女干部学校第四调研组[*]

摘　要：如何助力乡村振兴是各级妇联组织关注的一个重要议题。浙江省作为全国首个省部共建乡村振兴示范省，各级妇联组织在助力乡村振兴方面也走在了全国前列。通过对杭州市萧山区、富阳区等地区的乡村进行现场调研，发现妇联组织在与政府、市场合力构建乡村产业体系，以家庭建设增进乡风文明，发挥女企业家和广大妇女群众的力量推进乡村生态宜居等方面进行了富有特色的实践。这些实践蕴含着具有浙江特色且具有普遍指导意义的理念，能为妇联组织助力乡村振兴提供启发和借鉴。

关键词：妇联组织；乡村振兴；家庭

乡村振兴战略是新时代"三农"工作的总抓手。近几年来，浙江各地妇联积极响应全国妇联《关于开展"乡村振兴巾帼行动"的实施意见》，围绕乡村产业振兴、乡村基层治理及乡风文明建设、乡村生态宜居等新时代乡村振兴战略的总要求，积极探索，大胆创新，立足于家庭这一妇联工作的传统阵地和优势领域，借助浙江省市场体系相对成熟与高效，能为乡村领域的建设、服务和发展提供优质市场资源的制度优势，创新性地谋划妇联组织助力乡村振兴的思路和举措，激活广大妇女群众投身乡村振兴伟大实践的动力，

＊　该调研组成员包括马玲亚、黄佩芳、贺华丽。该文由贺华丽执笔。

形成了妇联组织助力乡村振兴加快发展的浙江特色，为省部共建乡村振兴示范省的创建贡献了巾帼力量。

一、与政府、市场形成合力，
助力构建现代乡村产业体系

乡村振兴，产业兴旺是基础。调研发现，就乡村产业发展而言，基层妇联以重要参与者的角色，成为政府和市场之外的"第三种力量"。以富阳区洞桥镇查口村的"营地＋"模式为例，政府在前期的招商引资、土地流转方面发挥了重要的作用，并积极与营地沟通，谋划能真正促进农民增收的思路和举措。营地主要解决客源问题，通过项目开发和管理、市场传播等，吸引了大量的青少年客源。基层妇联则发挥其在家庭工作方面的优势，以参与开发、管理"农事体验点家庭户"的方式，介入到"营地＋"的产业体系中。其主要做法包括参与制定"农事体验点家庭户"标准、依据标准参与选拔和报名工作，帮助建立《农事体验点名录库》、动态管理农事体验点家庭户，等等。凡是成为营地农事体验点的家庭户，需向入营的青少年提供半天到一天的真实生活体验服务。作为回报，每一名参与农事体验的青少年则需要付48元的体验活动费，其中农户家庭得40元，村集体得8元。2018年农事体验点接待青少年约3万人次，为农户创收120多万元。

这种以农事体验的方式让农户家庭融入乡村产业的方式，极大地激发了广大妇女群众及其家庭投身就业创业的积极性。调研中，一名农村妇女情真意切地讲述了自身的经历和体会，表达了对政府、妇联搭建的这一平台的由衷感谢。她说："我原来是在外面打工赚钱的，后来因为家里87岁的婆婆生病，就不得不回来照顾婆婆。虽然人是回来的，但是心里压力是很大的，因为不打工没有生活来源怎么办？2015年听到村里搞了这么一个项目，我就觉得很好，再加上家里的情况，我就觉得更好了。2016年开始我就把这个事情做起来，成了村里的'农事体验点家庭户'。这不仅解决了我的一部分生活来源，而且可以让我安心照顾婆婆，我心里真的非常感恩，感谢政府、感谢妇联把这个平台搭建起来。我也是非常用心地在经营，小朋友到我家里来,我就把自留地利用起来,把各种蔬菜种起来,菜园里有20多种蔬菜。4月份教孩子们如何种土豆、种玉米,小朋友也非常开心,开土、播种,非常好学,有一次,小朋友把大蒜说成娃娃菜,我直接把大蒜拔起来,他们看了大蒜头,就知道这是大蒜。"

基层妇联以参与开发、管理"农事体验点家庭户"的方式,把家庭作为乡村产业发展的组成部分,既发挥了其在家庭工作方面的优势,又助推了乡村一、二、三产业融合发展和多功能发展。2019年,富阳区妇联在"农事体验点家庭户"模式的基础上,推出了"我在富春山乡有个家"活动,选择了300户有热情、有故事、有特色的农村家庭,再通过线上互动、先锋体验等多种方式,让广大城市居民有机会真正走进农村家庭,得以深度地体验乡村生活。

二、以家庭为治理对象助推乡风文明建设

如何在乡村振兴中扎扎实实推进乡风文明建设,是实践中需要思考的一个重点问题。从理论上来讲,要切实推进乡风文明,除了在物质层面重视乡村文化基础设施建设,在话语传播层面积极弘扬社会主义核心价值观,还应该将乡风文明建设提升到乡村治理高度,融入到乡村治理体系建设中。调研中,我们深切感受到了基层在推进乡风文明建设中,工作载体和方式方法有很多创新,尤其是各地开始注重把乡风文明上升到乡村基层治理层面,确保乡风文明建设产生实效,并真正体现现代乡风文明。例如,富阳区万市镇妇联为维护广大妇女的合法权益,推进"平安家庭"建设,促进社会和谐稳定,于2019年3月成立了婚姻家庭纠纷调解工作室——"万事好商量"。从治理主体看,这是一个由万市镇妇联为核心行动者的基层"微治理"品牌。妇联联合法律工作者、心理咨询师、乡贤人士、巾帼志愿者等人员组建治理团队,实行常态化的免费婚姻家庭辅导服务和纠纷调解。从治理内容看,主要是农村社区日常生活世界中发生的"微事件",涉及家庭情感问题、经济问题、财产纠纷、子女教育问题、抚养赡养纠纷、家庭暴力、婚外情、恋爱纠纷、邻里纠纷、心理问题等。这些事件看似微小,却直接影响乡村居民的生活秩序和生活满意度。从治理的角度看,只有通过这些具体的、小而微问题的个

体化、精细化的解决,满足其个体化的需求,才能为农村社区提供适宜的微环境和良好的公共服务,维持和建构农村社区内良性的社会关系。从治理机制看,万市镇妇联主要通过建立和实施走访制度、接待制度、分类制度、预警制度等,持续推进微治理品牌的运作。调查发现,万市镇的16个行政村共有6519个农户,截至2019年7月,每个行政村累计走访农户的次数大都在200次以上,发现情感问题35件,经济问题45件,抚养赡养纠纷16件,家庭暴力2件,婚外情3件,邻里纠纷132件,心理问题5件,其他"微事件"52件。对于这些事件,妇联组织进行分类治理,有的运用调解技能及"说和"艺术,使其尽快有效化解;有的移交给相关职能部门,妇联组织持续跟进;有的则帮助当事人联系专业人士,利用专业力量有针对性地解决问题。此外,为了更好地发挥"万事好商量"这一微治理品牌的治理效应,工作室还每月开展一次家事调解沙龙活动,交流家事调解的心得体会。还注重挖掘和发挥对婚姻家庭富有使命感的"领头人"的作用。姜香儿就是一个典型的领头人。调研中,她通过一个个生动的案例与我们分享了自己多年来总结提炼的调解技巧和方法。她说:"现在我不仅自己调解,还把自己的经验、技能传授给大家,我真的是带着热情、怀着使命在做这样一件事,因为婚姻家庭实在是每个人一生中的大事。"

基层妇联组织以家庭为主要治理对象,引领广大农村妇女积极关注、解决农村社区日常生活世界中发生的小事,这种微治理方式不但培养了妇女群众的参与意识和参与能力,提高了其在乡村社会的影响力,而且建构了农村社区的良序,提高了农村居民的生活福祉,推进了乡风文明建设。

三、利用女企业家和广大妇女群众的力量,推进乡村的生态宜居

生态宜居也是乡村振兴的重要标志。乡村要实现生态宜居,不仅要有优良的生态环境和有效的环境管理制度做保障,而且要动员群众广泛参与,并且发挥市场激励的作用。这一方面有赖于生态文明思想在民众中的传播,同时要发挥企业家的作用,使环境整治与农民的利益挂钩,这样,广大群

众就会有更强的积极性参与乡村环境整治与维护，就会使乡村环境的改善更具有可持续性。萧山区浦阳镇妇联精心指导的"浦阳衣家"垃圾分类品牌就是这一方面的典型。这一品牌的落地开花更多地依赖女企业家和广大妇女群众的力量。调研中，镇妇联主席郑女士说道："垃圾分类这个事非常重要，镇领导说我们要做，一定要做得最好，但我们不一定要采用命令和控制型的行政治理方式，可以更多地引入企业和社会的力量。当我们镇妇联接过全镇垃圾分类工作的重任时，我们一直以这一思想为指导，创新浦阳镇垃圾分类的模式。"分析浦阳镇的垃圾分类模式，我们发现有这样几个特点：第一，以企业为核心角色。企业负责衣物、纸板箱、箱包等垃圾的回收、整理和市场销售，负责"衣旧换新"兑换超市的投资与运营。为什么企业在这一模式中扮演着这么关键的角色？关键在于这位女企业家负责的环保企业在衣物回收、处理、市场经营方面有比较完善的产业链，现在通过这种模式，它的原材料的来源更加广泛了，成本也更低了，所以她也十分愿意出资设立积分超市来激励大众积极参与。第二，依靠妇联组织及广大妇女群众这一强大的社会力量。浦阳"衣旧换新"兑换超市是在浦阳镇妇联精心指导下成立的，妇联组织"衣旧换新、美化环境"等群众性主体活动，动员组织广大妇女群众积极参与到垃圾分类中来。此外，镇妇联在收集妇情民意、品牌设计、技术手段更新、传播联络、入户宣传指导等方面都做出了非常大的贡献，以妇女为主体的群众在志愿服务积极参与方面贡献了很多的智慧和力量。

"浦阳衣家"垃圾分类品牌自2019年5月线下、线上全面启动以来，效应不断呈现，在"党政所需"和"妇女所急"上发挥了重要的作用。上半年累计指导回收旧衣物1000余吨，开展活动20多场，接受省市区领导专门指导5次，惠及浦阳镇域范围群众1500余人次，受到当地群众广泛欢迎。目前，该品牌已经跨出浦阳、跨出萧山，在富阳、淳安、建德等区县市布点5处，8月还迎来了第一个省外参观团——江西省弋阳县非官方组织来浦阳镇参观学习。在党的领导下，依赖市场和妇女群众创立的"垃圾分类"品牌，为实现乡村生态宜居的目标做出了重大的贡献。

四、妇联组织推动乡村振兴的经验与启示

一是基层妇联组织可以立足家庭这一基本的社会细胞来助力美丽乡村建设,推动乡村振兴。家庭是妇联工作的传统阵地和优势领域。从上文可以看出,不论是查口村的"农事体验点家庭户"模式,还是"万事好商量"的微治理品牌的运作,家庭在助力构建乡村产业体系、促进乡风文明方面都能够发挥十分有效的作用。在新时代乡村振兴战略的大背景下,妇联组织可以围绕"家庭"这一传统阵地和优势领域,整合相关的要素,联络相关部门,积极获取相关政策的支持,打造突显基层妇联特色、受广大妇女群众欢迎的品牌产业。同时可以以家庭为主要治理对象,创设各种乡村社区微治理互动和服务平台、建构微治理参与机制和激励机制,打造微治理品牌,在微治理中增进乡风文明建设的实效性,推进社会主义核心价值观在家庭中落地生根。

二是基层妇联组织可以从城乡互动的视角,思考助力乡村振兴的思路和举措。从城乡关系角度来看,乡村振兴需要城市和乡村的互动。上文中的"农事体验点家庭户"模式的成功运行,离不开来自城市的青少年这一最重要的客源。之后拓展出来的"我在富春山乡有个家"活动,直接着眼于城市与乡村之间文化、经济、情感等方面的交流与融合,由此更大范围地发动广大普通农户,尤其是农村家庭主妇们参与到乡村振兴事业中来。因此,基层妇联组织可以跳出乡村思考乡村,从如何吸引城市的资本要素、人口要素、技术要素下乡助力乡村振兴的角度,思考繁荣乡村市场的思路和举措。

三是基层妇联组织可以将生态宜居融入产业发展,助力乡村人居环境的可持续改善。近年来,基层妇联在乡村环境整治、美丽庭院创建方面发挥了主力军的作用,对乡村人居环境的改善做出了非常大的贡献。萧山浦阳镇的垃圾分类是这方面的典型。这一案例的成功,不仅源于基层妇联干部的干事意愿、工作激情和实干精神,更源于其充分利用市场力量和社会力量的思维模式,把垃圾分类融入环保产业的发展中,由此增强了广大农妇参与

垃圾分类、美化人居环境的动力。因此,今后妇联组织在引领广大妇女群众从事垃圾分类等环境整治工作的过程中,可以进一步深化市场思维和社群思维,发挥企业家和广大妇女群众的主体作用。

新时代高校妇联组织改革
与工作机制创新

裴 笛[*]

摘 要:高校妇联是基层妇联组织的中坚力量,是全面推进妇联改革的重要领域。高校"会改联"要通过借鉴试点先行、同城共建、上下联动、发挥优势等基本做法,加快高校独立设置妇联的步伐,不断彰显妇联组织的独特性和首位度,进一步增强妇联组织的凝聚力和引领性。因此,高校妇联组织要紧紧围绕"联"字开展工作,切实做到"五个坚持",即坚持党建和妇建联建,凸显政治优势;坚持顶层和基层联动,凸显组织优势;坚持理论和实践联合,凸显品牌优势;坚持校内和校外联手,凸显共享优势;坚持线上和线下联网,凸显创新优势。要不断强化思想引领、作用发挥、上下联动、服务保障等领域内的机制创新,努力促进"学习型妇联""实力型妇联""活力型妇联"等多样化妇联形态的生成,不断激发基层妇联组织的生机与活力。

关键词:高校妇联;组织改革;机制创新

妇女工作是党的群众工作的重要组成部分。妇联组织是党领导下的人民团体,是党和政府联系妇女群众的桥梁和纽带,是党开展妇女工作最可靠、最有力的助手。党的十八大以来,以习近平同志为核心的党中央高度重视妇女事业和妇联工作,把妇联改革作为全面深化改革的重要组成部分进行谋划和部署,为妇联工作开展和妇联组织改革指明了方向。《全国妇联改

---

* 裴笛,江苏师范大学妇联主席、徐州市妇联兼职副主席,研究方向为妇女发展、思想政治教育。

革方案》的出台,旨在通过改革机构设置、理顺工作职能和创新工作机制,努力提高各级妇联组织为党做好妇女工作的能力和水平,不断开创新时代妇联工作的新局面。在此背景下,推进高校妇联组织改革,将高校的妇委会或工会组织下的女职工委员会改为妇联(简称"会改联"),探索高校妇联工作机制创新,既适逢其时,又有着特别的意义。

一、全国妇联改革背景下的高校妇联组织改革

中共中央印发的《关于加强和改进党的群团工作的意见》强调,基层组织是做好群团工作的基础和关键,群团组织要以提高吸引力、凝聚力、战斗力和扩大有效覆盖面为目标,在巩固按行政区划、依托基层单位建立组织、开展工作的同时,创新基层组织设置、成员发展、联系群众、开展活动的方式,立体化、多层面扩大组织覆盖,不断加强高等学校群团组织建设,更好地联系、引导、服务青年学生和教师。《全国妇联改革方案》明确指出,要做强基层,夯实基础,创新基层组织设置,积极推动在城乡社区普遍建妇联,指导城乡社区妇联组织向妇女生活最小单元扎根,壮大基层工作力量,把活跃在城乡社区、热心妇女工作的各类女性人才充分吸纳到基层妇联组织和工作队伍中来。高校妇联一方面是妇联的基层组织,另一方面由于高校女性数量众多、层次多元、学历学位较高,因而是妇联组织中的一支重要力量。推进高校妇联组织改革,是全面推进妇联改革的重要领域和重要内容。

当前,高校妇联组织改革的主要内容是"会改联"。长期以来,高校妇联的组织形态基本是妇委会或工会组织下的女职工委员会。就妇委会而言,其人员构成主要还是在职女性教职工,女大学生、离退休职工等基本没有涵盖到,服务对象存在盲区;就女职工委员会而言,妇女组织成了工会组织的一个分支,其独立性明显减弱,妇女组织的显示度不足。基于上述两种情况,推进妇女组织的"会改联"工作势在必行。一方面,高校成立妇联,是要把包括离退休女职工在内的所有女性师生员工全部纳入服务对象,做到横向到边、纵向到底;另一方面,通过独立设置妇联,彰显妇联组织的独特性和首位度,增强妇联组织的凝聚力和引领性。"名正方能言顺",高校妇女组织"会改

联",既明确了机构称谓,又理顺了工作关系,必将为妇联组织工作开展激发生机与活力。

高校妇女组织的"会改联",目前各地均处于探索阶段,并无统一的改建模式。但综观各地的高校"会改联",以下几点做法值得重视和借鉴。一是试点先行。即重点选择几所较好的区域性高校作为试点,先行先试,鼓励各地在妇联章程的大框架内进行积极探索,不断积累经验,然后全面推广。二是同城共建。按照属地管理的原则,各高校妇联一方面应在地方妇联的指导下开展工作,另一方面推行校际联建,组织同城高校互相观摩,相互借鉴,共同提高。三是上下联动。既在学校层面上建立妇联组织,又要在基层院系建立妇联组织,甚至可以把妇联组织建在学科团队、专业方向、实验室、兴趣小组等,形成诸如"女教授联谊会"等妇女专业组织、协会组织,更大范围辐射工作对象,更大力度延伸工作臂膀,形成上下联动的组织格局。四是发挥优势。高校女性众多,特别是高知女性众多,具有天然的理论优势和研究优势,高校妇联一方面要自觉把妇女工作提升至经验层面、理论形态,不断提升妇联工作的深度,另一方面要对全社会妇女工作的开展形成示范效应,进而引领整个社会风尚。

二、做好"联"字文章:高校妇联组织改革的重点

高校妇联组织改革,要重点在"联"字上发力,通过联合、联建、联动、联手、联网,一方面切实做到"哪里妇女群众集中,就把'妇女之家'建到哪里,把妇女工作做到哪里",另一方面为妇联组织和广大女性师生员工发挥搭建平台、营造氛围的作用。

(一)党建和妇建联建,凸显政治优势

坚持党对高校妇联工作的领导,把政治建设放到妇联工作和女性师生员工思想政治工作的首位,坚持党建带妇建,把妇建纳入"大党建"的总体格局,着力打造妇联组织有为有位有影响、妇女工作有声有色有活力的生动局面。

(二)顶层和基层联动,凸显组织优势

高校妇联除了要把已有的在职女教职工作为工作和服务对象外,还要把在校女学生和退休女教职工一并纳入组织工作体系,实现服务对象全覆盖;实现妇女代表"联"选,建立妇联执行委员会,通过妇女代表、校院两级执委的选任,强化"一次代表""一届责任""一生服务"理念;二级妇联组织改革同步开展,不断扩展妇联基层工作的手臂,搭建基层工作平台,体现全校和基层的双向发力、同频共振。

(三)理论和实践联合,凸显品牌优势

充分把握高校女性师生员工总量大、层次高等特点,彰显高校理论研究见长、理论积淀丰厚等优势,把妇联工作和妇女工作纳入各级各类课题研究、平台建设,不断把工作成果提升到理论高度,坚持以理论成果指导工作实践,实现理论优势、研究优势与实践优势、工作优势的互补,着力形成高校妇联工作的品牌效应。

(四)校内和校外联手,凸显共享优势

加强与上级妇联的联系,积极寻求工作指导和政策支持,不断推进经验分享、资源共享;加强与兄弟高校妇联的常态沟通与横向联动,形成动态开放、多元立体的妇联工作局面;推行高校妇联主席兼职或挂职地方妇联副主席,强化校地协同,共建共享,共同发展。

(五)线上和线下联网,凸显创新优势

主动适应"互联网 +"新趋势的紧迫要求,不断推动妇联工作在新形势下的创新发展。在构建上下联动的妇联工作网络的同时,开创实体妇女之家和网上妇女之家两条战线广泛覆盖、有效凝聚的妇联工作新格局。

三、推进高校妇联的工作机制创新

习近平总书记在中国妇女第十二次全国代表大会上对妇联组织的改革和建设指明了方向,也为未来的妇联组织工作提出了明确要求。高校妇联必须立足新时代,在较高的起点上,始终把政治性、先进性、群众性作为灵魂和主线,积极探索妇联的工作机制创新,不断激发高校妇联工作的生机与活力。

(一)着力推进高校妇联思想引领机制创新

政治性是群团组织的灵魂。要以政治性为引领,不断夯实妇联工作的政治思想根基。一是将政治建设放在妇联工作的首位,切实保持和增强妇联组织的政治性。始终坚持把妇联组织置于党的领导之下,用习近平新时代中国特色社会主义思想武装高校女性师生员工,大力开展社会主义核心价值观和中华优秀传统文化教育,切实做到"两个维护",牢固树立"四个意识",不断增强"四个自信"。二是切实发挥高校的知识优势、智力优势和理论优势,努力打造"学习型"妇联组织。充分利用党委理论学习中心组、研究中心、专题学习小组、班级中心组、女大学生社团等多种学习平台,不断创新专家报告、专题辅导、专题研讨、网络推送等多种学习形态,引导全校女性师生员工全面系统学习习近平治国理政的新理念、新思想、新战略,特别是习近平新时代中国特色社会主义思想,提高政治站位,明确政治方向,统一思想认识,坚定理想信念。三是充分发挥高校理论研究优势,加大对妇联组织和妇女工作的理论研究、专题研究、学术研究和应用研究,提升理论认知,引领社会风尚。成立"女性研究中心"等研究机构,积极打造妇联的新型智库和研究平台;把妇联工作、妇女工作研究纳入各级各类课题研究,不断增加妇联工作的深度。

(二)着力推进高校妇联作用发挥机制创新

保持和增强先进性是高校妇联的重要着力点。高校妇联要结合高校特点和优势,以先进性为核心,系统构建妇联的作用发挥机制,打造"实力型妇联",以"巾帼建功"的生动局面,为建设高水平大学提供强有力的支撑和保障。充分依托女教授联谊会等女性团体和"优秀女大学生""优秀研究生"等评选载体,引导女性师生员工在人才培养和育人工作中切实发挥作用;积极创造条件,鼓励女教师在高级别项目申报、高水平论文发表、高层次成果获取等方面,发挥领衔领军作用,着力打造标志性的女性研究团队,构筑女性科研高地;引导女性师生员工,在成果转化、协同创新、智库建设等方面精准发力,以创新赢得发展空间,以服务争取社会资源;组织女性师生员工积极参与各类参政议政、政治协商、民主监督和社会服务,扩大女性师生员工的对外影响;支持女性师生员工在校园文化品牌项目创建中充分展示才华和智慧,在各级各类艺术展演、艺术比赛中为学校争光添彩,赢得声誉,展示知性、优雅、自信的高校女性形象;支持和鼓励女性师生参加国际性的校际交流、学术会议、学术合作,积极推动女大学生在国(境)外高校的中短期交流、学分互认等工作,在国际舞台上为学校赢得声誉;充分依托学生会、研究生会、关心下一代工作委员会、老年合唱团、老年科协、老年体协等,切实把立德树人根本任务和女学生的成长成才育人目标落到实处,把关心女教师的发展进步和作用发挥作为工作的着力点,把关爱离退休女教职工的身心健康和老有所乐、老有所为作为工作的重要领域,切实形成女性师生员工聚力同心、共促发展的工作氛围。

(三)着力推进高校妇联上下联动机制创新

高校妇联组织建设正成为推动事业发展的坚实依靠力量和强大支持力量,着力打造"活力型妇联"。一是实施"结对共建行动"。成立"巾帼导师团",推进女教师与女学生之间的结对帮扶,充分体现对女学生的关心和关爱,帮助他们成人、成长、成才。二是实施"定期联络行动"。建立妇联干部结对联系女性师生员工制度,通过经常深入课堂、宿舍、班级、实习基地等基层一线,深入了解女性师生的诉求、问题和困难,切实将妇情民意掌握在基层,把为普通女性师生员工服务的工作落实到基层。三是实施"关爱帮扶行动"。通过设立"女性关爱基金",对身患疾病、经济困难、有心理障碍、离异单身等女性群体给予重点关爱,建立个人档案,实施跟踪管理;坚持扶贫与励志相结合，助困与育人相结合，帮助女学生渡过难关、励志成才；依托高校的心理健康教育专业优势和师资优势，做好女性师生的心理健康咨询、普测、辅导等服务。四是实施"活力激发行动"。通过开展"强素质、转作风、争一流""巾帼建新功·共筑中国梦"等主题实践活动，引导女性师生员工适应新常态，投身新热潮，融入新实践，增强新活力，为经济社会发展和高水平大学建设贡献半边天力量。

（四）着力推进高校妇联服务保障机制创新

要以妇联组织汇聚全校女性力量，促进高校妇联组织立体化服务保障机制不断完善。一是健全基层妇联机构设置，形成校院两级、一呼百应的服务保障机制。探索建立妇联建设工作标准，切实推进妇联工作的常态化长效化建设。二是加强妇联工作队伍建设，着力构建一支以专职干部为骨干力量、兼职干部为重要支撑，以校妇联执委会为领导机构、以各基层妇联为重要保障的干部队伍。优化妇联组织人员结构，推选女性文明新风带头人、公益事业热心人、学科专业带头人、优秀女大学生等担任妇联领导职务，真正把思想政治素质好、工作能力强、热爱妇女工作、群众威信高的女性师生吸引到妇联组织中来，不断增强妇联组织的吸引力和凝聚力。切实改进妇联干部的工作作风，不断强化服务意识，提升服务能力，挖掘服务资源，坚持从女性师生需要出发开展工作，努力为女性师生排忧解难，真正成为女性师生信得过、靠得住、离不开的知心人、贴心人。三是打造"网上妇女之家"。认真落实《关于加强妇联系统网络及新媒体建设的指导意见》，充分利用新媒体，扎实推进妇联组织的"三微一端"建设，打造"网上妇女之家"，着力形成"互联网＋妇联"的一体化服务保障机制，充分体现妇联组织的高端服务、精准服务、智慧服务。

群团改革背景下妇女儿童活动中心
发展调研报告

赵云丽　吴恬　吴旭梅*

摘　要:加强妇女儿童活动中心建设,是全面深化改革的进程中贯彻落实党的十九大精神和公共文化服务保障法的必然要求。该文通过对7个兄弟省市妇女儿童活动中心的调研,分析了在群团改革背景下省市妇女儿童活动中心转型发展呈现的新情况,提出了新形势下推进我省妇女儿童活动中心建设发展的思考与建议。

关键词:群团改革;阵地建设;发展创新

为落实浙江省妇联"三访双争"活动的要求,了解兄弟省市地区妇女儿童活动中心的建设和发展现状,学习外省妇女儿童活动中心在阵地建设、功能布局和运营管理等方面的先进经验,进一步加强工作交流与合作,浙江省妇女儿童服务中心于2018年4月—5月赴上海市、江苏省等7个妇女儿童活动中心开展了调查研究。调研采取实地走访和座谈交流等方式进行,在此基础上形成该调研报告。

---

* 赵云丽,浙江省妇女儿童服务中心副主任(主持工作),副教授,哲学硕士学位,国家二级心理咨询师,婚姻家庭咨询师,研究方向为女性学、女性社会组织、婚姻家庭。吴恬,法学学士学位,浙江省妇女儿童服务中心服务联络部副部长,中级社会工作师,研究方向为妇女社会工作、女性社会组织。吴旭梅,浙江省妇女儿童服务中心服务联络部干事,法学硕士学位,助理社会工作师,研究方向为社会行政、女性社会组织。

一、各省妇女儿童活动中心的建设发展现状

(一)基本情况

本次调研的中心包括5个省级中心、1个市级中心和1个区级中心。

从单位性质看,有4个全额拨款事业单位、2个差额拨款事业单位和1个自收自支单位。

从阵地建设看,建筑面积较大,可以承载容纳一定的人数开展活动和服务。除广东为6500平方米外,其他省级中心面积都在10000平方米左右。北京市妇女儿童社会服务中心10000平方米,天津市妇女儿童社会服务中心7800平方米,上海市妇女儿童服务指导中心(巾帼园)10000平方米,江苏省妇女儿童活动中心奥体分部12800平方米。其他两个非省级中心,南京市妇女儿童活动中心建筑面积18000平方米,深圳市罗湖区妇女儿童活动中心为5000平方米。活动场地功能主要集中在培训、活动、服务、会议等方面,其中北京和江苏还拥有室外活动场地。从房产产权归属看,只有北京的场地是从另外单位租用的,其余几个中心则都拥有自主使用权。

从机构职能与人员设置看,人员配置基本能满足中心职能开展的需求。上海市妇女儿童服务指导中心的职能有公益资讯、女性社会组织培育发展和妇联服务信息管理三项,有30人编制,在编24人;罗湖区妇女儿童活动中心的职责是信访、咨询、妇女维权、公益服务和女性社会组织服务基地,在编8人,合同聘任20多人;天津市妇女儿童社会服务中心的职能是女性社会组织培育和提供公益服务,编制16人;北京市妇女儿童社会服务中心有公益服务、综合维权等职能,编制19人;广东省妇女儿童活动中心主要从事培训活动,编制30人,在编8人,合同聘用20多人。从调研情况看,每个中心在职人数基本在30人左右,负责教育培训、女性社会组织培育发展、承担妇联交办的具体事务、开展妇女儿童和家庭的各类公益服务等,通过在编人员或编外用工基本能满足以上日常工作的开展。

(二)运营管理

各妇女儿童活动中心均由同级妇联主管,在妇联的领导下,妇女儿童活动中心根据自身职能和妇联工作重点,开展各类培训和活动。调研的7个中心日常运营服务方式主要有公益服务和从事培训两类。上海市、罗湖区、北京市、天津市妇女儿童中心以开展公益服务为主,江苏省、南京市和广东省妇女儿童中心以从事培训为主。这和单位性质有关,4个主要开展公益服务的中心都是公益一类的事业单位,由财政全额拨款,职能定位是向妇女儿童提供公共服务的公益阵地;而3个从事培训为主的中心则为差额拨款或自收自支单位,经费基本以自筹为主,通过收费培训来维持运营工作,大多依靠引进项目合作经营和招录师资自主办学两种方式开展教育、科普、体育、艺术、兴趣、技能等各类培训。

二、各省份妇女儿童活动中心发展的主要特点

由于区域差异、经济社会和文化发展差异以及单位性质差异等因素的影响,各省份妇女儿童活动中心的经营和发展模式不尽相同,但也明显呈现几大共性特点:

1. 围绕妇女儿童需求开展服务

妇女儿童活动中心作为妇联组织联系和服务妇女儿童、履行职能的重要阵地,各中心定位精准,紧紧围绕广大妇女儿童的需求来设计和开展服务,服务内容覆盖文体活动、教育培训、技能培训、女性创业就业、法律帮助、家庭教育、婚恋服务、扶贫帮困等方面。针对女性素质提升的需求,各中心普遍开设瑜伽、舞蹈、手工等方面的兴趣培训,如上海的"7点不一样"、北京的"舞蹈进万家"等;针对家庭教育的社会需求,不少妇女儿童活动中心开设了亲子项目,如江苏的"梦享成长"家庭教育系列公益活动,南京与高校合作开设的"父母课堂"等;根据少儿教育培训的需求,南京开设了艺术、早教、体育等数十类培训项目,受到了家长和社会的欢迎。

2. 立足自身情况发展特色

各妇女儿童活动中心从服务妇女儿童的宗旨出发,改革创新,挖掘自身特色,积极探索开创特色化、品牌化发展道路。如上海根据职能定位和服务对象,设定了建设妇女之家旗舰园、儿童之家示范园和快乐家庭体验园的目标;江苏依靠南京奥体中心,因地制宜开设少儿科技体验馆和体育培训等;广东毗邻香港,学习香港女童军,开设女童快乐成长学习坊;深圳罗湖根据港口特色和港人家庭较多的实际情况,设置跨境学童服务中心;北京市总结多年项目开展情况,开发了项目管理软件,降低了管理成本,提高了工作效率。树形象、求特色、创品牌、赢口碑,最大限度地发挥自身优势打造独具特色的公益服务和活动品牌,是当前各妇女儿童中心发展的方向。

3. 加强地市联动促进共赢

省市级妇女儿童中心积极发挥牵头作用,以妇女儿童需求为纽带,整合资源、联系联动。如上海根据基层中心实际情况和需求进行资源链接,直接将优质的服务资源、力量下沉到基层;广东于2014年成立了广东省妇女儿童活动中心发展促进会,将全省48个活动中心纳入会员,注册登记为非营利性社会团体,以有效的机制整合资源,加强各市区妇女儿童活动中心之间的交流和信息共享,相互学习经验和做法,实现妇女儿童事业的跨区合作,更好地发挥妇女儿童活动中心在公共文化服务体系建设中的积极作用;北京市妇女儿童社会服务中心和13个区活动中心联动密切,通过活动联动、项目合作等方式紧密联系各区妇儿中心,项目和活动签署三方协议,市级中心主办、区级中心承办、当地妇联监管。各级妇儿中心联手打造服务妇女儿童公益项目的活动品牌,促进共赢发展,提高了中心在社会群众中的影响力。

4. 精准定位提供公益服务

各妇女儿童中心坚持公益性的发展方向,服务妇女儿童。4个公益一类性质的妇女儿童中心主要职能就是面向妇女儿童及家庭直接提供各类公益服务,项目由政府买单,服务对象免费享受。中心还根据社会发展新形势下妇女儿童的多元化需求不断进行创新,打造具有高质量和影响力的公益品牌服务。3个非公益一类性质的妇女儿童中心以开展各类培训活动为主,以市场化方式运营。除了收费性的培训项目和活动之外,兼顾经济效益和社会效益,向妇女儿童尤其是困难家庭妇女儿童推出公益性课程和活动,围绕婚姻家庭需求开展联谊活动、婚恋微课等公益服务项目。如江苏省妇女儿童活动中心奥体分部妇女儿童科技体验活动区免费向少年儿童开放,是孩子们增长知识、开阔眼界的科学活动阵地。南京市妇女儿童活动中心与广播电台合作,每周一次开展交友联谊和婚恋服务。广东省妇女儿童活动中心的"女童快乐成长学习坊",是专门为11—14岁女童成长提供有特色教育培训的公益项目。

5. 整合社会力量提升服务能力

各妇女儿童中心在创建特色精品服务的同时,积极整合社会组织,或是直接孵化培育或是与社会组织合作,引入专业团队,创新服务路径,借力开展公益服务和各类活动。如上海女性社会组织发展中心作为联系、管理、指导和服务女性社会组织的枢纽型社会组织,由上海市妇联主管,负责协助妇联和中心征集开展服务项目,通过培训与项目共建的方式,为女性社会组织提供服务,促进女性社会组织健康发展;深圳市罗湖区妇女儿童活动中心与广东省千禾社区公益基金会联合成立了枢纽型社会组织——深圳市罗湖区懿贝斯女性社会组织服务中心(简称"懿·BASE"),主要负责培养女性公益人才、培育女性社会组织、开发女性公益项目;天津市妇女儿童社会服务中心与恩派公益组织发展中心合作,将女性社会组织孵化培育和公益项目创投统一打包成一个项目,由恩派公益组织发展中心承接,协助天津市妇女儿童社会服务中心开展包括为公益项目创投提供专业支持、指导招标、评审、监管、督导和评估等全部流程以及女性社会组织孵化培育工作。各地以项目化的方式,委托专业社会组织提供更深入的服务。如上海市妇联自2015年起每年用于公益服务项目招投标资金1200万元;天津市妇联每年用于公益创投项目资金100多万元,服务妇女儿童和家庭;深圳罗湖实施了"懿·创投——妇女儿童公益项目种子基金资助计划"。

三、新形势下推进浙江省妇女儿童活动中心建设发展的思考与建议

在全面推进群团改革的大背景下,加强妇女儿童活动中心建设具有十

分重要的意义。2017年3月1日起施行的《中华人民共和国公共文化服务保障法》明确规定,"县级以上地方人民政府应当将公共文化设施建设纳入本级城乡规划",并将妇女儿童活动中心纳入政府公共文化服务场所的范围。党的十九大报告中也多处提到要"保障妇女儿童合法权益""健全农村留守儿童和妇女、老年人关爱服务体系"。加强浙江省妇女儿童活动中心建设,是全面深化改革进程中贯彻落实党的十九大精神和公共文化服务保障法的必然要求。

(一)妇联组织要加强领导,为妇女儿童活动中心发展创设良好环境

1. 争取支持,加强妇女儿童中心阵地建设

妇女儿童活动中心是妇联组织服务妇女儿童以及家庭的重要平台和窗口。中心通过开展妇女群众所需的各类公益服务和活动增强妇女对妇联组织的归属感和认同感,使妇联工作有形化,是妇联组织走近妇女、联系引导妇女的桥梁纽带。浙江省妇女儿童工委已将妇女儿童活动中心阵地建设列入省"十三五"妇女儿童发展规划,各级妇联组织应进一步提高思想认识,加强妇女儿童中心阵地建设。另一方面,要继续通过人大代表议案、政协委员提案等形式多方呼吁,根据《中央专项彩票公益金支持未成年人校外活动保障和能力提升项目资金管理办法》的文件精神,积极协商争取政策和经费的支持,将妇女儿童活动中心列入省福利彩票公益资金的支持范围,用于妇女儿童中心的基础建设和活动开展。

2. 加强指导,做好妇女儿童中心建设的顶层设计

在各地妇联的努力下,浙江省各级活动中心的建设正处在快速发展中,但与北京、上海、深圳等地相比,还存在一定的差距。根据2018年浙江省妇女儿童活动中心的调查,截至2018年10月,浙江省11个市、89个县(市、区),实际运营的妇女儿童活动中心有40个(宁波有2个),其中市级8个,县(市、区)级32个;挂牌的妇女儿童活动中心23个,在建、待建及正装修的妇女儿童活动中心13个,另外尚有25个地区无妇女儿童活动中心。已运营的40个中心,其中全额拨款事业单位25个,差额拨款事业单位9个,自收自支2个,合署办公1个,机构未申请下来的3个。另在建、待建、正装修的妇女儿童中

心中,已成立机构的2个,其中全额拨款单位2个。

基层妇女儿童活动中心希望上级部门出台相关的建设管理指导意见,如活动中心阵地的建设规模、服务内容、人员队伍等,以便基层妇女儿童活动中心参照和推进。根据调研情况看,上海、广东等多个妇女儿童中心表示,在当前群团改革和事业单位改革的过程中,对单位性质、发展道路等重大变革问题,需要上级主管单位妇联组织的指导和顶层设计。2017年,在省委、省政府和省妇联领导的重视和支持下,成立了全额拨款的公益一类事业单位——浙江省妇女儿童服务中心。各级妇女儿童活动中心作为妇联的服务窗口,在服务妇女、儿童、家庭方面发挥了非常重要的作用。因此,新形势下妇联要加强对全省妇女儿童活动中心建设的指导和顶层设计,定期研究活动中心的建设和发展,适时出台相关指导意见。同时,要积极搭建各地妇女儿童活动中心交流学习的平台,开展各种形式的理论研讨、学术报告、交流合作、业务培训、人才培养等工作,发挥自我管理、抱团发展的优势,项目联动、取长补短,促进各地妇女儿童活动中心共同发展。

3. 规范管理,提升妇女儿童中心活力。妇女儿童活动中心的工作是妇联工作的重要组成部分,作为妇联系统的活动阵地和实体,妇联要充分利用中心公益平台实现联系和服务广大妇女的根本任务。特别是面对当前妇女儿童、家庭服务的需求及妇联服务方式的新变化,各级妇联要指导妇女儿童活动中心突出公益性、服务性职能的目标,把妇联机关为妇女儿童、家庭提供的直接服务和具体事务交由活动中心承接,通过项目购买、服务下沉等途径,真正发挥服务妇女儿童阵地的作用。同时,要指导监督妇女儿童活动中心加强内部管理,建立规范项目管理、财务审计、队伍建设等制度,使妇女儿童中心更具活力。

(二)浙江省妇女儿童服务中心要加强自身建设,提升服务水平

浙江省妇女儿童服务中心是浙江省妇女儿童事业发展的标志性窗口,对全省的妇女儿童事业发展起着重要的促进作用。为此,浙江省妇女儿童服务中心要认真贯彻落实省十四次妇代会精神,根据浙江省今后五年妇女工作"构建六大通道、实施八大行动"的要求,不断创新工作理念,借鉴外省妇女儿童中心的先进经验,充分发挥自身优势,探索具有浙江特色的妇女儿

童服务中心发展模式。服务中心将认真谋划,做好服务中心大楼整修项目的功能布局、整体设计、可行性研究报告编制等工作,根据"十三五"妇女儿童发展规划的建设要求,持续发力,从打造妇女儿童的公益空间、搭建阵地建设的交流空间、升级女性组织的众创空间和优化网络媒体的传播空间四个发展目标出发,高质量完成大楼整修工作,努力将中心建设成浙江省妇女儿童的"乐园"和"家园"。

1. 助力构建"维权服务"和"成长成才"通道,打造妇女儿童的公益空间

精准服务,打造公益品牌项目。如何满足妇女儿童多元化的社会服务需求,开展精准化的公益服务项目,建设有影响力的公益服务品牌,是新形势下妇女儿童中心面临的新课题。坚持服务大局与服务妇女相统一,坚持推动妇女发展与促进经济社会发展相协调相融合,从实际出发,根据不同的服务对象,专精专强,提升服务水平,在全省打造深受妇女儿童欢迎的特色品牌项目,打造浙江省妇女儿童公益空间金名片。精准服务,紧紧围绕富民强省十大行动计划和乡村振兴战略,发动妇女,积极作为,为再就业妇女、贫困妇女、女大学生等提供技能培训、信息服务、就业援助、创业指导、基地实践等帮助;重点关注和服务女性困难群体,推动老年失能妇女、残疾妇女、农村留守妇女儿童、情感受挫妇女等关爱服务体系建设,切实帮助妇女群众改善生活、强志增智,共享改革发展成果。

需求导向,深入基层走访调研。中心公益服务项目应以妇女儿童的实际需求为导向,要坚持深入基层进行调研学习,把工作重心放在基层,加强分类指导,持续开展大学习、大调研、大抓落实行动,走基层、访妇情,切实把妇情民意掌握摸透,深入了解妇女群众发展的现状和亟须解决的困难,并对调研情况进行整理归纳、分析研究,按照"妇女所急、党政所需、中心所能"的工作定位,因地制宜,为妇女儿童和家庭提供多元化、专业化的公共服务产品,做实做细做好妇女所急所盼的事,把妇女联系得更紧更多,把服务工作做得更深更实,进一步构建可信赖可依靠的"妇女之家"通道。

2. 助力构建"妇女之家"和"家庭建设"通道,搭建阵地建设的交流空间

联动共赢,搭建交流互动平台。浙江省妇女儿童服务中心发展相比其他阵地建设起步较晚,在社会上的认可度和影响力还不强。省妇女儿童服务中心作为省妇联的直属单位,要积极发挥引领作用,搭建平台,整合资源,

以妇女儿童需求为纽带,联合联动市、县活动中心开展公益活动,各市、县活动中心也可项目联动,加强妇女儿童活动阵地建设,提高妇女儿童中心在妇女群众中的影响力。例如,2018年由省妇女儿童服务中心主办、全省7个市的妇女儿童活动中心承办的"大手牵小手 最美家风伴成长"亲子朗诵大赛活动非常成功,切实发挥了各级妇女儿童活动中心的优势和作用;坚持以教育活动为载体,引导孩子发现家庭和生活中的最美,让孩子们学会感恩、学会分享,发扬中华民族传统家庭美德,传播良好家风,分享正能量,获得了一致好评。省妇女儿童服务中心要面向全省,积极搭建地市活动中心交流互动平台,信息共享,倾听基层妇女组织和妇女群众的呼声,根据妇女儿童的实际需求适时推出联动的服务项目,整合资源,通过活动辐射、活动联动、项目合作等方式,总结推介各地精品项目,实现省地市中心共赢发展。在征集公益服务项目时,可签署三方协议,采用由省妇女儿童中心主办、市或县(区)妇女儿童中心承办、当地妇联监管或者省妇女儿童中心主办、社会组织承接、当地妇女儿童中心监管两种模式。目前已经在金华和温州的两个服务项目中进行了探索性尝试。

对外交流,吸取经验更新理念。我们正处于一个快速发展的时代,应当以更开放的胸襟和更开阔的视野,加强对外工作交流与合作,继续向外省妇女儿童活动中心和其他群团组织学习借鉴在阵地建设、组织架构、功能布局和运营管理等方面的先进经验和做法,开拓工作思路、创新工作方式,提升中心的服务能力和服务水平,推进浙江省妇女儿童事业不断进步发展。

3. 积极打造"创新妇联"和"开放妇联",升级女性组织的众创空间

资源整合,借助社会力量发力。从实地调研情况看,与外省其他妇女儿童中心相比,浙江省妇女儿童服务中心人员编制少、单位职能全、工作任务重,通过自主运营的模式开展各项公益活动和服务难度较大。加之改革全面深化和社会转型加快,妇女群体的思想观念、生活方式和发展需求越来越多元化,发挥女性社会组织、借助专业社会力量参与社会治理实践,是新形势下参与社会治理创新的现实需要。作为省级妇女儿童中心,必须起好示范引领作用,善于整合社会资源,开展妇女儿童的公益服务项目征集,通过项目化运作,进一步延伸工作触角,扩大工作覆盖面,借助女性社会组织专业力量为我省广大妇女儿童和家庭提供更精准、更专业的综合性服务。这

既能充分利用女性社会组织的平台和资源,借力扩大妇联组织和妇女儿童中心的服务面和影响力,又能通过项目支持等方式加强对女性社会组织的联系指导,提升女性社会组织的服务能力和规范化管理水平。

以点带面,培育妇联工作新力量。女性社会组织的培育和联络是省妇女儿童服务中心的重要职能之一,为此,省妇女儿童服务中心拟建设"浙益兰"女性社会组织服务平台,借助互联网思维和大数据视野,通过枢纽型女性社会组织异地云孵化、建立全省女性社会组织联盟和公益服务项目电子申报管理系统三个方面举措真正实现延长妇联工作手臂、创新妇联服务路径。枢纽型女性社会组织异地云孵化的定位是成为省妇联女性社会组织"孵化器的孵化器",将根据各市地的具体情况制定定制化孵化方案,通过线上课程、实地督导、集中培训等方式帮助各市地妇联组织孵化枢纽型(支持型)女性社会组织,培养一批致力于推动省女性社会组织建设发展的女性公益人才和优秀女性社会组织领头人;建立全省女性社会组织联盟,实现女性社会组织规范化管理。通过制度建设、培训辅导、项目支持等方式对全省女性社会组织进行增能和规范化管理。入盟的女性社会组织可享受"浙益兰"平台提供的免费增能培训名额、专业的督导服务,在项目申报的过程中优先考虑。同时,入盟的女性社会组织承担相应的公益服务义务,例如为当地妇联组织和妇女儿童家庭提供相应的公益服务等。公益服务项目电子申报管理系统则是落实打造"智慧妇联"的具体举措,通过网页实现机构资质审核、项目申报、项目管理、在线增能等功能,建立大数据库,帮助各级妇联组织掌握省内女性社会组织基本情况,盘活女性社会组织资源。建设"浙益兰"平台是妇联系统的创新举措,在全国也尚属先例,具有可推广性、可复制性。这不仅贯彻落实了习近平总书记对浙江提出的"更进一步、更快一步"要求,也秉持了"干在实处永无止境,走在前列要谋新篇,勇立潮头方显担当"浙江精神。

4. 积极打造"智慧妇联"和"奋进妇联",提升网络媒体的传播空间

以浙江省妇联"两微""一网""一端"为平台,紧紧围绕省妇联工作重心,紧贴服务中心工作主题,努力在宣传习近平总书记指示精神和省第十四次妇女代表大会精神上下功夫,在传播网络正能量,助推浙江妇女发展上下功夫,在"打通线上线下""服务一张网"上下功夫。创新运营模式和表达手法,

一方面,狠抓内容建设,以弘扬主旋律又贴近女性特点、具有网络新元素的内容吸引关注,以不断结合工作主题、结合社会关心的话题来持续引领广大妇女。另一方面,努力抓社团运营,建立和维系浙江女性微信公众号,关注"铁粉"社团,创造微博话题,热络网站和客服端服务平台,不断推送有意义、有一定趣味性的内容,释放好声音与激励参与性相结合,引导关注度与长效互动性相补充。启动新媒体WCI提升工程,做大浙江女性点赞群,着力提升网络新媒体的影响力,扩大覆盖面,快速增加有效粉丝,明显推高阅读量,在点赞和跟帖上有突破。努力打造凝聚妇女、服务妇女、引领妇女的省级新媒体主流网络平台,不断打造全国妇联系统有影响力的新媒体平台。

"互联网＋妇女思想政治引领"的杭州探索

杭州市妇联宣传部

摘　要:杭州市妇联运用互联网思维积极探索加强妇女思想政治引领的有效形式,通过拓展网上阵地、网聚巾帼力量、打造智慧妇联、构建大宣传格局四个方面的具体行动,动员引领全市妇女争做高素质女性、助推高质量发展、共创高品质生活、推动高水平治理,为打造新时代妇女思想政治引领体系贡献杭州方案。

关键词:互联网＋;妇女思想政治引领;杭州探索

近年来,杭州市妇联深入学习贯彻习近平新时代中国特色社会主义思想和党的十九大精神,深入贯彻落实党的群团工作会议和中国妇女十二大精神,努力将思想政治引领贯穿到妇联工作全过程各方面,积极探索用互联网手段开展思想政治引领工作。

一、运用互联网思维,拓展网上阵地

杭州市妇联充分发挥"互联网之都"优势,创新运用互联网思维开展妇女工作,主动抢占网上妇女工作阵地,努力使互联网这个最大变量成为杭州妇女事业发展的最大增量。

（一）成立杭州女性融媒体联盟，扩大网络朋友圈

2019年5月23日，杭州市妇联成立了"杭州女性融媒体联盟"，发布了首个《女性融媒体联盟公约》和《杭州女性融媒体联盟宣言》，首批吸纳了《芈月传》《燕云台》的作者、浙江省网络作家协会副主席蒋胜男，全国三八红旗手、阿优文化总裁李小方等互联网领域"大咖"，"年糕妈妈""老爸评测""力优妈妈圈"等知名公众号，@文艺泽、@法语薇言等知名博主、时评人，杭州网、杭州移动电视等知名本地网络媒体及"西子女性"新媒体矩阵共计30家单位，联盟成员累计覆盖用户8000余万名。联盟根据共建共享、融合发展的理念，通过轮值制度、联动制度、培训制度等机制，吸引凝聚一批以妇女、家庭为主要受众对象和服务领域，有较强传播力、引导力、影响力和公信力，并有高度社会责任感和正能量的媒体组织和人士，打造泛女性媒体的成长基地、互动平台和发声渠道，构建网上凝聚、引领、服务妇女的重要阵地，进一步扩大妇联组织的网上"朋友圈"，传播先进性别文化，传递网上正能量，彰显女性力量，弘扬社会主义核心价值观，共建、共治、共享清朗网络空间，助力杭州打造"全国数字经济第一城"。

（二）建立中国网络作家村妇联，凝聚网络新群体

2019年2月27日，"中国网络作家村"成立全国首个互联网作家领域妇联，并首次采用远程网络投票选举的方式产生第一届妇联执委班子。知名网络女作家"疯丢子"当选为"村妇联主席"。"作家村妇联"的成立，填补了我国在互联网作家领域妇联组织的空白。目前，"中国网络作家村"已签约的全国各地100多位网络作家中，女性有近40人，占比达1/3以上，包括知名网络女作家蒋胜男、祝敏琦（疯丢子）、艾晶晶（匪我思存）等。针对网络女作家分散在全国各地写作的特点，更多采用互联网手段探索开展凝聚和服务妇女的工作。如围绕女作家健康关爱、知识产权保护、写作素材搜集、婚姻家庭、法律维权等需求，制定"服务清单"，对女作家开展线上线下"一站式"服务。发挥妇联优势，通过婚姻家庭案例剖析、组织实地采风体验生活等线下活动，为女作家提供更多丰富的写作素材；联合杭州互联网法院打击网络盗版，加大对网络女作家的知识产权保护力度；通过西子女性新媒体矩阵宣传

网络女作家优秀作品,帮助扩大优秀女作家、正能量作品的读者群和影响力;动员女作家们用"网言网语"记录"杭州妇运史",助力杭州"文化兴盛"行动;搭建优秀网络女作家与杭州女性的交流平台,发挥网络女作家的网络影响力,引导更多女性"争做巾帼好网民"、弘扬网上正能量,提高杭州女性的网络文明素养、文艺鉴赏水平,打响"女性网络文化"品牌等。

(三)打造西子女性新媒体矩阵,唱响网络好声音

着力加强"西子女性"新媒体平台建设,把新媒体作为开展新时代妇女工作的重要手段、重要阵地、重要平台。西子女性"一网两微三号"(即"西子女性"官方网站、官方微博、微信公众号、今日头条号、百家号、抖音政务号)全面开通,截至目前,西子女性微信公众号粉丝近16万,2018年微信总阅读量255万,微博总阅读量195万,网站阅读量约10万,西子女性新媒体传播力居全国妇联系统地市级排行榜前列。为进一步加强"西子女性"新媒体工作品牌建设,市妇联联合杭州网开展了"寻找西子姐姐"系列活动,通过"西子姐姐"卡通形象及表情包设计大赛、我为"西子姐姐"代言"抖音秀"、助力"西子姐姐"上热搜等活动,推出"西子姐姐"卡通形象周边宣传品和系列表情包,进一步提升"西子女性"的品牌形象和社会影响力。建立西子女性新媒体矩阵,覆盖各区、县(市)及市妇女活动中心、市实验幼儿园新媒体矩阵联动宣传,12260余个QQ群、微信群打通与妇女群众联系的"最后一公里",直接联系覆盖妇女群众290万。市妇女活动中心通过"杭州女人家"服务号开通健身、艺术团等公益活动的线上报名通道,围绕女性创业、健康、维权、育儿等主题自制"女人家圆桌会"系列节目,平均每月推出一期节目;提供"专家一对一"等线上服务,一对一在线私密聊天模式让广大女性可随时咨询法律、心理等相关领域专家,获得专业意见建议,目前已有40余名专家入驻。

二、突出全方位引领,网聚巾帼力量

杭州市妇联紧紧围绕群团改革提出的"增三性"要求,以宣传贯彻党的十九大精神为主线,抓住改革开放40周年及新中国成立70周年等契机,广

泛凝聚共识,网聚巾帼力量,旗帜鲜明引导全市妇女坚定不移听党话跟党走。

(一)强化思想引领

市妇联始终把学习宣传贯彻习近平新时代中国特色社会主义思想作为首要政治任务。2018年全市各级妇联组织开展党的十九大精神"百千万巾帼大宣讲"活动8478场(次),覆盖48.71万人次。在全省率先举行中国妇女十二大精神宣讲会,采用互联网视频直播方式把会议开到最基层,在线收听收看达10万人次。2019年"三八节"期间,省市妇联联合举办纪念活动,围绕"巾帼心向党·建功新时代"主题,用"芳华七十年""锦绣半边天""绽放新时代"三个篇章,全方位展现70年来浙江和杭州各界妇女的奋斗历程和时代风采。活动在浙江女性网、西子女性等网络平台播出,累计观看9.27万人次。互联网视频直播已成为杭州妇女工作的常态手段,社会参与感强、反响热烈。另外,积极推进千鹤妇女红色教育阵地建设。1955年,毛泽东同志在建德市妇联主任胡采薇同志撰写的调研报告做了批示,并亲自把这篇文章的标题改为《发动妇女投入生产,解决了劳动力不足的困难》,首次明确提到"中国妇女是一项伟大的人力资源",这是毛泽东"妇女能顶半边天"思想的重要来源。2019年"三八"期间,浙江省委常委、杭州市委书记周江勇和市委副书记张仲灿实地调研千鹤妇女纪念馆,就弘扬新时代千鹤妇女精神、助推美丽城镇建设做出重要批示。目前,千鹤村正按照"一馆多点一中心"的布局,打造集"半边天"文化体验、妇女教育培训、乡村旅游于一体的红色教育基地。

(二)强化典型引领

杭州市妇联大力培育和选树各行各业妇女先进典型,用优秀人物和团队的先进事迹鼓舞人、感召人、教育人。积极组织开展"三八红旗手"系列评比表彰活动。推荐杭州市公安局江干区分局出入境管理大队为2018年度"全国三八红旗集体",杭州阿优文化创意有限公司总裁李小方为2018年度"全国三八红旗手"。推荐网易(杭州)网络有限公司集团副总裁陶剑琴等13人为"浙江省三八红旗手",余杭区阿里巴巴集团客户体验事业群等5个单位为"浙江省三八红旗集体"。同时两年一次开展"杭州市三八红旗手"(标兵、集体)的选树表彰活动。每年开展"寻找杭城她力量"主题活动,2018年在全市广泛寻找"最美女性""最美家庭""最美事业"各20强,累计263万人次参与网络推荐和投票,媒体宣传报道近60次。开展"改革开放40周年"寻找魅力女杭商等活动,挖掘、宣传女性创业创新优秀典型。在数字经济、人工智能、文化创意等重点领域选树一批优秀女性领军群体,通过开展巾帼先进模范事迹巡讲、"lady Talk"主题论坛等活动,讲好新时代杭州"最美女性"故事,助力"文化兴盛"行动。

(三)强化文化引领

2019年"三八"期间,在杭州市民中心举办首届"与她有关"(About Her)中国(杭州)关爱女性主题文化展,用"她之变""她之美""她之泪""爱护她"四个展览板块,呼吁全社会关爱女性,吸引了5000余人次参观。首创讴歌杭州女性时代精神的《巾帼赞歌》歌曲及MV、《一带一路她力量》短视频,拍摄反映杭州妇女事业发展的《厉害了,我的姐妹》《她力量,在路上》等微电影,拍摄系列普法微剧,编印《家风女雅时颂》画册笔记本,开发多种形式的H5产品和短视频等。推出"百场女性健康公益讲座"进社区"文化家园"、农村"文化礼堂",开展西子女性大讲堂、西子女性艺术节主题活动,丰富妇女精神文化生活。举办杭州市第二届女性艺术节、"伊创节"展示活动、"韶华·芳音"西子女声合唱团音乐会暨社团书画展、"努力奔跑 追梦亚运"健身嘉年华等,为杭城妇女送上精神文化大餐。做好全国妇联首批"精彩人生——女性终身学习计划"试点城市有关工作,现有注册学员1.4万人,建立了责任落实机制、信息沟通机制、工作服务机制三项长效机制,以线下助推、线上发展的模式吸引更多女性加入,提升女性素质,助力女性成长,让女性的知性优雅、文明有礼成为杭州这座历史文化名城、创新活力之城的"标配"和"软实力"。

三、依托大数据平台,打造智慧妇联

杭州市妇联牢牢抓住杭州市打造"全国数字经济第一城"、建设"城市大脑"的契机,做足"互联网＋"文章,依托大数据平台,把组织动员妇女、教育引导妇女、联系服务妇女的各项工作有机融入新媒体平台,把妇联的活动品牌、服务项目、工作资源广泛链接到新媒体平台,着力打造智慧妇联。

(一)将反家暴和家事调解纳入"城市大脑"

杭州"城市大脑"是杭州市政府和阿里巴巴集团等共同推出的综合性项目,如同为城市安装一个人工智能中枢,用大数据帮助城市思考、决策,将杭州打造成自我调节、与人类良性互动的城市。市妇联抓住"城市大脑"建设的契机,自2017年起着手建设杭州市反家暴大数据平台,用互联网技术对全市家暴警情进行监测、分析、研判,为市委市政府决策提供参考依据。2018年在全国首创"e家和"反家暴在线服务平台,与公安、法院、卫生健康、民政等单位联动,为家暴受害人提供手机即时锁定证据、一键报警拨打110、申请人身保护等在线服务,同时还向受害人提供心理咨询、法律咨询、评估、调解、诉讼等专业服务。市妇联还针对妇联干部和妇女群众的法律及维权学习需求,开发"e起学"微学院,提升妇联工作者的专业素养和服务水平。目前"e家和"反家暴在线服务网、"e起学"家事调解培训微学院、家事智慧治理网均入选杭州"城市大脑"基层社会治理应用项目。通过互联网应用,将矛盾纠纷和不稳定因素消除在家庭这个最小单元内,努力打造全国领先的"平安家庭"工作品牌,助力全国市域社会治理标杆城市和平安中国示范城市创建。

(二)深化女性创业创新网络服务

针对女性创业创新需求,在西子女性网站建立伊创商城,把女性创业成果以扁平化、透明化的形式进行展示展销,并成立女创客的网上虚拟联谊组织——伊创联盟,实现对女创客的实体孵化和虚拟孵化。市妇联连续4年举行线上伊创节,为女创客提供产品展销、公益宣传等服务。开展寻找杭城"最美民宿女主人、最美返乡女创客、最美创业带头人"系列活动,通过网络发动、社会动员,寻找具有代表性、影响力、示范引领作用的优秀女性,成立民宿女主人联盟,打造一批"网红"民宿,助力乡村振兴。

（三）运用互联网实施精准扶贫

杭州市妇联主动参与东西部扶贫协作,发挥杭州互联网销售优势、文创产业优势、时尚产业优势,与黔东南州妇联、网易严选签订"一枝独绣"三方战略合作协议,帮助黔东南妇女"苗绣"作品更好地与市场接轨,用线上线下订单帮助妇女在家门口脱贫,扩大黔东南州特色产业影响力、打造城市名片、打开手工产品销路、增加绣娘收入。会同"网易严选"开展两期"美好盒子"公益活动,用户在"网易严选"上用99元购买一个"美好盒子",就能获得一份超过99元价值的礼物,而用户的爱心以物资等形式全部送至黔东南的绣娘和孩子手里,以"美好交换美好"的方式开展有尊严的扶贫,帮助绣娘和孩子实现"对美好生活的向往";通过网上公益拍卖方式,对黔东南绣娘手工订单进行网络销售,为传统"苗绣"插上互联网翅膀,助力黔东南贫困妇女脱贫致富。

四、构建大宣传格局,提升引领实效

杭州市妇联以健全宣传和意识形态工作机制以及加强宣传队伍建设为着力点,不断加强妇联系统网络及新媒体工作的统管统筹、联系联动、互动互进,通过构建大宣传工作格局,打造高素质队伍,提升思想政治引领的实效。

（一）健全领导协调机制

完善《关于贯彻落实〈党委(党组)意识形态工作责任制实施细则〉的意见》,强化领导统筹,落实工作责任。调整市妇联新媒体工作领导小组,明确由主席任组长,分管副主席任副组长,各区、县(市)妇联主席、直属妇工委主任以及市妇联机关各部室、直属单位主要负责人为成员。下设办公室,由市妇联宣传部和市妇女活动中心信息部负责日常事务,强化对新媒体工作的领导与协调。

(二)规范管理运行机制

制订和完善了《杭州市妇联网络宣传与信息报送管理暂行办法》《杭州市西子女性新媒体平台宣传推广工作通知》《杭州市妇联"西子女性"新媒体管理内部暂行办法》等相关制度,保障任务明确、分工明晰、职责到人、流程可依。同时,建立微信公众号矩阵影响力排序机制,每周公布区县(市)妇联、直属妇工委NRI传播指数排名,每月通报录用的微信传播指数,推动市和区两级微信良性发展的工作态势。

(三)建立工作联动机制

建立宣传通报机制,每月统计发布市妇联各部室、下属单位和区县(市)妇联、直属妇工委新闻宣传报道和信息报送录用情况。建立宣传预报机制,每月月底向市妇联每个部室、下属单位和区县(市)妇联、直属妇工委征集下月宣传重点,并向媒体通报,吸引媒体提前介入策划,提升宣传实效。健全媒体联动机制,建立媒体跑线记者QQ群和微信群,每年召开媒体恳谈会,通报上一年度妇联工作情况和下一年度工作计划,征求媒体意见建议。

(四)探索舆情处置机制

建立市妇联舆情月报机制,每月统计基层妇女舆情信息上报网信部门。建立市妇联舆情研判机制,建立快速反应的报告制度,各有关部室、直属单位在舆情发生的第一时间,要向业务分管领导、宣传分管领导报告情况,如有重大舆情要第一时间向主要领导汇报。建立分工协同的舆情研判处置工作组,宣传部门和业务部门联合分析、联动处置舆情。

(五)完善队伍联动机制

强化妇联系统网评员、网宣员及网管员队伍建设,截至目前,全市妇联系统已组建一支由144名网评员、2329名网宣员及各级妇联网络新媒体工作者为构成主体的网管员队伍。组建志愿者队伍,建立一支有法律、心理学、教育学等相关背景的148名专业人员组成的志愿者队伍,提供线上咨询、预约、互动等服务。建立杭州市妇联新媒体智库,成立由13名专家组成的妇联新媒体智库,聚焦杭州妇女的思想状况、生活方式和家庭生活,开展研究研讨、舆情研判和网评网宣工作,为杭州妇联工作和妇女事业的发展提供"最强大脑"。

根据上级妇联的要求,进一步发挥杭州"头雁"效应,积极探索妇女思想政治引领的有效形式,完善深入网上思想政治引领工作的"杭州探索",动员引领全市妇女争做高素质女性、助推高质量发展、共创高品质生活、推动高水平治理,为打造新时代妇女思想政治引领体系贡献杭州方案。

美丽乡村建设的经验与启示
——以玉环为例

王海婷*

摘　要: 玉环市妇联以围绕"湾区追梦·美好生活巾帼示范带"建设为契机,从顺应需要、示范引领、扩量提质等方面开展了卓有成效的工作,培育和创新了服务妇女的长效机制载体,满足了妇女群众的所需所求,实现了广大妇女对美好生活的向往,为乡村振兴中的巾帼行动增光添彩。

关键词: 乡村振兴;美好生活;巾帼示范带;长效机制

近年来,玉环市妇联全面启动"乡村振兴巾帼行动",以美丽乡村为纸,以巾帼力量为笔,团结引领全市妇女干部群众投入"湾区追梦·美好生活巾帼示范带"建设,精心绘就新时代乡村振兴全新画卷。培育巾帼创业示范基地21家,星级民宿12家,美好生活实践基地6家,美丽巾帼课堂30多个,美丽亲子诵读馆25家等共10多个"美"字号系列,成功培育各类美好生活巾帼示范带5条。其中,"巾帼心向党·礼赞新中国"快闪,"柚一家·阅声书房",楚门天宜社会工作服务社,全省首支海上女子巡防队成立等做法被央视《新闻联播》《新闻调查》栏目、《中国妇女报》、浙江新闻等媒体报道,得到省妇联、台州市妇联领导的肯定和广大妇女群众普遍点赞。

---

* 王海婷,玉环市妇联党组书记、主席,研究方向为妇女工作。

一、顺应三个需要,在问题倒逼中 寻找"破题之钥"

近年来,玉环的综合实力持续增强,创业创新环境不断优化,湾区建设不断推进,基层妇联工作的新挑战也接踵而来:妇女对美好生活的向往如何引领? 美丽乡村建设向何处发力? 新时代家庭建设综合平台在基层如何落地? 面对这些"新答卷",玉环市妇联增强问题意识,勇于开拓创新,及时顺应"三个需要"。

一是顺应形势任务,画好同心圆的需要。2019年是新中国成立70周年,是全面贯彻落实中国妇女十二大和省第十四次妇代会精神之年,也是基层妇联改革再出发的关键之年。目前,全省上下正在深入开展"不忘初心、牢记使命"主题教育活动。党有号召,妇联就有行动。为了团结引领最广大、最普通的妇女听党话、跟党走,更好地与党委同心,与政府同向,与妇联同行,我们急需探索一个纲举目张、向上向善的总抓手,需要一方示范带动、以点带面的好平台。

二是顺应妇联改革,找准发力点的需要。妇女群众在哪里,妇联组织就建到哪里,妇联工作就做到哪里。新时期,妇女的思想观念、价值取向、利益诉求、生活方式日益多元化、动态化、复杂化。坚持向下看、往下走是角色转换所在,坚持向基层发力、向家庭发力、向网络发力是工作转型所迫。如何更加精准地对接发展所需、基层所盼、民心所向;如何以立体化、多层面的组织体系,把妇联改革融入推动玉环经济社会发展的大局中,将妇联改革成果惠及最基层妇女群众,将联系服务妇女群众的工作生命线落到千家万户,是基层妇联组织改革的重要课题。

三是顺应妇女需求,满足新向往的需要。习近平总书记强调:"在中国人民追求美好生活的过程中,每一位妇女都有人生出彩和梦想成真的机会。"新时代,广大女性爱美知美的自觉需求油然不可抑,求美成美的激情沛然不可止。她们用勤学笃思来"妆"美颜值,用心灵手巧来"扮"美家庭,用精湛厨艺来"炒"美生活……对美好生活的向往从来没有像今天这样真切。"一花独放不是春,百花齐放春满园"。这就需要我们及时顺应广大妇女群众的新期待,努力满足妇女的新追求。

二、抓住三个环节,在引领示范中挥洒"答题之笔"

"湾区追梦·巾帼美好生活示范带"建设,是顺应广大妇女群众的民心工程,也是一个系统的育人工程。它的"落小、落细、落实"需要强大的服务力、吸引力、执行力,它的作用发挥需要坚实的阵地基础、强劲的成员细胞和灵活的机制保障。

(一)抓布局促拓展,在提升服务力上下功夫

一是立足实际,有一个科学有效的工作方案。玉环市妇联成立了"湾区追梦·巾帼美好生活示范带"工作领导小组,组建由市镇妇联、相关职能部门、各类巾帼组织、志愿者分支机构构成的工作网格,制定稳步推进、切实可行的工作方案,落实条块清晰、责任明确的工作任务,确保示范带建设工作项目化、项目科学化,操作规范、有章可循。

二是因地制宜,有一个功能合理的区块布局。通过前期细致深入的调研摸底,并综合衡量各乡镇的地理位置、资源优势,玉环市妇联倾力打造"一镇一带、一带一品"的5条巾帼美好生活示范带,分别是:以玉城街道为中心,新时代巾帼文明实践和女性素养提升为主题,打造文明实践示范带;以坎门街道为中心,红色基因和渔海文化传承为主题,打造海韵渔情文化示范带;以楚门镇为中心,家庭工作和社会组织为主题,打造社工"管"家示范带;以清港镇为中心,文化创意和美丽庭院为主题,打造柚乡文创示范带;以沙门镇为中心,园区妇建和两岸交流为主题,打造跨界关爱示范带。

三是各呈特色,有一批门类齐全的示范基地。以"一主题一基地多点位"为原则,开展示范点建设,实现"一点一特色"。在每条示范带建设中,将基础设施完善、工作特色鲜明、辐射带动性强的阵地作为重点,集中力量打造吾悦广场、玉环书城、玉环一萍渔民画衍生品牌、文化花开创意产业园、跨

界自造融创园、天宜社会工作服务社6个美好生活实践基地。同时以6个美好生活基地为核心，整合妇女之家、三八红旗手工作室、执委工作室、巾帼文明岗、经典诵读馆、美丽庭院、巾帼文明实践中心、家庭工作综合平台、女子民兵哨所等37个示范点资源，以丰富阵地资源夯实示范带建设基础。

（二）抓培育促养成，在提升凝聚力上下功夫

一是美丽达人自主建。近年来，玉环市妇联充分激发广大妇女群众的自主性、积极性、创造性，大力挖掘、培育、整合了一个多元性、有特长、有热情的乡村振兴"巾帼达人库"，包括美丽庭院女主人、美食巧女、美宿女主人、美丽微课堂讲师、巾帼志愿者、"微家"召集人等，她们活跃在各个领域和行业，积极为乡村振兴提供巾帼力量。如建立"贪吃妈妈""巧手妈妈""围裙妈妈"微创业人才库，包括善于各种美食制作的"贪吃妈妈"98人，拥有手艺技艺特长的"巧手妈妈"75人，有意愿从事家政服务的"围裙妈妈"182人。建立美丽庭院女主人和美宿女主人资源库，现有成员6000余人。

二是美丽导师指导建。为发挥示范带建设的示范作用和复制性效应，我们采取"一带一队，一队多员"的模式加强指导。全力组建"示范带建设指导员"，精选美丽导师，由相关部门分管领导和责任科室、志愿服务项目执行官、妇联兼职副主席、妇女代表、高校师生等组成，目前共有导师团成员200余人。开展美丽业务培训，启动"美丽A计划"六步法：方案制定、资源对接、项目策划、活动指导、现场培育和后续帮扶。如在美丽庭院建设中，引进宁波大学潘天寿艺术设计学院家园系的师生，具体指导5个乡镇8个类型的庭院开展方向性设计布局；在美丽亲子教育点建设中，与北京德慧智文化传播公司合作，培育一线国学家庭教育师50多名，派送到全市25家亲子活动馆，覆盖2000多个家庭。

三是美丽伙伴统筹建。玉环市妇联充分发挥牵头抓总的作用，与组织、宣传、农业农村、旅游、民政、传媒中心等部门以及各乡镇（街道）通力协作，充分整合各单位资源优势，集结"妇"力量、培育"美"风景，巧借势、善借力、敢借智，通过"文件联发、措施联定、活动联办、资源联享、力量联合"五联形式，形成齐抓共管、多管齐下的可喜局面。如在巾帼文明实践示范带建设中，联合玉环书城建立"柚一家·阅声书房"工作室，由省三八红旗手、玉环市

妇联兼职副主席张爱芬领衔,组织9家联盟单位开展"柚一家·大咖分享"、家长沙龙、安全教育、乡土文化等系列活动,并制作成"阅声书房"栏目全媒体推广,目前已经开展活动近20期。美丽微课堂相继推出传统文化、健康养生、亲子教育、法律知识系列课程等各类微课800多节,线下活动120场次,吸引粉丝2万余人次。

(三)抓机制促长效,在提升执行力上下功夫

一是完善活动长效机制。阵地建设是基础,作用发挥是关键。做好"庭院 + 民宿"文章,以民宿建设带动"美丽庭院"创建,以庭院风格衬托民宿风格,实现产业、家庭、环境三者的美丽提升。如在美丽民宿建设中,依托玉环自然生态风光、特色农业基地、美丽庭院资源,以培育"宜居宜游宜乐、养生养心养身"的精美民宿、农家乐为目标,以民宿型农家乐特色村为发展重点,与农办、旅游等单位加强合作,全面提升农家乐、民宿发展水平,累计开展民宿培训15场次,覆盖民宿、农家乐女主人500多人次。做好"民宿 + 美食"文章,打造"有颜值的民宿、有温度的美食、有情怀的体验",形成内在美与外在美互相促进、并驾齐驱的美丽图景。以"巾帼创益铺"为蓝本,结合"创益妈妈的味道""创益市集"等活动,打造了一批靠得住、叫得响、用得好的美好生活巾帼示范点;做好"美好生活馆 + 文化传承创新"文章,依托乡村振兴巾帼课堂实践基地、巾帼创业示范基地、美丽民宿等为基础,打造集培训、展示、体验、休闲、分享于一体的综合性功能场所,实现传统文化创意与乡村文化振兴的美丽共赢。2019年3月以来,已在全市6家美好生活馆开展香囊、手工包、手工皂、陶坯制作、印染等各类培训45期,参与妇女3600多人。

二是完善宣传引导机制。"酒香也怕巷子深",示范带的建设,除了通过参与妇女的手手示范、口口相传的"面对面"的带动,也必须借助新媒体"键对键"的扩散,让更多的妇女群众能去、想去、爱去,阵地的生命力才会旺盛。通过树立典型、打造亮点,让宣传更有料;通过微课堂传播,让宣传更快捷;通过培育巾帼网宣员、网评员,让宣传更接地气。如在美食巧女的挖掘、推广方面,玉环市线上线下两手抓。①线上,依托美丽系列微课堂,组建美食达人群,微友在群内推荐玉环美食达人和商家、交流制作经验、分享美食故事;搭建"玉环智惠女性E创业"宣传平台,发布"贪吃妈妈"微信宣传10期;

推出创业"明星妈妈"星发布6期。②线下,举办"贪吃妈妈"美食展示评比活动、"我的乡村我的家"乡村寻味活动5期;开展"贪吃妈妈"美食展示、公益售卖活动20余期,每年助力销售粽子、洋糕、鱼皮馄饨等10多万元;举办"美丽沙龙""美丽体验""美丽技能"等系列培训活动100余期,6000余名妇女参与培训,鼓励和帮扶在美食方面有一技之长的妇女居家创业。

三是完善考核激励机制。为确保"湾区追梦·巾帼美好生活示范带"的常态化开展,玉环市妇联从考核、激励等方面着力,点燃妇女群众"想干事、能成事、做大事"的激情,确保建设落地有声。在美丽庭院建设中,累计争取、投入1000万元用于美丽庭院建设补助,已累计建成美丽庭院6000余户,其中星级庭院1600家。玉环市妇联联合市农业水利局、住建局、旅游局等组成联合督察组,对照指标量化赋分,统筹考虑综合定级,让考核过程公开公平。在对美食巧女、美宿女主人的扶助中,以"妇联+金融"为抓手,整合妇联组织优势和泰隆银行资金优势,提供低息、贴息贷款补助,帮助她们做大做强,预授信达6000万元。同时每年投入150余万元用于女创客创业补助,挖掘美食巧女98人。

三、突出三个转变,在扩量提质中完善"解题之法"

赤橙黄绿青蓝紫,谁持彩练当空舞?引领妇女"心"向党,联系万家"美"成长,服务人生"炫"出彩,是我们不变的初心。玉环市妇联不断总结完善工作经验,精细化培育了"点上出精品、线上有特色、带上亮主题"的美丽风景线,走出一条符合玉环资源特色、彰显玉环妇联特质、满足妇女发展需求的新时代乡村振兴之路。

一是实现从"要我美"向"我要美"的转型。乡村振兴是乡村全面建成小康社会的重要抓手,妇女群众是乡村振兴的享有者、受益者,更是推动者、建设者。玉环市妇联坚持围绕"党委政府所需、妇女群众所急、妇联组织所能"开展"美好生活示范带"建设工作,以家庭建设综合平台为基点,开启主动式提升新模式,全面激发了妇女群众的蓬勃热情和活力,素质养成"内化于心"，助力乡村振兴"外化于行"，让妇女在参与中得到教育，在实践中得到提升，不断增强主体意识，打开广阔的成长成才通道，下好"巾帼添彩·乡村振兴"行动一盘棋。

二是实现从"个人美"向"人人美"的演绎。"湾区追梦·美好生活示范带"建设是玉环市妇联"培美种美达美"的项目总动员。在建设中，妇联组织拓宽了发现美、培育美、宣传美的路径，妇女群众拥有了欣赏美、追求美、实现美的平台。按照"典型引路、示范带动、突出重点、全面推进"的思路，玉环市妇联引"各美其美"为"美人之美"，融"美人之美"为"美美与共"，书写了发现潜在美、引导个体美、催生群体美的"美丽成长记"，点亮星灯，让繁星满空；汇聚溪流，让江河入海，引领、动员妇女群众用美好心灵传递岗位力量，用美雅经典传送文明风范，用美丽庭院扮靓美丽乡村，用美食古味唤醒乡愁记忆，用美丽民宿成就诗意栖居，用美好生活馆承载梦与远方。

三是实现从"点上美"向"面上美"的蝶变。"湾区追梦·美好生活示范带"的建设，坚持系统谋划、综合施策，立足当前、着眼未来，把一个个孤立的美"散点成线、画线拓面"，把一家家自发的美"集束成片、植木成林"；把妇联组织延伸到网格中，把阵地建到妇女家门口，把服务送到巾帼心坎上，实现了"人美、家美、生活美"向"村美、梦美、家国美"的境界升华。为发挥妇女"半边天"在家庭和社会的独特作用，提高妇女参与社会、发展自身的能力创造了有利条件，为支持妇女建功立业、实现人生梦想打造了宽广舞台，持续增强妇联组织的影响力、向心力，不断提高广大妇女群众的认同感、归属感。

参考文献

[1]秦书生,胡楠. 习近平美丽中国建设思想及其重要意义[J]. 东北大学学报(社会科学版),2016,18(6).

[2]杜小三,秦利民,康璇. 乡村振兴战略背景下乐山传统村落的保护与发展[J]. 中共乐山市委党校学报,2019(01).

[3]汤丽丽. 乡村振兴背景下基层政府深化"放管服"改革实践与思考[J]. 农村经济与科技,2018,29(16).

进一步加强新时代妇女工作
的对策与建议

吴贞科*

摘　要：做好基层妇女工作，是妇联组织基础性和长期性的工作任务。萧山区妇联在妇女工作实践中紧紧围绕"增三性"要求，坚持问题导向，从加强对妇女思想引领、拓宽服务妇女覆盖面、提升妇女干部履职能力以及发挥妇女"两个独特"作用等方面开展了卓有成效的探索。

关键词：新时代；妇女工作；创新发展

一、妇女工作的实践与探索

妇联组织是党领导下的群团组织，是党和政府联系妇女群众的桥梁和纽带。2015年7月，习近平总书记在中央党的群团工作会议上强调："工会、共青团、妇联等群团组织一定要坚持解放思想、改革创新、锐意进取、扎实苦干，切实保持和增强党的群团工作和群团组织的政治性、先进性、群众性，组织动员广大人民群众更加紧密地团结在党的周围，把广大人民群众对美好生活的追求汇聚成强大动力，共同谱写实现'两个一百年'奋斗目标、实现中华民族伟大复兴中国梦的新篇章。"中央党的群团工作会议精神为我区妇联工作实践探索指明了方向，提供了遵循。

---

*　吴贞科，杭州市萧山区妇联组宣部部长，研究方向为妇女工作。

（一）以政治引领为龙头，彰显妇联政治属性

1. 聚焦创新组织模式，不断拓展工作覆盖面

依照全国妇联《关于进一步深化改革 夯实基础 更好发挥基层妇联组织作用的意见》中提出的"灵活设置基层妇联组织，填补组织覆盖盲区"的要求，区妇联本着"敞开大门建妇联"工作指导思想，开展了三个组织模式的探索。

一是区域立体化组织模式。按照"纵向到底 横向到边"的工作原则，锁定产业集聚区域，在产业园区、特色小镇等，拓展设置区域立体化组织，探索构建了"小镇（园区）妇联＋楼宇妇联＋企业（社会组织）妇联＋网格（功能）妇女小组"四级联动的立体化组织体系。以信息港小镇妇联组织设置为例，建立小镇妇联1个、小镇内园区妇联2个、小镇内企业妇联3家，建立了由妇女代表、优秀女高管组成的网格妇女小组30余个，以瑜伽、亲子阅读为兴趣的功能妇女小组5个，同时每个网格联系10家企业，打通联系小镇女性的"最后一纳米"。

二是跨域联合化组织模式。在跨区、跨市、跨省，甚至跨国的大型企业集团中，探索实行以总公司为圆心的"跨地域"联合化妇联组织模式。利用网络技术，通过"现场＋视频"的方式召开妇女代表大会，以电子投票的方式进行选举，产生跨区、跨市、跨省的联合执委，打破地域界限，形成了一张联合无边界的组织网络。如国信证券股份有限公司浙江分公司"跨地域"建妇联，选举产生了来自嘉兴、绍兴、宁波等地的25名执委。

三是网格体系化组织模式。以乡镇、街道辖区为单位，设置辖区网格化组织，在把所有村（社区）妇联、党政机关、国企事业单位等纳入妇联组织体系的基础上，以单建、联建的方式，不断把触角延伸到"四新"组织，建立灵活多样的妇联组织，逐步形成"1＋3＋N"的网格体系化妇联组织新形态："1"指镇妇联，"3"指村（社区）、机关事业和国企妇联，"N"指N个多元化"四新"组织妇联。截至2018年底，全辖区建立基层妇联组织820个，其中镇（街道）妇联23个，村妇联352个，社区妇联170个，区级机关事业单位（包括下属机关、事业单位）妇联（妇委会）92个，国企妇联12个，"四新"组织妇联（妇代会）171个，打通了联系服务妇女最后"一公里"，逐步形成"上面千条线，下面一张

网"的妇女工作新格局。

2. 聚焦"党建品牌"创建,增强组织红色底蕴

区妇联以"党建＋工作"模式,全力提升妇联服务党建的深度和力度。

一是以"党建＋队伍"激发活力。在全区范围内建立起由党员身份的妇联系统干部、巾帼文明岗岗员、妇女代表、女性社会组织负责人、女带头人、功能性妇女小组长等为骨干的党建指导员、党建联络员、党建宣传员"三员"队伍,近3000人。联络女性创办的企业、女性社会组织150余家,助力基层妇联组织提升服务党建工作活力。

二是以"党建＋阵地"夯实基础。在居民生活的最小单元及"四新"组织中建100余个"巾帼向阳花"党建微家,全面实行学习制度和议事制度。通过政治宣传引领进微家、维权维稳工作进微家、创业就业指导进微家、教育培训课堂进微家、关爱服务行动进微家、健康文化活动进微家等"六进微家"活动,真正实现联系引领妇女群众"零距离",服务关爱妇女群众做到精、准、实。

三是以"党建＋品牌"提升成效。在基层妇联组织、巾帼文明岗中推行党建品牌创建工作。如新南郡社区妇联以思想引领、岗位建功、志愿服务、微家品牌等为内容,积极打造"红心党韵·巾帼向阳花"党建品牌;临浦镇浴美施社区越美文化服务中心以红色宣传行动、公益文化行动、红色成长行动为内容,打造"巾帼红·巾帼向阳花"党建品牌;萧山区供电公司党群工作部巾帼文明岗开展"党旗红·巾帼向阳花"品牌创建活动;区税务局第一税务所(办税服务厅)巾帼文明岗开展"巾帼税月·温暖向阳"党建品牌创建活动,以品牌的创建来提升活动效果。

(二)以妇女群众为中心,扎实妇联工作之根

1. 聚焦需求导向,在关注妇女所急上下功夫

一是关注妇女精神文化需求。如积极开展基层文艺活动,聘请国家一级演员吕薇担任艺术团名誉团长,成立了萧山区"姐妹花"艺术团,并依托组织优势,发动全区艺术骨干,组建基层艺术团小分队29支,队员达1000余人,极大地满足了妇女精神文化需求。

二是关注妇女全面发展。成立萧然女性美国浙江商会加州首府分会工

作站,搭建国际化女性创业创新平台。充分发挥农旅行业女性带头人、创业创新女性带头人的辐射带动作用,在金地农庄建立"乡村振兴·女性创业就业基地",在南宋官窑艺术馆、瑞丰汉艺纺织品有限公司、FIKA美学、萌悦咖啡等场所也建立女性创业创新基地,为更多的女性创业者提供优质的创业空间,提供交流互动、培训辅导、项目展示、资源对接等服务,鼓励引导女性创新发展。与农商银行签订"青莲丽人项目"战略合作协议,加大对优秀创业女性的金融支持,助力优秀创业女性发展。依托区妇女儿童培训活动中心和"姐妹花课堂"基地,举办礼仪、舞蹈、合唱、插花等培训150余期,打造优雅现代女性,全面提升妇女综合素质。

三是关注贫困群体生活。组织150名来料加工业经纪人与150名低收入妇女结对,帮助其实现家门口就业。成立"姐妹花·温情妈妈"志愿服务团,招募"温情妈妈"250余名。帮助贵州省从江县、湖北省恩施州利川市共150名贫困儿童实现了"微心愿"。与从江县68名困难学生开展了为期两年的结对助学,为从江县困难家庭捐赠冬季保暖用品2840件。利用"温情妈妈"的职业优势组织开设暑期公益课堂,引导"温情妈妈"以多种志愿服务形式帮扶困难儿童,助推良好社会风尚的形成。

2. 聚焦权益保障,在妇联所能上下功夫

一是着重发挥好女性社会组织的作用。利用区妇联女律师群体的专业优势,成功孵化以女律师为首的两个女性社会组织:律英婚姻家庭纠纷调解工作站、霞飞婚姻家事服务中心,引导女律师群体入驻婚姻登记处,开设婚姻课堂,助力新人完成角色转换,同时还积极联合开展婚姻家庭纠纷调解、婚姻法普及、婚姻情况调研等,动员律师群体投身到促进家庭幸福、保障婚姻健康的志愿服务中。

二是创新婚调机制。找准社会维稳与妇女维权的结合点,运用新时代"枫桥经验",创新开展"三治融合"的婚姻家庭纠纷预防调解工作。在全区21个镇街中建立基层婚调站,并派律师调解员每周一天驻点值班,形成区、镇街、村(社区)三级联动的工作模式,并配套推行"家事半月谈"议事会制度、婚姻家庭矛盾纠纷排查化解机制,2018年成功调解家庭纠纷346件。萧山区妇联"家事半月谈"是全省妇联系统唯一入选《新时代"枫桥经验"实践100例》的经典案例。义桥镇"家和婚调站"入选"浙江省妇女干部教育培训现场教学基地";联动区法院,在区法院诉调对接中心设立婚调室开展调解,结合运用在线矛盾纠纷多元化解平台ODR开展调解,提升婚调工作效率。

三是深化法治护航。联动区综治、区公安分局、区司法局在全区大力开展线上线下反家暴法宣传。2018年共开展线上普法40期,线下普法90余场,全面提升全区群众反家暴意识,形成良好氛围。联动区公安分局,加入110家暴联动平台,坚持预防为主,最大限度预防一般性婚姻家庭纠纷转化为治安案件、刑事案件。2018年萧山区共发生家暴案件1373起,发放家暴告诫书1057份,各级妇联、婚调组织积极参与家暴案件实时联动,做到时时有响应,件件有回访。

(三)以服务中心为己任,彰显妇联先进之本

1. 聚焦乡村振兴,展巾帼之力

萧山区妇联以开展美丽家园创建、助推乡村产业发展、弘扬好家风为抓手,充分发挥出妇联独特优势,引导广大妇女在乡村振兴中发挥"半边天"作用。

一是助推美丽乡村建设。以巩固"美丽庭院"建设成果为基础,在全区拉开了美丽庭院、美丽楼道、美丽小区的"三美"创建活动,举办全区"美丽家园"创意大赛、"美丽家园"创建轮训班,实施"12345"工作法,开展"三赛三亮"大比拼、"三融三合"大联动、"三评三争"大展评、拍摄教学视频等,在全区营造出"比美、学美、创美"氛围,形成了区镇村三级领导重视、百姓自觉参与、共建山清水秀、天蓝地绿、村美人和的美丽家园的良好局面。

二是助推乡村农旅发展。成立杭州首个"乡村振兴·金凤凰"联盟,组建30名由农业、法律、金融、餐饮等专家组成的金凤凰创业联盟服务团,推出"我陪妈妈美丽乡村行"主题活动,开展"乡村振兴·姐妹花共谋发展"座谈会,启动"凤凰起航"服务月,成立民宿行业妇联,建立巾帼示范农业基地,培育巾帼示范民宿(农家乐),创建乡村旅游巾帼文明岗,动员广大妇女积极投身乡村振兴战略。

三是助推好家风形成。相继开展"和美家庭我先行"家风家训系列活动、"回家吃饭"视频展播、"行清风之旅·传清廉家风"暨"知廉·行运"公益阅读助廉活动,创作《萧然好家风》歌曲,最大限度地动员广大家庭特别是党员

干部家庭弘扬优良家风。以"幸福家庭 美好生活"为主题,开展"幸福生活抖出来"每周一期视频展播,分享家庭生活的点点滴滴,提高家庭成员生活品质、促进家庭婚姻幸福美满。建立首个平安家庭培训基地,设计丰富多彩的培训课程,将平安的理念生动地灌输给每一个家庭。开展"最美家庭""平安家庭""绿色家庭""廉洁家庭""萧山好男人"等优秀典型的选树和宣传,引导全社会树立亲清和美的家庭风尚。

2. 聚焦服务中心工作大局,展巾帼之智

萧山区妇联紧跟大杭州社会经济发展大局,服务广大妇女,敢担当,有作为,促进妇女全面发展。

一是大力服务杭州亚运。萧山区妇联开展了"喜迎亚运——百万萧山妇女学新知·展新姿"五年行动计划,即从2018年持续到2022年,逐年开展爱家乡、会英语、学礼仪、强身心、懂法律等主题学习,编写读本《我爱萧山》。目前已向广大妇女下发读本1万余册,开展"我爱萧山"主题故事分享会、专题讲座及主题文艺演出等活动,进一步提升了萧山妇女热爱家乡、奉献家乡的思想情感。

二是大力开展岗位建功立业。在全区600多个巾帼文明岗中,以"喜迎亚运 树国际巾帼文明窗口"为主题,组织动员各级巾帼文明岗在"最多跑一次"改革中惠民生、在优化服务竞技中创服务品牌、在岗位建功大比拼中提升创建水平。开展"岗岗回头看",举办巾帼文明岗风采展示活动,表彰近年来巾帼建功活动中的先进代表。实行按系统进行各级巾帼文明岗阶梯式培育机制,切实引导广大妇女立足岗位,建功立业。

三是大力开展女性人才培育工作。建立女性人才信息库,全面掌握女性人才资源,实施女性人才工程,全面建立阶梯化培养、选拔和使用女性人才工作制度,实现精细化管理与服务。开展全区首届最美女性人才评选,宣传优秀女性人才典型,激励女性人才干事创业。搭建女性人才交流平台,依托信息港湾区孵化园,吸纳优秀的女性海归创业者、创二代、企业创始人及高管,成立全市首个女性人才创业联盟,架起传统女企业家与新兴产业女创业者沟通、合作桥梁,激励女性人才为萧山经济发展贡献巾帼力量。

二、妇女工作存在的困难与问题

萧山区妇女工作在创新探索中积累了很多宝贵经验,但也出现了不少"短板",主要体现在以下几个方面。

(一)延伸妇联工作覆盖面不够宽广

对照"基层党组织建到哪里,妇女组织就建到哪里,哪里有妇女哪里就有妇联组织"这一原则,萧山区妇联组织的覆盖面还有差距,不少非公有制经济组织和社会组织的妇女组织还是空白。尤其是有的"两新"组织的民营企业,负责人认为企业是以赢利为目的,特别是一些效益欠佳的企业,搞好企业发展的同时,多为职工办一些福利就是实事,常常把重视妇女工作停留在口头上,认为妇女组织对企业发展没有多大意义。

(二)妇联干部队伍履职能力有待提高

通过这两年的改革,基层妇联干部队伍不断充实,镇街妇联执委队伍由原来的不少于7人增至不少于15人,各村、社区妇联执委队伍由原来的3—5人,现都扩大到了7—9人,许多热心妇女事业的优秀女性充实到队伍中,并发挥出积极作用。如信息港小镇妇联执委倪虹认领了服务女性创业创新项目,平均两周利用自己的资源与场地,开展创业分享交流会。但是,部分镇街妇联主席还存在着"单打独斗"的意识,少数副主席、执委对自己应当如何履职、怎样履职了解不够,不能充分发挥副主席和执委作用,制度停留在纸上,如执委项目认领制度,亟须进一步转变观念,使执委不仅想做事、愿做事,更能会做事、做成事。

(三)妇建服务于党建的力度还不够

随着党的群团改革工作的不断深入,区妇联始终坚持党建带妇建的工作导向,妇建工作已基本形成了与党建工作同部署、同考核的局面。基层妇联组织紧紧围绕各级党委政府的中心工作,深入开展了如美丽家园助力美丽乡村建设、平安家庭助力平安村(社区)建设等一系列内容丰富、形式多样、服务大局的特色妇建活动,并取得了显著成效,也赢得了社会的认可,已把妇联组织建设成党开展妇女工作的坚强阵地和深受广大妇女信赖和热爱的温暖之家。然而,由于当前妇联建设工作还滞后于党建工作,与党建工作要求还有差距,妇联参与党建的主动性和积极性有待提高,特别是基层妇联,虽然思想政治引领工作已作为妇建服务于党建工作的首要任务和突破口,但创新手段还不够,妇建服务于党建工作的水平还有待提高。

(四)家庭建设工作需要进一步推进

最近,萧山区民政局公布了2009—2018年的婚姻登记数据,从数据显示来看,最近几年结婚数据都徘徊在9000—10000对,而结婚意味着家庭责任的到来。虽然区妇联在家庭工作中进行了一些新的探索,也取得了良好的成效,但随着社会的发展,家庭领域不断涌现出新情况、新问题,如十年间萧山区离婚数在上升,2018年达到了2427对。"没有千千万万家庭幸福美满,就没有国家繁荣发展",家庭是妇联工作的传统阵地和优势领域,如何从妇女着手,充分发挥家庭在国家发展、民族进步、社会和谐中的基础作用永远是妇联工作的课题。

(五)基层妇联工作创新还不够

近两年在区妇联的带领下,基层妇联增强了创新意识,打造出了自己的工作品牌,如戴村镇妇联打造出了服务民宿行业工作品牌,浦阳镇妇联打造出了智慧旧衣回收助力垃圾分类工作品牌,等等。然而,有些基层妇联工作仍停留在老的工作模式下,不能适应新的形势与新的要求,在为广大妇女提供精准服务上存在短板。部分村、社区一级多停留在上级指导、要求下开展工作,自我创新意识有待加强。与此同时,随着"后峰会、前亚运""拥江发展""大湾区大花园大通道大都市区"建设等战略机遇,萧山走向了国际舞台,新的形势和机遇,给广大妇女提供了施展本领的广阔天地,但是新发展、新变化也对妇联工作提出了新挑战,这需要妇联不断与时俱进地改进工作方式。

三、加强新时代萧山妇女工作的对策和建议

(一)加强学习培训,提升妇联干部履职能力

时任浙江省委书记车俊在浙江省第十四次妇女代表大会上强调:"要切实加强妇联干部队伍建设,努力把妇联组织打造成学习型、服务型、创新型的组织。"为了落实大会精神,区妇联每年在开展区级专兼职妇联干部培训的基础上,在镇街级妇联加强与本级及村一级执委的培训力度,每年按照妇女工作的发展形势、群众所需的要求,设计培训内容,不断提高基层妇联干部的政治理论素养及引领妇女发展、服务妇女的能力,并与时俱进地探索出适合当前形势需求的工作理念与方法。继续鼓励妇联干部参加社会工作、心理、婚姻家庭咨询等专业培训,提升社会化工作水平,使妇联干部成为妇女群众工作的行家里手。

(二)发挥妇联组织思想引领作用,带领妇女坚定不移听党话、跟党走

浙江省妇联主席王文娟在浙江省第十四次妇女代表大会上的报告中提出:"思想引领是妇联组织的首要职能。"因此,下一步要以大党建思路将妇联工作与党的工作有机结合,深化"巾帼向阳花"党建工作品牌,选树一批基层"巾帼向阳花"党建工作品牌样板,进一步扩大"巾帼向阳花"品牌影响力,提升妇建服务于党建的工作水平。围绕新中国成立70周年,开展组织文艺巡演、党建品牌竞赛、"忆妇联故事"圆桌分享、"共话创业梦"、举办三八红旗手等先进典型宣讲等各类主题活动,以70年祖国的辉煌成就和萧山的深刻巨变,引领妇女听党话、跟党走。

(三)强化触角延伸,拓展联系和服务妇女的渠道

按照"哪里有妇女,哪里就有妇女组织"的工作原则,在增强企业认同感、树立示范典型、发挥妇联作用上下功夫,逐步在楼宇商圈、产业园区、特色小镇、专业市场实现妇女组织全覆盖,在已建立党组织的"两新"领域灵活

多样地建立妇女组织。进一步健全联系机制、拓宽联系视野,关注城市女性和高知女性,实施职业女性减压项目,开展服务城市妇女服务品牌创建等,在精准服务城市妇女上有突破。加强区、镇街、村(社区)三级妇联线上互联互通,与线下妇女之家、妇女微家、巾帼志愿者队伍形成一呼百应、上下联动、借力合力的多元新媒体矩阵,有效提升"键对键"服务妇女群众的能力,形成"24小时妇联就在身边"的服务氛围。加大培育女性社会组织力度,并运行好团体会员制度,发挥女性社会组织优势,推行项目化服务妇女儿童家庭的模式,深入基层、服务群众,延伸妇联服务妇女儿童的工作手臂。

(四)立足家庭建设,充分发挥妇女"两个独特"作用

习近平总书记在同全国妇联新一届领导班子成员集体谈话时指出,"做好家庭工作,发挥妇女在社会生活和家庭生活中的独特作用,是妇联组织服务大局、服务妇女的重要着力点",再一次强调了做好家庭工作的重要性。萧山区妇联要进一步贯彻落实好习近平总书记的重要讲话精神,立足家庭主阵地,从参与社会治理、强化家风家训工作、提升家庭成员综合素质等入手,积极探索家庭工作新机制,把社会主义核心价值观全面融入家庭文化、家庭教育和家风建设,以提升家庭文明水平促进文明城市建设。常态化推进"寻找最美家庭""好家风好家训"宣传展示活动,积极创建"平安家庭""廉洁家庭""绿色家庭",深入实施幸福家庭工程,用好的家风支撑起好的社会风气。

(五)找准发力点,打造出基层组织特色妇女工作品牌

各级基层妇联组织在工作思路上,要着眼"妇女所急、党政所需、妇联所能",要紧紧围绕党政工作大局、妇女群众利益多元化需求、区妇联工作要求等去思考、去部署妇女工作。在活动组织上,切实落实好联系妇女群众网格化工作机制,根据妇情,整合各项资源,开展群众所需、所乐的活动,使活动从任务分单式变为主动参与式,从单一式变成多元化式,加强广大妇女对妇女组织的认同感和信赖感,打造出具有当地特色的妇女工作品牌,使基层妇联工作更加充满生机与活力。

后 记

在即将迎来中国共产党建党100周年之际,《女性发展与社会治理——浙江妇女研究(第三辑)》与大家见面了。该书内容涵盖妇女解放与男女平等、平安家庭与法治建设、女性发展与社会支持、女性文学与婚俗文化、妇女工作改革与创新主题,是由浙江省妇女研究会会刊——《浙江妇女研究》2019年的优秀成果集刊而成。

《浙江妇女研究》创办于2016年底,是学术性内部交流刊物。刊物创办以来,坚持实践导向、问题导向和以妇女群众为中心的价值导向,以直面妇女问题、创新妇女研究、引领妇女发展为宗旨,立足浙江、面向全国,从多学科、多视角、多层面开展妇女/性别/家庭研究,至今已刊发相关领域研究成果近300篇。四年来,我们得到了浙江省妇联的深切关心与指导,得到了浙江省妇女研究会、浙江省各地妇联的大力支持和帮助,也得到了全国各地热心妇女事业发展的专家学者与广大基层妇女工作者的响应与认可。

为了更好地提炼和推广妇女研究成果,交流和传播浙江妇女发展和妇女工作的创新实践,自2017年起,我们每年选取《浙江妇女研究》的优秀成果予以出版。《女性发展与社会治理——浙江妇女研究(第三辑)》选取了《浙江妇女研究》2019年第1期至第4期中的优秀成果,论文作者来自全国各地,有高校的学术带头人,也有来自基层一线的法律工作者和妇女工作者。

该书的出版凝聚了众多研究者的辛勤付出,在此表示衷心的感谢。《浙江妇女研究》编辑部的全体人员在副主编、副教授马玲亚的带领下,齐心协力,尽职尽责,为刊物的发展贡献了自己的力量。《浙江妇女研究》编辑部的徐士青、高立水、高辉、王倩、贺华丽、王顺彬、王皎、于洋、符琼等专兼职编辑、编审以敬业奉献、奋发有为的精神,以精益求精、精雕细琢的态度,不断提高编校水平,为期刊的建设与发展做出了不懈的努力。尤其是高立水老师,对待文字一丝不苟,对待作者一心一意,对待工作一腔热忱。还要特别感谢《浙江妇女研究》主编、浙江省妇女干部学校党委书记和校长陈步云对期刊的发展所做的协调统筹、精心指导,他对刊物倾注的情感和心血让我们深感钦佩。同时,本书的出版也得到了浙江工商大学出版社社长和编辑部同人的指导与帮助,借此机会我们对诸位领导和同人的关心、支持和帮助表示由衷的感谢。

岁月如歌。转眼之间《浙江妇女研究》已经创办四周年,虽然我们在推动妇女研究方面尽了绵薄之力,但是也深知差距和不足。由于时间仓促,书中难免有疏漏与错误,敬请各位专家学者批评指正。我们将以最真诚的态度和严谨的作风,虚心接受指教,进一步推动浙江妇女理论和实践创新发展。